国家社会科学基金一般项目：基于社区居民视角的特
项目批准号：18BGL159，阶段性成果

U0515249

主客共享视域下古镇旅游高质量发展研究

王海弘 ◎ 著

中国财经出版传媒集团

经济科学出版社

Economic Science Press

图书在版编目（CIP）数据

主客共享视域下古镇旅游高质量发展研究/王海弘
著 . -- 北京：经济科学出版社，2022.9
ISBN 978 - 7 - 5218 - 4044 - 5

Ⅰ. ①主…　Ⅱ. ①王…　Ⅲ. ①乡镇 - 旅游业发展 - 研
究 - 中国　Ⅳ. ①F592. 3

中国版本图书馆 CIP 数据核字（2022）第 173218 号

责任编辑：纪小小
责任校对：隗立娜
责任印制：范　艳

主客共享视域下古镇旅游高质量发展研究

王海弘　著

经济科学出版社出版、发行　新华书店经销
社址：北京市海淀区阜成路甲 28 号　邮编：100142
总编部电话：010 - 88191217　发行部电话：010 - 88191522
网址：www. esp. com. cn
电子邮箱：esp@ esp. com. cn
天猫网店：经济科学出版社旗舰店
网址：http://jjkxcbs. tmall. com
北京季蜂印刷有限公司印装
710 × 1000　16 开　17. 75 印张　275000 字
2022 年 11 月第 1 版　2022 年 11 月第 1 次印刷
ISBN 978 - 7 - 5218 - 4044 - 5　定价：72. 00 元
（图书出现印装问题，本社负责调换。电话：010 - 88191510）
（版权所有　侵权必究　打击盗版　举报热线：010 - 88191661
QQ：2242791300　营销中心电话：010 - 88191537
电子邮箱：dbts@ esp. com. cn）

前　言

　　主客共享向来是旅游研究的重点，自20世纪70年代起，来自人类学、地理学、社会学等不同学科背景的学者从不同的角度出发提出旅游目的地中主客关系的理论，拉开了主客共享主题研究的序幕。不同的主客共享水平以及主客共享模式将在极大程度上影响游客对旅游体验的感知与满意度，也会对旅游社区居民的感知与态度产生不同影响，最终将给旅游目的地带来不同的社会、经济、文化效益，影响旅游目的地的可持续发展。2020年10月，中国旅游研究院院长、文化和旅游部数据中心主任戴斌指出："虽然新冠肺炎疫情影响了城乡居民有组织的远程出行，但是人民对主客共享的美好生活的追求一天也没有停止。"[①] 该观点在进一步强调主客共享研究生命力的同时，也点明了主客共享的落脚点应是满足人民群众对美好生活的追求与向往，这响应了2017年习近平总书记在党的十九大报告中对"美好生活"的强调，也对各地旅游目的地提出了兼顾主客美好生活需求的高质量发展的要求。另外，旅游目的地的高质量发展，也是我国经济由高速增长阶段转向高质量发展阶段趋势下的必然选择。

　　作为旅游市场中迅速发展的新生力量，"古镇"以其深厚的文化底蕴、浓厚的历史气息、神秘的历史遗迹以及古朴的民风民俗成为旅游学界与业界高度关注的旅游目的地之一。面对迅猛的发展态势，古镇旅游

---

① 戴斌．文化引领夜间经济　主客共享美好生活［C］//2020中国夜间经济论坛，2020.

能否协调主客利益、实现旅游目的地内公共服务与资源环境等的主客共享、提高居民与游客的互动质量，并且目前是否实现、未来如何实现古镇旅游的高质量发展，成为学术界关注的热点问题。

本书通过系统梳理相关概念及理论，并分析目前古镇旅游发展过程中可能存在的问题以及成功经验，在结合《国家全域旅游示范区验收文件解读》以及学界游客感知与满意度及居民感知与态度相关前沿研究成果的基础上，从游客以及居民的视角出发构建古镇旅游高质量发展的评价指标体系。游客评价指标体系包括秩序与安全、供给体系、资源与环境、公共服务、主客交往等维度，共计33项指标；居民评价指标体系则包括经济生活、社会文化、资源与环境、公共服务、主客交往等维度，包括27项指标。其中资源与环境、公共服务、主客交往为主客共享的关键维度，本书将以此为基础，展开主客感知与满意度的对比分析，以此作为衡量古镇旅游高质量发展的指标。

在论证问卷合理性后，本书以浙江省丽水市碧湖古镇的古堰画乡景区作为研究案例地进行实地调研，面向游客与居民各发放150份问卷，其中居民问卷共回收131份，有效回收率为87.33%；游客问卷共回收146份，有效回收率为97.33%。本研究同时采用传统IPA分析法与修正IPA分析法进行数据分析，分别对游客的33项指标与居民的27项指标进行统计分析，得出IPA四象限模型，确定提升古镇旅游发展质量的关键因素。

在IPA四象限的基础上，综合分析居民与游客的数据样本，提炼出目前高质量发展中值得借鉴的经验，并总结出古镇旅游高质量发展面临的问题。最后，在经验与挑战的分析基础上进行升华，提炼出促进古镇旅游高质量发展的对策建议。基于居民方面的数据分析结果，本书从稳定"优势保持区"、调整"可能浪费区"、挖掘"缓慢改进区"、集中"重点改进区"的思路出发，提出居民视角下古镇旅游高质量发展的对策建议：(1) 发挥高效能服务职能，加大社会资金投入；(2) 提高居民地方认同感，引导居民积极参与；(3) 营造高质量生态环境，构建美丽旅游古镇；(4) 运用高便利网络平台，加强古镇宣传力度；(5) 组建高素质人才队伍，维系古镇文化传承；（6）完善古镇旅游产业链，做大盘活产业蛋糕；（7）设立高收入发展目标，健全利益分配制度。而基于游客视角，同样从四象限的结果出发，提出以下对策建议：（1）推进高安全治理建设，保障发展稳定有序；（2）打造高品质旅游产品，加速促进文旅融合；（3）提供高智能旅游体验，完善智慧服务设施；（4）树立高口碑品牌形象，加强旅游营销宣传；（5）提供高品质旅游服务，打造贴心服务理念；（6）妥善引导旅游者参与，促进和谐价值共创。

目　录

第1章

绪 论

1.1 研究背景

1.1.1 现实背景

在新时代，有着千百年深厚文化底蕴、良好生态环境的古镇满足了人们渴望远离喧嚣、调节身心的心理诉求，成为越来越多的游客青睐的旅游胜地。同时，游客的消费观念也随着旅游业的繁荣发展而逐渐转变，古镇旅游因其丰富的旅游活动、沉浸式的旅游过程，满足了游客的体验需求，因此逐渐成为热门的旅游形式之一。这一趋势也受到目的地经营管理者的关注，据不完全统计，我国范围内大约有200余个古镇已进行旅游开发，约有1000余个古镇正在或即将进行旅游开发（叶贞祯，2020）。另外，古镇旅游开发不仅满足了游客的需求，也为古镇当地经济社会的可持续发展提供了强大的内生动力，满足着旅游社区中以居民为首的利益相关者的需求，不仅是推进本地基础设施建设与生态环境保护的新载体，还是帮助本地居民增收致富的新渠道，更是促进古镇历史文化保护与传承、调整本地经济结构的新动力。

然而，古镇旅游社区具有较为复杂的人地关系，旅游带来的消极影响也在主客关系中逐渐累积并缓慢释放，具体表现在居民内部关系、居民与游客关系以及游客内部关系中。在居民内部关系方面，不同获益程度的古镇居民对旅游发展的感知与态度也截然不同，具体表现为：部分可以从旅游发展中获利从而提高生活质量的古镇居民十分支持旅游的发展；部分可以从旅游发展中获利，但收入较为微薄的居民对旅游发展保持中立；完全不能从旅游发展中获利，并且依旧从事着传统生产的居民，当面临旅游开发所必须承担的成本（例如环境污染等）时，就会对旅游开发持有抵制、消极的态度。

这种分化在旅游旺季时更加明显，且会引发居民与游客间的矛盾，随着游客大量涌入空间与资源有限的古镇旅游社区，社区居民的生活空间被严重挤占，古镇内部交通、基础配套设施、能源物资等压力激增，古镇中的自然生态环境与人文景观受到严重威胁，本地民俗文化也在外来游客的刺激下受到冲击，古镇旅游社区居民还将面临由供不应求的市场带来的物价大幅上涨的问题，这进一步激化了居民与游客的关系。而居民与游客的互动质量对游客旅游体验具有重要影响，充斥矛盾的互动过程将对游客的感知与满意度造成负面影响。此外，随着古镇旅游的迅速发展，古镇旅游产品的同质化问题也进一步突出，仿古建筑、千篇一律的旅游商品损害了古镇旅游的原真性，社会文化环境的变异伴随着自然生态环境的恶化，将加大游客预期与实际旅游体验之间的差距，从而降低古镇游客的旅游满意度，带来负面的口碑评价，损害古镇的旅游形象。此外，过于拥挤的古镇也将带来游客间的旅游资源竞争问题，加剧游客间的矛盾，带来消极的旅游感知，进而给古镇旅游的可持续发展蒙上阴影。

而目的地可持续发展向来是备受关注的热点话题，对旅游实践具有重要的指导意义。在旅游发展过程中，居民与游客是最为重要的利益相关者之一，其感知与满意度直接决定了旅游是否可以实现可持续发展。因此，本书从主客共享的角度出发，以浙江省丽水市古堰画乡为例，探讨古镇旅游中游客与居民双方的感知与态度，既有助于发现游客与居民关注的要素，也有助于发现古镇旅游高质量发展的必要条件。换言之，古镇旅游目的地需要具备什么特征，才能对游客产生吸引力，才能满足居民的诉求，提高居民与游客双方的幸福感，这是促进古镇旅游高质量发展需要深入研究的课题。

1.1.2 理论背景

（1）主客共享视域。

自 20 世纪 70 年代起，旅游发展中的居民与游客关系（主客关系）研究，逐渐受到了不同领域学者的重点关注，学者们从不同的角度出发，提出了不同的理论，包括基于凝视理论的主客凝视理论、基于符号互动主义的主客关系变化理论等，这些理论为当代主客关系的研究奠定了扎实的理论基础。但目前的研究主要从目的地主客关系的影响因素以及效应出发，其中影响因素包括文化类因素、行为类因素、环境类因素以及经济类因素，而效应研究则主要从正面效应以及负面效应两个方面展开，其理论深度有待挖掘，且研究视角广度有待拓展。进入新时代以来，人民日益增长的美好生活需要成为各行业关注的重点。据统计，习近平总书记在党的十九大报告中先后 14 次提及"美好生活"。① 而在人民对美好生活的追求中也体现着对主客共享的要求，例如 2020 年 10 月，中国旅游研究院戴斌院长指出："虽然新冠肺炎疫情影响了城乡居民有组织的远程出行，但是人民对主客共享的美好生活的追求一天也没有停止。"② 这进一步彰显了主客共享视域在旅游研究中的生命力，对丰富旅游目的地可持续化的研究具有重要意义。

（2）古镇旅游。

学术界针对古镇旅游的定义依旧存在争议，例如刘晓庆（2013）认为，古镇旅游是在古镇地区开展的，既可以满足旅游者欣赏自然/人文风景的需求，也可以让游客学习知识、回归自然的旅游方式之一；荆炜（2019）则指出，古镇旅游是以古镇为目的地，围绕游客休闲娱乐、康养观光需求展开的旅游。本书认为古镇旅游的快速发展离不开其独特的旅游资源，后者不仅包括对游客具有吸引力的自然资源和人文资源，还包括古

---

① 习近平. 决胜全面建成小康社会 夺取新时代中国特色社会主义伟大胜利——在中国共产党第十九次全国代表大会上的报告（2017 年 10 月 18 日）[M]. 党的十九大报告学习辅导百问. 北京：党建读物出版社，学习出版社，2017.

② 戴斌. 文化引领夜间经济 主客共享美好生活 [C]//2020 中国夜间经济论坛，2020.

镇基础设施、旅游服务及旅游活动等其他社会资源，外来游客在古镇旅游过程中与本地居民共享着古镇旅游资源。因此本书对古镇旅游的定义是：古镇旅游是在古镇区域内进行的，基于主客共享的特色旅游资源，综合满足了游客观光、休闲、度假、康养、娱乐等多种需求的旅游方式。在具体的研究内容上，国内与国外的研究主题有所差别，但逐渐趋于一致，例如比较关注古镇相关的可持续主题、古镇开发中的利益相关者冲突等。近年来，随着社会经济的快速发展以及现代化进程的加快，具有深厚文化底蕴、良好生态环境的古镇成为备受关注且快速发展的旅游目的地，其高质量、可持续发展的经验与路径将为旅游理论研究的发展提供具有典型性的案例补充。

（3）高质量发展。

党的十九大后，各行业开始逐渐探索高质量发展的路径。对于旅游业来说，高质量发展的最终目标是在保证目的地可持续发展的基础上，向游客提供最优质的旅游体验，而古镇作为旅游行业的重要组成部分，高质量发展就意味着古镇品质的提升，这对于提高目的地居民的生活幸福感以及游客的旅游体验满意度都有着极为重要的作用。但在理论研究上，一方面，高质量发展的研究相对集中在宏观层面，多是从行业乃至国家的角度进行讨论，缺少对旅游目的地的聚焦（李俊频，2020），对古镇旅游高质量发展的关注则更少。另一方面，学术界就高质量发展的定义尚未达成统一观点，我国学者王彩霞在 2018 年发表的文章中提到，高质量的发展，就是在兼顾发展的质量与效率的同时，还必须注意发展的公平性以及可持续性，要把发展的重心放到提高人民生活质量上来；王雪峰、曹昭乐（2020）则认为，高质量发展强调对社会福利的改善以及居民生活质量的提升；李博（2020）在吉林省特色小镇的研究中针对高质量发展提出了新的定义，即高质量发展就是要体现新发展理念，是一种以人为中心的发展战略、理念或者过程。李俊频（2020）则首次提出了景区高质量建设的定义，即景区管理者在遵循可持续发展的前提下，打造高品质旅游产品、建设高智能的服务设施、提供高标准的旅游服务、借助高精准的营销定位、树立高口碑的品牌形象，最终实现景区的高质量发展。本书在李俊频（2020）的定义上进一步延伸，认为古镇旅游的高质量发展是一种以人为中心、以可持续发展为前提，不仅重视游客旅游体验也关注居民生活质量，兼顾古镇游客与古镇居民对美好生活向往的旅游发展战略、理念以及过程。

1.2　研究目标、研究意义与主要方法

1.2.1　研究目标

（1）理论层面上，目前的研究大多从单一视角出发，探讨游客或者居民的感知与态度的前因和后果，但忽视了旅游目的地的主客共享属性，也忽视了主客共享对于旅游目的地游客与居民的美好生活的重要意义。因此本书首先对"古镇旅游""主客感知""主客交互"主题相关的研究文献进行整理，并系统呈现出国内外相关研究脉络、现状以及趋势，在此基础上对重要概念进行界定，并引入社会交换理论、利益相关者理论、可持续发展理论等重要支撑理论，从而最终建立古镇居民感知与态度、古镇游客感知与满意度、古镇主客交互研究的理论框架；其次，通过文献综述确定居民与游客对古镇旅游感知和态度的影响因素，由此构建主客共享视域下古镇旅游高质量发展的评价指标体系，并通过专家访谈法的结果对指标体系进行整合与调整，从而筛选出主客共享视域下评价古镇旅游发展的合理指标，由此形成最终评价指标体系，从而为古镇旅游的高质量发展提供科学的方法指引；最后，本书高度关注古镇游客与居民在各项指标上的感知与态度差异，尤其强调古镇旅游发展中的主客共享过程，旨在丰富旅游目的地主客交互领域的研究。

（2）应用层面，以古镇旅游目的地中居民与游客的感知和态度为核心展开研究，并将已构建的古镇旅游高质量发展评价体系应用于浙江省丽水市较为典型、游客众多且知名度较大的古镇旅游目的地——碧湖古镇古堰画乡，并根据问卷调查的结果，从游客与居民的双重视角出发，系统梳理目前旅游发展现状、发展经验以及存在的问题，并客观分析古镇游客与居

民双方在感知与态度上存在的差异，并提出针对游客感知与满意度、居民感知与态度改进的对策建议，进一步验证本书研究方法的可行性以及实用性，并为其他同类古镇旅游目的地的发展与提升提供一定的借鉴。

1.2.2 研究意义

（1）理论意义层面：旅游社区居民以及外来游客（即主客）的交往，向来是旅游学界的热点研究议题，本书选定古镇旅游较为发达的浙江省丽水市古堰画乡景区作为研究对象，结合游客感知与满意度以及居民感知与态度对古镇旅游的高质量发展路径进行研究，丰富了旅游主客交互的研究体系，具有一定的理论意义。此外，本书尝试将主客共享视域运用到古镇旅游发展中，通过提取影响古镇游客与古镇居民感知和态度的因素，构建古镇高质量发展指标体系，并根据游客与居民的数据回收结果进行 IPA 分析，提炼高质量发展的经验与挑战，并在此基础上提出促进古镇旅游高质量、可持续发展的对策建议，为古镇旅游发展过程中的主客关系提升、主客满意度提升等研究提供实际案例。最后，在理论研究方法上，本书在现有研究的基础上，引入修正 IPA 分析方法，提供了一个定量、可操作的新思路，具有一定方法论意义，这也为未来该领域的进一步研究提供了一定的理论支持。

（2）实践意义层面：随着古镇旅游的开发价值被进一步宣传，古镇旅游的市场竞争也在日益加剧，如何实现古镇旅游目的地的可持续发展成为古镇旅游管理部门需要思考的战略性问题。而随着古镇旅游的开发，当地居民的生活将受到一定程度的冲击，此时关注居民对旅游发展的感知与态度，将有助于旅游管理部门以及目的地营销组织调整旅游开发的策略，在保障居民生活质量以及幸福感的基础上实现旅游的可持续发展。游客角度的感知与满意度测量一直是旅游目的地重点关注的工作，本书创造性地引入主客交互维度，从居民的好客度等指标出发，探讨游客对居民的感知以及对主客互动的满意度，这也是对居民旅游影响感知的间接、有效衡量；同理，本书在居民的感知与态度测量问卷中也加入主客互动的维度，有利于衡量古镇游客的参与度、外来游客对居民的影响方向等，对推进古镇的可持续发展具有重要的意义。

具体操作方面，本书以碧湖古镇古堰画乡景区作为实证研究的对象，在进行系统文献梳理的基础上，结合景区自身特征，提取指标构建碧湖古镇高质量建设影响因素指标体系，并前往古堰画乡景区进行实地调研，引入修正 IPA 分析方法，利用 SPSS 软件分别对游客与居民的样本数据进行重要性—满意度差异分析，在此基础上，对比游客数据与居民数据的差异，从主客共享的视角探索促进古镇旅游高质量发展的路径。而选取在地缘性、文化性及历史性等综合因素上具有代表性的浙江省丽水市碧湖古镇，不仅能为古镇旅游部门在经营管理以及营销策划的制定方面提供参考，也可以为丽水市凝练旅游发展经验，精准发现潜在问题，有利于促进古镇的可持续发展。

1.2.3 研究方法

本书以浙江省丽水市碧湖古镇古堰画乡景区作为研究对象，通过实地走访当地居民以及游客，一对一进行旅游满意度与重要性感知的问卷调查，收集一手数据，对古堰画乡景区的古镇旅游发展现状进行分析，总结其发展经验，并找出其存在的问题，在此基础上提炼出具有普适价值的古镇旅游高质量发展对策建议。为保证研究的规范性以及可靠性，本书按照"文献阅读—数据收集—实证分析"的三步骤展开，具体研究方法如下：

（1）文献研究法。广泛收集并系统阅读国内外与主客互动、高质量发展相关的著作、论文等资料，包括前沿资料与高被引资料，并对其进行泛读与精读，归纳、整理、分析相关内容，梳理出相关主题的研究历史脉络与未来发展趋势，并从中寻找研究空白，形成本书研究的核心问题，为主客双重感知视角下的古镇旅游发展研究提供理论基础。

（2）问卷调研法。在归纳分析古镇旅游高质量发展文献以及主客交互主题文献的基础上，本书分别设计出针对居民与游客的调查问卷，进行一对一的问卷调查活动，了解居民与游客对古堰画乡景区旅游发展的真实感受。

（3）IPA 分析法。在进行数据的预处理后，先对数据进行描述性统计分析，再进行信度/效度的检验，在此基础上，分别以游客感知重要性、游客满意度、居民感知重要性、居民满意度作为轴线进行 IPA 的四象限分析，从主客感知的角度了解古堰画乡景区的旅游发展现状，针对目前存在的问题提出针对性的对策建议。

1.3　研究内容与研究框架

本书共分为 11 个章节，具体内容如下：

第 1 章，绪论。本章指出本书从主客共享视域出发、聚焦古镇旅游、探讨高质量发展的必要性，并粗略引入、界定研究相关概念（如古镇旅游以及高质量发展等），并简要梳理研究中使用到的方法，以及本书的总体框架与技术路线等内容。

第 2 章，文献综述与理论基础。本章主要对相关研究进行系统梳理与对比评述，主要包括古镇旅游、居民与游客的感知和满意度的定义以及国内外研究进展，以及旅游高质量发展的相关概念及其研究进展，为后文指标体系的搭建以及数据分析奠定基础。

第 3 章，古镇旅游发展问题梳理。本章主要对国内目前古镇旅游发展过程中存在的问题进行说明，从微观和宏观两个层面出发，对这些问题可能造成的后果进行说明，为后文打下基础。

第 4 章，古镇旅游发展经验借鉴。本章引入国内与国外古镇旅游发展的成功案例，国内主要包含华北、华东、华中、华南、西南、西北地区 6 个十分典型又各具特点的古镇；国外则选择法国、西班牙、日本、意大利这 4 国的典型古镇，以望对现有古镇发展经验进行系统而全面的总结。

第 5 章，居民视角下的古镇旅游高质量发展研究设计。通过系统梳理国内外有关居民感知的研究以及《国家全域旅游示范区验收文件解读》等权威文件，共选取包括经济生活、社会文化、公共服务、资源与环境、主客交往 5 个维度共计 27 个指标建立指标体系，并据此设计调研问卷，与游客问卷同步发放，并在对数据进行预处理以及描述性统计分析后进行 IPA 分析，得到 IPA 四象限模型并对其进行初步分析，以修正 IPA 分析结果为基础进行对比分析，为提出基于居民视角的对策建议提供有力的数据支持。

第 6 章，游客视角下的古镇旅游高质量发展研究设计。通过梳理目前国内外有关游客感知与满意度的学术研究以及引入《国家全域旅游示范区验收文件解读》标准，建立游客视角下的感知与满意度指标体系，主要包括秩序与安全、供给体系、公共服务、资源与环境、主客交往 5 大维度 33 个指标，实地发放 150 份问卷后，对数据进行初步处理并进行描述性统计分析，并分别进行传统 IPA 分析以及修正 IPA 分析，最终得到 IPA 四象限模型，并以修正 IPA 分析结果为基础进行后续对比分析，为后续基于游客视角的对策建议提出提供数据支撑。

第 7 章，主客共享视域下旅游感知与满意度的对比分析。在第 5 章、第 6 章数据分析的基础上，聚焦古镇居民以及游客感知与态度评价指标体系的公共服务、资源与环境、主客交往维度，寻找主客的具体差异并对差异形成的原因进行简要分析。

第 8 章，主客共享视域下古镇旅游高质量发展的经验与挑战。在第 5 章与第 6 章数据分析的基础上，剖析古堰画乡景区旅游发展中可供参考的经验，并就其表现欠佳的指标进行分析，提炼古堰画乡景区旅游高质量发展中值得借鉴的经验以及可能面临的挑战。

第 9 章，主客共享视域下古镇旅游高质量发展的对策建议。在对古堰画乡景区旅游高质量发展的经验与挑战分析的基础上进行提炼，从居民与游客的双重视角出发，提出基于修正 IPA 分析四象限模型的、具有普适价值的对策建议，从而为古镇旅游的高质量发展提供参考。

第 10 章，古镇旅游高质量发展的保障体系建设。从协同治理机制，理念、方法与技术支撑，资金体系保障，人才体系保障，生态环境保护体系保障等 6 个方面进行论述。

第 11 章，研究结论与展望。本章主要总结了本书研究的结论，并对贡献以及未来展望进行了粗略讨论。

本书的技术线路如图 1 - 1 所示。

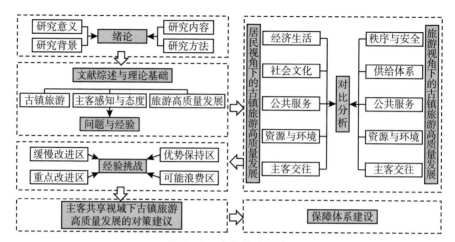

图 1-1　本书技术线路

第❷章
文献综述与理论基础

尽管近年来"古镇旅游"的发展尤为迅猛，为各地区旅游经济的发展做出巨大贡献，但管理者与研究者在"古镇的定义与范围是什么""什么是古镇旅游""古镇旅游的发展重点是什么"等概念界定问题上依然存在较大争论，且部分围绕古镇旅游展开的研究多缺少理论支持。因此，本章将对"古镇旅游""居民感知与态度""游客感知与满意度""主客交互与共享""旅游高质量发展"等相关概念进行系统梳理，并对利益相关者理论、公共参与理论以及体验经济理论进行介绍。

2.1　相关概念

2.1.1　古镇旅游

近年来，"古镇"成为旅游市场中的新生力量，也成为旅游学界高度关注的概念之一，众多学者围绕其概念的界定进行了广泛讨论，例如李倩等（2006）指出，古镇是介于城市与农村之间，具有悠久的历史文化，融合了地方经济、文化、生活与习俗的有机整体；程志勇（2010）认为古镇是一种能够展现传统文化魅力的旅游资源，这种资源是在一定历史条件下形成的，且处于城乡之间；吕勤等（2012）则点明古镇必须具有完整风貌、深厚文化、鲜明特色、浓郁民俗等特点；钟士恩（2015）认为古镇是一种枢纽型聚落，也是社会经济发展的纽带；荆炜（2019）则定义古镇是

"随着农业社会的商品市场发展起来的，与古村落和古城不同，古镇传统民俗、当地居民的生活方式、历史文物和古迹保留较为完整，且有着很高的艺术和研究价值"；黄潇逸（2020）则从旅游开发角度出发，认为古镇是指因深厚历史文化底蕴、较好的面貌而被重点开发其景区功能，并为游客提供旅游服务的商业集镇（见表2-1）。

表2-1 古镇定义一览

年份	学者	范围	特征
2006	李倩等	人类聚居地、有机整体	介于城市与乡村之间、具有千百年历史、串联了地方经济文化以及生活和习俗、具有有形与无形的旅游资源、具有独特的文化内涵、具有与现代文明隔离的传统环境
2014	胡旺盛等	传统聚落	介于城市和乡村间，保留完整古建民居、传统习俗和生活方式，具有研究价值
2010	程志勇	人类文化资源	具有特殊的历史条件、介于城市和乡村之间、具有深厚的传统文化
2012	吕勤	村镇	独具历史风貌，富有文化遗产，保留民俗文化、民族特色
2012	王义君	古城、古乡镇、古村	保存着完整的传统民族风俗和古居民的生活方式
2019	荆炜	建制镇（不包括古村落与古城）	保留着传统习俗与生活方式、具有一定规模的历史街巷、文物古迹保留完整、具有重大历史艺术与科学价值
2020	叶贞祯	枢纽型聚落	源于传统农业社会的商品交易市场、介于城市和乡村之间、保留完整古民居、保留传统生活习俗与方式

可以看出，不同学者从不同的角度及研究需要出发，对古镇的定义及范围并未达成共识。但总体而言，普遍认同古镇具有"古"与"镇"的双重含义，"古"即具有一定时间跨度，强调古镇是距今几百年乃至上千年的历史遗存，从艺术学、人类学、审美与历史的角度来看，古镇应拥有深厚的历史文化积淀、具有丰富而独特的物质文化遗产以及非物质文化遗产；"镇"则强调其商业性质以及地域特色，强调古镇对古民居、生活方

式、民族风俗的保留，此外，古镇一般具有独特的地理位置，例如介于城市与乡村之间，是地域性的社会有机体。2017 年《文物保护法》指出，有着丰富、重大历史价值或革命意义的文物的城镇、村庄，可被核定公布为历史文化村镇。在这个概念里，同时具备"古"与"镇"的双重含义，因此本书中的"古镇"将采用《文物保护法》中"历史文化名镇"的概念界定。

古镇的发展现状方面，1986 年，我国正式将历史文化名镇归入遗产保护范围①，各地陆续开展对古镇的全面保护及开发工作，在保护与传承地方历史文化的同时，借助古镇增加财政收入、促进地方就业并推动地方发展。截至 2021 年，全国范围内共有大概 312 个镇被我国住房和城乡建设部国家文物局核定公布为历史文化名镇。②

针对古镇的划分，荆炜（2019）则以古镇开发过程中的必要因素为标准，将其划分为城市近郊型、资源独特型以及旅游环线型三种；按照古镇所具备的不同的旅游功能，将其分成观光游览型、集散服务型、休闲度假型三种；以发展的视角，依据古镇所处的不同发展阶段，将其分成品牌创造型、设施完善型和储备保护型三种；叶贞祯（2020）根据古镇的地域以及文化特色将其分为环境、地缘、格局、情境及景致等几大特色内容。作为人类共同的历史文化遗产，古镇拥有丰富的传统文化和历史价值，是各地发展旅游业的珍贵财富。

随着历史的发展，不同地区的古镇形成了不同的风格，其历史遗迹、特色建筑以及生活习俗等共同形成了各自的传统文化、生态环境以及民风民俗，并呈现出区域化、多样化的人文特色而受到旅游者的青睐，逐渐成为我国旅游业发展的推动力（龙江桥，2019）。近年来，随着社会经济的发展以及现代城市化进程的加快，具有深厚文化底蕴的古镇与高楼大厦林立的城市形成鲜明对比，这使得古镇的旅游价值进一步得以凸显，特别是随着文旅融合的发展，古镇的旅游开发价值被进一步强调。在学术界，针对古镇旅游的定义依旧存在争议，刘晓庆（2013）认为，古镇旅游是指游

---

① 张晓等. 文化规划视角下的历史文化名镇保护规划研究［J］. 城市发展研究，2017（2）：15 – 23.

② 王蒙徽. 住房和城乡建设事业发展成就显著（人民要论·"十三五"辉煌成就·住房和城乡建设）［J］. 工程造价管理，2021（1）：6 – 8.

客在古镇地区，为满足欣赏古镇自然、人文以及民俗的需求，进行游览景点、增长知识、回归自然的一种旅游方式；荆炜（2019）指出古镇旅游是古镇作为旅游目的地，以其特有的旅游吸引物，满足游客的求知、休闲、娱乐、康养等需求；刘佳（2019）则认为古镇旅游是旅游者外出至古镇进行旅行和游览、娱乐和观光的一种活动，将古镇定义为拥有超过一百年历史的古代居住性建筑群。本书认为，古镇旅游的快速发展离不开其独特的旅游资源，后者不仅有作为旅游吸引物的自然资源和人文资源，还包括旅游活动、旅游服务及基础设施建设等社会资源，外来游客在古镇旅游过程中与本地居民共享着古镇旅游资源。因此提出本书对古镇旅游的定义：古镇旅游是一种在古镇区域内进行的旅游活动，以其基于主客共享的特色旅游资源，综合满足了旅游者的观光、休闲、度假、康养等多种需求。

在国外学界，古镇旅游可持续发展、古镇开发现存问题、古镇旅游发展影响因素、古镇旅游开发的可能后续影响、利益相关者等问题依旧是关注的重点（荆炜，2019）。例如，吴等（Wu et al.，2017）探讨了水乡古镇旅游发展的原因，并强调从旅游动机出发去挖掘目的地深层次的文化内涵，这对于古镇旅游的可持续发展是十分必要的；江（Jiang，2016）也提出，古镇旅游业要想实现可持续发展，解决现有问题，就必须进行合理规划并坚持保护优先的原则。罗德里戈（Rodrigo，2002）以巴西古镇为研究案例地，提出了可以通过实现文旅融合促进古镇旅游高速发展；巴克（Bak，2016）则强调了自然资源与遗产资源在古镇发展休闲旅游过程中是不可或缺的；兹德拉夫卡（Zdravka，2001）通过实证研究，得出了古镇旅游的内外部因素之间存在一定关系的结论。在利益相关者的研究方面，莱穗（Naho，2015）则聚焦日本的巴西小镇，分析了当地居民对充斥外来文化的旅游开发与发展的观点；科恩（Cohen，2001）提出本土化的管理模式虽可以使当地经济受益，但长远来看，可能产生由于群体获益不均而带来的社会经济发展失衡问题；弗伦克尔（Frenkel，2000）则关注外来文化对古镇社区的冲击，即随着当地旅游业的发展，旅游业带来的经济收入增长将无法使居民忽视负面因素对古镇的可持续发展造成的冲击。总体而言，虽然国外学者对小镇旅游的研究较为深入，但所选取的研究地点多为城镇或是旅游小镇，在概念上与我国"古镇"存在较大差别，因此在古镇旅游的相关研究上，应重点考虑国内学者的研究进展。

由于我国古镇的资源条件、社会文化都有特殊性，因此虽然国内学者针对古镇旅游展开的研究方向较多，但研究的内容和重点与国外学者存在差异。叶贞祯（2020）通过检索数据库文献总结了 1997～2020 年期间古镇旅游研究的三大发展阶段，即 1997～2005 年为第一阶段，该阶段的研究较少，处于探索期，主要集中于古镇旅游资源开发上；2006～2011 年，古镇旅游的研究逐渐兴起，研究成果的数量不断增加，内容集中在保护开发、品牌营销等方面；2012 年至今为第三阶段，该阶段为古镇旅游研究的繁荣期，研究成果数量丰硕，且研究范围不断扩大、研究深度也逐渐延展。

在内容上，我国学者更关注古镇旅游存在的问题、古镇保护与旅游开发关系、利益相关者、可持续发展等议题。在古镇旅游存在问题的总结方面，张冬婷等（2011）通过梳理相关文献，将古镇旅游开发中对古镇的破坏程度分为容量过度饱和、产品存在缺陷、商业化腐蚀三类；阮仪三（1996）指出，在古镇旅游的发展过程中，随着外来游客数量的增加，原有居民逐渐外迁，一些传统民居为适应旅游市场需求而被改造成商业用房，这使得古镇原本珍贵的人文环境遭到破坏；李苏宁（2007）则以江南六大古镇为例，强调古镇"发展模式克隆"是最大的问题之一，即大部分古镇在景观与旅游项目上竞争力不强，缺乏亮点与特色；此外，对古镇商业化开发的探讨并未达成统一观点。随着古镇商业化进程的加快，古镇的性质以及人口结构受到了较大的影响。古镇商业化也是对古镇深厚文化的粗浅且不合理的利用（李健等，2005）；但卢松等（2005）认为，应该鼓励对古镇进行适度商业化的开发，在商业化的过程中，旅游社区的民宿文化得到了复兴、旅游社区居民的文化自信心也得到了有力的培养。叶贞祯（2020）则指出古镇旅游开发过程中存在旅游主题差异性不明显、配套基础设施不完善等问题；冉迪（2019）对比了龙潭古镇旅游主题与其他古镇的区别，发现我国大部分古镇的旅游主题同质化现象严重；赖建东等（2019）则以羊楼洞古镇为研究地点，指出其基础设施不够完善，严重制约了古镇旅游的发展。此外，部分古镇旅游组织管理的问题也会制约古镇旅游的发展，例如罗燕等（2008）直接指出，旅游从业者的素质将严重影响古镇传统文化以及个性魅力的展示。

在古镇保护与旅游开发关系的探讨方面，张冬婷等（2011）总结了"保护优先"与"保护开发并举"两种观点，前者以陈志刚（2001）为代表，强调古镇所拥有的大量历史古建筑及深厚文化底蕴的本真性，并认为保护原貌是所有工作的前提；后者主张保护与开发和谐共生，以刘德谦（2005）为代表，强调古镇保护与旅游开发之间的相互促进关系，并认为要做好古镇的保护工作，就必须保护古镇的原生性、完整性、真实性以及多样性。李高展（2020）以及关伟（2018）也批判了古镇遭遇严重破坏的现状，指出其反映了对历史文化的不尊重以及对经济资源的浪费，因此呼吁古镇旅游的开发与保护应该同步进行。此外，古镇的旅游开发工作必须遵循古镇历史、资源条件、自然环境等方面的原则，具体包括：①保护、挖掘以及展示古镇文化底蕴；②强调产品开发的针对性与个性化，例如刘畅（2019）提出水乡古镇旅游产品开发需坚定走差异化、个性化的发展道路；③强调产品开发的体验感（张冬婷等，2011；叶贞祯，2020），例如朱萌等（2019）指出消费者从购买产品到购买服务与体验的转变，因此建议旅游地加快对旅游体验服务/产品开发的进程。

此外，古镇旅游开发过程中涉及的利益相关者也是学界研究的热点议题之一。根据弗里曼（Freeman，2006）的定义，利益相关者是指那些能够影响组织目标实现的人；丰田（2020）将古镇的利益相关者分为政府机构、古镇居民、游客、旅游企业、专家学者、社会大众、媒体工作人员7类，并对利益相关者的诉求及冲突矛盾进行解读；而戴鹏（2020）则指出政府行为对古镇旅游的发展起到关键性作用；孔璎红与廖蓓（2013）则强调宏观调控机制对于解决古镇旅游发展过程中的利益相关者冲突问题的重要价值；汪洋（2018）则给予理性人假设，采用静态博弈方法论剖析了古镇利益相关者冲突的5类交互行为。

针对古镇可持续发展议题，郎富平（2012）选取龙门古镇为研究对象，通过实地调研深度解读古镇旅游发展对社会、经济、生态以及社区参与等的影响；明庆忠等（2014）则认为古镇丰富的历史文化遗产是古镇旅游实现可持续发展的重中之重。

总体而言，国内外在研究的内容上略有差异，国外学者更关注古镇旅游发展的影响以及利益相关者等议题，而国内学者更关注古镇旅游的保护与开发、可持续发展等议题。

在研究方法以及研究趋势方面，国内外学者的重点也存在差异。在研究方法上，国外学者强调理论模型、数理统计、定量分析的方法，而我国围绕古镇旅游展开的研究多采用访谈、案例分析等定性分析的方法，少数应用数理统计的研究多是将古镇视为有代表性的旅游目的地，采用定量指标并不能体现出古镇的特殊性；在研究趋势上，叶贞祯（2020）认为国内围绕古镇旅游展开的研究在未来将更加强调数理统计以及定量分析方法的应用，并重视研究的可操作性以及实验性，进一步加强理论与实践的探索。

2.1.2 旅游目的地居民感知和态度

在旅游开发过程中，居民是最重要的利益相关者之一，由于长期在旅游社区中居住，其对旅游带来的变化也十分敏感（Nathaniel D. Line et al.，2020），其对旅游发展的感知与态度对提升旅游地整体形象起到关键作用，也对当地旅游规划与发展产生重要影响。而居民感知与态度则是对旅游影响的主观映射，其中感知分为两个部分，即感觉和知觉，它是人们注意、知觉并反应外部刺激的一系列的过程，每个人的反应都有所不同，而在这个过程中人们对刺激所持有的、表现较为稳定的内心倾向即为态度。具体而言，旅游发展带给旅游社区的影响可以分为积极影响与消极影响，当积极影响大于消极影响时，居民将对旅游发展持有赞同的积极态度；反之，当消极影响大于积极影响时，居民将持有负面的态度，甚至会反对当地旅游的发展。

国外学者们普遍认同居民感知到的旅游的影响主要体现在经济生活、社会文化以及生态环境感知三个层面上，其中经济层面的积极感知主要表现在就业渠道增多、收入水平提高、生活质量提高、基础设施得以完善、促进地方经济发展等方面，而旅游发展引致的消极影响则主要包括生活成本的增加、土地住房价格的升高等方面。在社会文化方面，居民的积极感知体现在促进了地域文化交流、使得传统文化与习俗得到保护等方面。此外针对部分特殊的旅游地，旅游还有利于宗教文明的保护与传承，但在该维度上，居民的消极感知也较为突出，主要体现在感知方言与传统被外来文化所同化或者弱化、目的地犯罪率上升、和谐的社区结构与关系被破坏等方面，甚至可能出现居民与游客之间因思想观念、受教育水平等差异导致的抵触与冲突。最后，旅游的发展对目的地环境而言具有双重影响，即在完善配套设施、提高居民日常生活质量、改善地区形象的同时，也一定程度上造成了不可逆的环境污染（魏莉，2019）。在积极影响方面，珀杜等（Perdue et al.，1990）指出虽然随着游客的大量涌入，旅游社区的水与空气等自然资源的污染程度会增加，动植物资源的生存环境会遭受破坏，还将面临交通堵塞以及噪声增加、旅游地社会承载力下降等问题，但旅游开发却可以提高当地居民保护生产生活环境的意识。佩雷斯等（Perez et al.，2005）则按照居民对旅游发展的不同极性感知，将其分成"旅游支持者"以及"旅游保护者"两大类。

此外，也有国外学者将影响居民感知与态度的因素归纳为宏观（旅游社区）以及微观（居民个体）两大类（Deery et al.，2012）。在宏观方面，贝利斯尔（Belisle，1980）在研究中指出，居民居住地所在位置离核心景点越远，居民感知的旅游消极影响越多，越倾向于持有不支持的态度；尤罗夫斯基（Jurowski，2004）基于社会交换理论，证明了空间距离与当地居民对旅游影响的感知态度存在相关关系；但也有学者就此提出异议，例如威廉姆斯（Williams，2001）的研究结果证明，距离核心景区更近的居民，更容易对旅游业的发展持反对的态度。

在微观方面，安德雷克等（Andereck et al.，2007）指出，人口统计学特征对居民感知有着显著的影响。例如老人、低收入者反对旅游发展的概率更高（Weaver，2001），不同性别的居民对旅游发展的关注重点不同，女性居民更关注社区公共服务等问题，而男性居民则更关注经济生活等问题（Harrill et al.，2003），因此对旅游开发所持有的态度也不同（Mason，2000）。除此之外，居民在旅游社区居住的时间长短，也对其感知与态度有着影响，定居时间越久的居民，对旅游带来的消极影响更加敏感，也更加容易抵触甚至反对当地旅游的开发。除了居住时间外，收益与成本的比例也是重要的影响因素，能够从旅游的发展中获益，提高生活质量以及生活幸福感的居民将更容易支持旅游发展；相反，不能从旅游发展中获益，但却必须为旅游开发付出成本的居民，将抵触外来游客的到来，甚至反对本地旅游的发展（Ap，1992）；格索伊等（Gursoy et al.，2002）的调查结果同样指出，旅游社区居民对旅游发展的认同度，受到旅游关注度、损益感知度的影响。

最后，旅游社区居民的感知与态度还可能与治理模式有关。例如兰克福德等（Lankford et al.，1994）指出，在旅游发展的过程中，居民的主动权和参与度对旅游影响的感知与态度具有十分重要的影响，当社区居民认为他们有旅游发展的主动权时，将更有动力参与本地旅游的开发与发展；相反，如果管理者和政府机构在旅游社区治理过程中忽视居民，将导致本地居民持更加消极的态度。

国内有关居民感知与态度的研究开始于 20 世纪 90 年代（史磊，2019），可将整个研究进程分为萌芽时期、发展时期以及繁荣时期。其中 20 世纪末为研究的萌芽时期，研究主题以居民感知的影响因素为主；2000 ~ 2010 年，研究成果的数量相对较少，但在逐渐增加，且研究的范围也在扩大，该段时期为居民感知与态度研究的发展时期。在研究内容上，除了延续影响因素的主题外，感知与态度的分类也是学界的关注重点（经济感知、文化感知以及环境感知等），例如苏勤等（2004）的研究就指出了拥有不同旅游经验、对旅游发展有着不同了解水平的旅游社区居民，对旅游业的依赖程度也不同；2010 年至今，学术界对居民旅游感知与态度的研究呈现出蓬勃发展的趋势，并且研究领域也在不断扩大，例如王汝辉等（2014）采用扎根理论研究了旅游景区原住民生存感知；程邵文等（2018）则以神农架为研究地点，采用聚类分析法、因子分析法对社区居民的旅游感知进行研究。

总体而言，经济、社会文化以及环境感知依旧是居民感知旅游影响的三大重要维度，在此基础上又有横向对比和纵向对比两类研究。在横向对比方面，刘葆等（2005）横向对比了周庄及西递古镇中的居民感知；郎富平（2006）横向对比社区居民的旅游感知得出研究结论；张文等（2008）则将研究的范围扩大到了全国范围内的 23 个旅游目的地，进一步分析其旅游社区居民对旅游发展的感知与态度的异同点；程绍文等（2010）选择四川省九寨沟景区作为案例地，并将其与英国具有代表性的国家公园进行对比研究，得出了旅游社区居民的获益水平与其对旅游发展的支持水平呈现出正相关关系的重要结论。纵向对比研究的学者则以贾衍菊等（2015）为代表，其以山东省胶东渔村为长期研究对象，探讨了经济生活、社会文化、生态环境三方面的旅游影响感知的动态变化。在经济影响感知方面，处于旅游发展初期的社区居民一般具有较高的期待，其对经济利益的感知会削弱对成本的感知，但这种片面的感知将随着旅游发展的深入而逐渐退化；另外，旅游发展也促进了旅游社区文化的挖掘与开发，增加社区居民的文化认同感，在一定程度上，旅游成为推动文化传承和发展的外在动力；最后，旅游发展对社区环境的影响具有双面性，但随着时间的推移，当地居民对环境消极影响的感知将显著增强。此外，卢松等（2009）以西递古镇为研究对象，运用纵向比较分析的方法展开研究，结果表明，社区居民的个人收入对旅游业的依赖程度随旅游发展的推进逐渐提高，但当收入达到一定水平时，他们将把关注重心转移到旅游对当地社会文化以及生态环境的影响上；魏辰（2015）则在社会交换理论的基础上探讨了福州居民对2015年青运会的感知变化。

在可能的影响因素讨论方面，我国学者从人口统计特征、社区归属感、地方依恋的水平以及距离等方面展开讨论（刘美燕，2017），例如居民的年龄对其旅游感知与态度具有显著影响。王忠福等（2011）在一项针对辽宁省大连市居民展开的研究中指出，年龄更大的居民对旅游发展更加敏感，并且更容易感知到积极的影响，从而支持本地旅游的开发与发展；但也有部分学者的研究结果与该研究结果不同，例如2002年，宣国富等在一项以海南居民为研究对象的研究中，明确指出年龄对居民感知以及态度不具有显著影响（即影响的差异并不大）。此外，不同性别的目的地居民也对旅游的发展有着不同的感知与态度，例如研究发现，男性似乎更加关注旅游为当地带来的积极、正面的影响，而女性则对旅游带来的负面影响更敏感（宣国富等，2002）；陈鹏（2015）的研究则指出台湾女性对大陆赴台游客的感知敏感程度比男性要更高。不过这种观点也受到部分学者的质疑，例如2005年，在谌永生等发表的文章中指出，性别对居民感知与态度的影响视情况而定，在聚焦旅游的正向影响时，性别不具有显著影响，但聚焦负面影响时，男性的感知则更加敏锐。除年龄与性别外，受教育水平、经济收入、本地居住时长等差异都会对居民旅游影响感知与态度产生影响，例如王忠福等（2011）指出居住时间越长的居民将对旅游开发带来的积极影响更加敏感，因此也更容易对旅游发展持有支持态度。

此外，部分学者通过引入地方依恋、社区归属的概念，试图探讨其与居民感知和态度的关系，例如许振晓（2009）选择四川省九寨沟景区为研究案例地，关注景区附近居民的感知与态度，其实证研究结果验证了地方感与感知态度之间的正向关系，即地方感越强烈，居民就会越关注地方发展，并越能注意到旅游发展给当地带来的积极影响；尹立杰等（2012）也十分关注地方感的作用，在他的研究中同样证明，具有更强地方感的居民，对当地旅游发展的期待更高，且能十分敏锐地察觉旅游带来的影响；在一项针对延边朝鲜族自治州展开的研究中，孙美玉（2015）同样验证了地方感与感知、态度之间的关系；唐晓云（2015）则更加关注旅游社区中，居民对本地文化的认同度，其围绕认同度展开实地调研，结果发现越认同本地文化的居民，越能深入感知到旅游发展对当地社会文化的正面以及负面影响。最后，旅游社区居民对旅游的感知以及态度，也受到其与核心旅游景区的距离的负向影响，也就是说，常住地离景区越远的居民，从旅游发展中获得的利益就相对越少，但却同样需要承担环境污染、噪声、交通堵塞等因旅游发展而带来的成本，因此更容易抵制旅游的发展；而尹寿兵等（2013）则围绕黄山景区附近的社区进行调研，结果表明距离决定了社区的区位条件，距离景点越近的居民，其拥有的资源就越丰富，政府政策支持的力度越大，基础设施改善程度也越高；而相反，距离景区相对较远的社区，在同样需要承担保护景区资源责任的同时，从旅游发展中获得的利益较为有限。

回顾居民感知以及态度的相关研究可以发现：（1）在研究进展方面，国内起步于20世纪90年代，起步相较于国外较晚；（2）在研究主题方面，国内与国外的研究前期差距较大，后期则呈现出一致的趋势，主要关注居民对旅游发展的感知、态度以及这种感知与态度产生的影响等方面，前者包括经济、文化、环境三个方面，后者则涉及内部因素以及外部因素，内部因素主要包括年龄、性别等社区居民的人口统计特征以及地方依恋、社区归属感等，外部因素则主要包括居民居住地距离核心景点的空间距离等。（3）在研究视角方面，众多学者从横向以及纵向对比的角度探讨不同社区居民或同一社区居民的感知与态度在不同时间的区别；（4）在研究方法方面，大多采用问卷调研的方法，在研究方法的选择上不够丰富。

2.1.3 游客感知和满意度

游客作为旅游目的地的核心群体之一，其对目的地经济、环境、社会文化等影响的感知与态度对其在旅游目的地的消费与体验有着直接作用，通过研究游客的感知水平，可以获取旅游产品的吸引力情况从而更有针对性地丰富与完善景区产品体系，调整旅游产品的市场适应能力以及竞争能力，以提高投资的效益，还可为目的地提供市场定位战略（关晶，2012），因此也成为目的地可持续发展的关键性指标之一。

就其定义而言，不同的研究者从出游动机、需求等不同角度对游客感知进行了定义，例如德克洛普（Decrop，2005）指出游客感知是游客在旅游的过程中，将外部信息转为内部思维的过程；阿加皮托（Agapito，2014）则指出，游客感知是游客对旅游产品的主观评价，这种评价将随着感知独特性以及感官体验性的增强而提高。尽管具体定义有所不同，但学者们对游客感知的概念内容却基本达成一致，即游客感知是游客通过感官从对象、环境条件处得到外部信息，并将其转换为内部思维的心理认知过程。在游客感知的分类方面，曼奇尼等（Mancini et al.，2020）以伊斯兰旅游目的地的游客作为研究样本，围绕情感、质量、社会以及价格价值等感知价值的维度对其进行研究；萨拉·维拉（Sara Villa，2020）则将澳大利亚农业观光游客的感知价值划分为社会、情感、便利、教育以及功能五个方面。

从研究脉络来看，游客对旅游影响的感知与态度的研究起源于 20 世纪 80 年代，主要以提摩太和布鲁斯（Timothy and Bruce，1980s）等为代表（王娟云等，2012），并且近年来学者们对游客感知的重视程度大幅提升（智慧，2019）。与居民感知相对应，大部分国外学者也主要从经济、环境以及社会文化三个维度切入，此外，游客对目的地的形象感知也是重要的研究内容。其中游客的环境影响感知的研究最为丰富，而社会文化层面的研究最少，经济层面的研究介于两者之间。首先，游客对环境影响感知的研究最早由布鲁斯（Bruce，1983）提出（王娟云等，2012），而在 20 世纪 90 年代中后期，随着环境问题越发严峻，旅游环境感知的研究逐渐增多，而大部分国外学者的关注重点则在微观的、旅游单体资源的保护上，例如对野生动物的保护等，随后的研究才逐渐将视角拓展到宏观环境的保护以及游客环保意识的提高等方面，例如雷切尔（Rachel，2010）探讨了岛屿游客的旅游动机、对环境问题的认识、执行环保任务的意愿等变量之间的关系；其次，游客对经济影响感知的研究起源于 20 世纪 80~90 年代，在这一方面，学者多关注游客感知花费、营销策略方面，涉及的议题较为狭窄，且阐述并不充分；21 世纪初，研究者将注意力转向游客对社会文化层面的旅游感知；在研究旅游者对目的地形象感知方面，高德纳（Gartner，1991）指出潜在旅游者对于目的地形象的感知将直接影响其对旅游目的地的选择。米尔曼（Milman，1995）则进一步证实了旅游感知形象与旅游者行为意图以及满意度之间存在相关关系。

部分国外学者也探索了游客感知的影响因素，并将其划分为微观因素（基于游客）以及宏观因素（基于旅游目的地）两大类。其中基于游客自身的因素包括人口统计学特征、经济因素、游客情绪三类，例如早期研究认为游客的性别差异将会带来旅游体验认知的差异，男性对旅游目的地的判断一般基于文化、可浏览性，女性则往往结合目的地宣传以及旅游成本对其进行判断（Carr，2001）；而微观与宏观的经济因素也是影响游客感知的重要因素，例如失业率会使游客的出游信心下降，并对旅游感知产生负面影响（Bodosca，2014）；里奇（Rich，2011）则从游客情绪角度出发，指出游客对目的地形象的心理认知较大程度上影响着游客的感知与态度。

基于旅游目的地的因素研究，刘建国等（2017）认为旅游感知的影响因素包括旅游目的地的安全性、管理方式、气候与环境、举办的大型节事活动以及文化特色等。旅游安全因素是游客首要考虑的因素之一，在目的地决策过程中始终占据首位，尼科莱塔（Nicoletta，2012）的研究直接指出旅游目的地的安全性是影响游客感知的因素之一；德克洛普（Decrop，2005）则强调目的地管理方式的重要性，即目的地的有效管理可以显著增强旅游竞争力，进而影响游客感知，带给游客更优质的体验，从而更好地吸引游客；目的地气候与环境也是影响游客感知与行为的关键因素（Gossling，2012）。除此之外，游客对目的地的大型节事活动的感知还存在着阶段性的差异（Waitt，2003）；在文化特色方面，宗教作为具有普遍影响的因素，也是学术界研究旅游感知的重点（Jafari，2014）。

另外，满意度作为旅游业的核心研究议题之一，向来被认为是目的地营销成功与否的判断标准，直接决定了游客未来的决策行为以及态度偏好（Kozak and Rimmington，2000）。旅游学界的满意度研究起源于20世纪60年代中期的服务营销领域。卡多佐等（Cardozo et al.，1965）第一次从期望差异理论出发，探讨满意度的形成机制，奠定了后续研究的基础。随后针对满意度的研究大都借鉴该学者的思路。例如，皮萨姆等（Pizam et al.，1978）提出游客的满意度是游客在权衡、对比其期望与实际体验的差距后的心理结果。斯特德曼（Stedman，2002）则将目的地满意度定义为一个多维度的结构，其中包括对目的地物理属性满足个人需求程度的判断以及对环境质量的感知。印度学者库马尔（Kumar，2016）提出目的地游客满意度的定义，即一种游客对选择的目的地的感知效益与预期效益的主观评价。本书将结合斯特德曼（2002）与库马尔（2016）的界定，将游客对目的地的满意度（简称"游客满意度"）界定为：游客对所选择的目的地提供的产品与服务，是否满足个人需求，以及是否达到或超过个人期望的主观判断。旅游满意度是从顾客满意度发展而来的，是关于游客的需求被满足后愉悦感的描述。

我国学者在借鉴国外研究成果的基础上，围绕游客感知展开研究。在定义方面，与国外学者基本达成共识，例如黄颖华等（2007）指出游客感知是游客在旅游体验过程中形成的偏好，以及对整个旅游消费过程的综合评价；吴小根等（2011）指出游客在旅游过程中获得的旅游感知，是通过感官得到与旅游地形象有关信息的心理过程，是一种对旅游地产品和服务作出评价的综合反映；白凯等（2008）认为游客的旅游感知是游客通过对比居住地与旅游目的地的外部环境等信息，并将此次旅游体验与过往旅游经验进行对照后，对此次的旅游目的地产生认识；关晶（2012）则从主客感知的视角出发，认为游客感知即客人感知，是指到访游客通过感官对目的地的旅游对象、环境、服务等范畴进行的心理加工过程，这也是游客对旅游目的地产品与服务的综合反应。可以看出，不同学者在定义上都同样强调旅游感知是将外部旅游信息内化的认知过程。

研究视角方面，目前国内学者的主流视角主要包括形象感知、服务质量感知和安全感知等。其中形象感知视角的文献较为丰富，且近年来多结合大数据分析的方法，例如吕连琴等（2020）通过内容分析法和社会网络分析法，将河南省目的地形象分为六大主题，包括自然景观、历史人文、游客体验与感受、旅游目的地、旅游政务信息、旅游保障设施，比较了游客感知下河南省旅游目的地形象的差异；邬超等（2020）则应用扎根理论，从认知、情感以及整体形象角度对游客感知下的古镇旅游形象进行了对比分析；郭伟锋等（2020）基于情绪感染理论的实证研究结果表明，导游的情绪劳动测量（浅层表演与深层表演）对游客目的地形象感知具有差异化的影响。在游客服务质量感知方面，曹月娟（2020）则以红色旅游景区为例，通过构建基础设施、旅游服务、游客服务质量感知和行为意愿四个因子的结构方程模型，展示了它们之间的相互作用关系；程鹏飞（2018）则重点关注游客游览前对旅游目的地的形象感知，对游览后的游客服务质量感知的影响；此外，在 2011 年陈永昶等发表的研究成果中，其同时关注游客与导游的感知，通过建立结构方程模型，讨论了游客与导游之间交互的质量对游客感知以及满意度的影响机制。最后，在安全感知视角方面，唐弘久等（2013）以"5.12"地震后的九寨沟旅游社区为研究案例，讨论了突发危机事件与游客感知之间的关系。赵德芳等（2014）则关注中国导游与美国游客之间的服务接触，并认为游客的文化价值观、个人经历、认知能力以及游客情绪等因素都会影响游客服务质量评价的水平。

而在游客感知内容上，又大致分为对"人"、对"地"、对"物"以及对"时空"的感知（杜炜，2009），其中对"人"的感知主要包括：①对旅游从业人员的感知，例如游客对导游情绪劳动策略的感知将会直接影响其对目的地形象的感知（郭伟锋等，2020）；②对旅游目的地居民的感知，即居民的态度与游客的行为意向之间具有相互影响的逻辑（陈志钢等，2017），居民的言谈也会影响游客对其好客程度与文化水平的判断（董晓英，2010）；③对其他旅游者的感知，其他游客在旅游过程中可能对他人造成一定程度的干扰（如拥挤等），甚至可能导致冲突的升级，造成游客之间的巨大矛盾。对"地"的感知，主要是指目的地形象，这要求目的地的营销管理人员要时刻关注游客的感知以及满意度，动态调整其营销策略，并开展有针对性的旅游营销活动。游客对"物"的感知主要包括对旅游设施、服务以及商品的感知，具体而言包括住、行、游、娱、购等众多方面，这要求旅游经营者充分了解游客在物质层面的需求以及期望，进而进行有效供给，例如黄思皓等（2020）讨论了游客对酒店的感知信任与满意度对其行为意愿的影响。游客对"时空"的感知则包括对时间以及距离的感知，这也是影响游客进行旅游决策的关键要素（董晓英，2010），在这一研究方向上，黄一凡等（2019）以银川市特色小镇为例，论证了街区尺度的合理性对空间布局以及游客亲切感、归属感的影响；李亚娟等（2018）则以武汉市为例，运用空间技术以及内容分析方法，探讨了游客对历史街区形象与地点的空间感知情况。

总体而言，学术界对游客感知与满意度的研究集中在旅游感知概念界定、游客感知影响因素、游客感知内容等方面，且在定义上基本达成共识，在影响因素方面通常可分为基于游客的因素和基于目的地的因素，而在游客感知内容方面，国外学者主要从经济、环境以及社会文化三个维度切入，这与旅游社区居民的感知内容相对应，国内的研究则可划分为对"人"的感知、对"地"的感知、对"物"的感知以及对"时空"的感知四类。但综合国内外研究内容来看，现有研究多关注游客感知现状的表象，缺少改善游客感知的实际应用研究，而且关于游客感知的理论研究依旧较少，对其机理的探讨依旧不足（刘建国等，2017）。此外，目前在研究方法上也较为单一，尤其是缺少对游客感知动态机制的推导。

2.1.4　主客交互与共享

主客是一个相对的概念，其中"主"指的是旅游社区居民，而"客"主要指游客，两者均为旅游产业发展过程中的利益相关者，在旅游活动中不可避免地产生交往与互动，这些交互活动对增强游客的旅游体验与提高居民的生活质量具有关键意义，也对旅游目的地的可持续发展具有极为重要的影响（魏莉，2019），居民与游客也在彼此交互的过程中共享了资源环境、公共服务等旅游发展成果。

主客交互（又可称为"主客关系""主客接触"或"主客互动"）一直是国内外学者研究的焦点之一（卢璐，2011），其定义包括狭义与广义两种。从狭义定义出发的研究主要关注主客交互影响带来的感知、态度以及行为的问题；而从广义定义出发的研究则强调主客相互影响带来的旅游社区文化变化、社会影响等问题（韦瑾，2018）。学术界以往的研究多基于广义定义展开，即将主客交互视为旅游社区东道主与游客之间的群体交往，甚至是一种文化下的一个群体对另一种文化下的群体的影响。通过梳理研究脉络可知，相关研究最早起源于 20 世纪 70 年代（闵欣，2019），国外学者通过将社会学、人类学以及管理学相关的理论以及方法引用到旅游学，探讨了旅游发展给旅游社区带来的影响，这也使得主客交互成为旅游人类学的重要议题之一。众多研究成果中，以居民"愤怒"模型（Doxey，1975）、旅游地生命周期（Butler，1980）两大理论最具有代表性（Butler R.，1980）。居民"愤怒"模型也被称为愤怒指数理论，该理论认为随着旅游目的地游客人数的增加，居民对当地旅游发展的态度会经历四个阶段的变化，即陶醉、冷漠、厌恶以及对抗，此理论模型尽管存在一定局限，但对学术界关注游客与居民的互动具有重要的启示价值，在此之后，1989 年米利根（Milligan）将上述模型修正为好奇、接受、厌恶以及对抗的四阶段模型，而戈弗雷（Godfrey，2000）则提出包括陶醉、冷漠、厌恶、对抗以及仇视在内的五阶段模型（于文文，2009）；旅游地生命周期理论则指出，旅游目的地的发展可以分为开发阶段、参与阶段、发展阶段、巩固阶段以及停滞阶段这五个阶段，而居民所处的阶段不同，所持态度也将不同，尤其是当游客数量持续上升，但却没有达到居民对经济层面的心理预期时，旅游社区居民的态度将会由保守转变为对抗。两大理论较为全面地诠释了目的地居民对游客态度的变化规律，也为大多数主客交互的研究建立了一个参考框架，成为旅游研究中的重点理论支撑。

从主客交互的相关研究内容出发，早期主客交互的研究多呈现单向且静止的特征，特别是由于游客与居民之间文化以及地位的差异，旅游者通常被认为是外来入侵者，旅游者的凝视也被认为是一种对旅游社区居民的霸权。但随着全球化的逐渐推进，旅游目的地的主客交互研究呈现出了新的特点，学者们逐渐发现，旅游目的地的主客交互不仅仅限于单向且静止的"旅游者凝视"以及"居民凝视"，而更应该包括"双向凝视"，至此，主客交互议题中"交互"的本质特征受到越来越多学者的关注。但遗憾的是，目前涉及主客交互的大部分研究依旧将重点放在主客交互活动对目的地居民的影响方面，而忽视了对游客的影响，且更关注对居民的负面影响（闵欣，2019），例如普里查德（Pritchard，1989）从主客交互的角度出发，指出由于受到文化原型的影响，旅游交往不仅不能促进文化交流，反而会加剧民族中心主义的倾向，并使旅游社区居民以及游客双方更加坚持自己原有的世界观；同年，布朗和诺兰（Browne and Nolan，1989）的研究也指出，旅游开发影响了美国西部印第安旅游地的土著文化，改变了土著民原本简单的人际关系（陈莹盈，2015）。

但"主客交互"的研究既涉及"主与客"的关系，又涉及诸多作用方向，忽视任何一方无疑会导致研究片面化，例如尼尔（Neal，2004）认为，当居民与游客以朋友关系进行互动时，旅游社区居民将获得一种心理认可与满足，进而有利于居民情绪的健康发展；皮萨姆等（Pizam et al.，2000）则从游客的角度出发，探讨了主客交互对游客态度与满意度的影响；伍斯南（Woosnam，2011）最早将情感一致性引入旅游社区主客交互的研究中，提出游客与居民之间因亲密互动以及情感而产生的情感一致性，有助于提高游客的安全感知，进而最终提高其重游意愿。20世纪90年代之后，学者从旅游摄影、旅游购物的不同角度展开研究，主客交互的研究内容逐渐系统化、多样化。例如瑞安（Ryan，1991）指出，居民最初可能将游客视作没有个性特征的无序群体，但随着旅游的发展，居民将从社会性接触、旅游服务交互中接触游客的个性，在这个过程中，主客处于更加平等的地位上，也更有可能产生情感因素，从而使旅游社区居民与游客间的关系不断深化，也能让游客从中得到旅游活动的情感满足。在此论证的基础上，瑞安（1991）进一步提出"旅游者—朋友"模型，认为主客交互的最高层次就是社区居民与游客之间形成朋友式的关系，该模型也在主客交互的研究中得到了广泛的应用。对于游客与居民之间的互动一般发生在旅游商品与服务的购买场景中，交互的双方往往带有经济目的，并存在心理地位的不平等。

主客交互的质量同样对居民感知与态度、游客感知与满意度的塑造具有重要影响，也是主客共创与共享的重要体验之一。众多学者就旅游目的地主客交互质量的影响因素展开研究，总体而言，主客交互质量的影响因素包括文化因素、人口特征因素、社会身份以及社会地位、交互动机、交互特点、环境因素等。例如辛科维奇等（Sinkovics et al.，2009）通过对比奥地利居民与日本游客以及德国游客的主客交互过程，发现奥地利居民对日本游客及德国游客的短期交往模式较为相似，但却更容易与文化背景相似的德国游客建立长期的个人关系；就人口特征以及社会身份及地位而言，珀杜（1990）等的研究证明，不同性别、受教育程度、年龄的居民与游客之间具有不同的交互模式；此外，交互动机与特点也是主客交互的重要影响因素，例如拉克森（Laxson，1991）指出，距离较远的浅层交往模式不利于主客双方建立良好的关系，提摩太（Timothy，1997）强调主客交往的自由度对主客交互质量的重要作用，乌里利（Uriely，2000）则从交往动机的角度指出，持有非经济动机时主客交往更加融洽；最后，环境因素也是影响主客交互质量的关键因素，例如政治环境（Uriely，2007）。

我国主客交互的研究相对滞后，约起源于 21 世纪初，在理论探索以及实证检验方面都较为薄弱。研究内容总体上可以从总体研究和个案研究两个方面进行划分，前者以文献综述的系统梳理为主，从宏观的角度切入探讨主客交互的维度划分。文献综述方面，肖洪根（2001）与宗晓莲（2004）较早地对国外主客交互相关的文献进行了系统梳理；汪侠等（2012）的研究中，通过系统地整理、阅读大量主客交互相关的文献资料，十分详细地归纳总结了其理论的框架，并认为未来与主客交互有关的研究，应该重点思考如何构建一个完整的理论体系、如何进行具有前瞻性的研究、如何合理地进行交叉研究等；王耀斌等（2015）则通过阅读 2005～2015 年发表的研究成果，强调在主客视角下、以统一的指标体系开展横向以及纵向研究的必要性。

在宏观研究方面，张敦福（2006）提出现代旅游的发展呈现出"快餐"式趋势，由此导致旅游过程中的主客关系逐渐理性化、机械化、电子化；2008 年，谌文聚焦我国乡村旅游发展状况，并指出村民与游客的主客间交互，对乡村旅游的可持续、健康发展具有持续的推动作用，由此建立了乡村旅游中主客交互的研究体系，并再次强调了主客双方在旅游过程中的重要作用；白凯（2012）则关注伊斯兰旅游过程中的主客交互，以及伊斯兰教法在这个过程中的重要约束作用，指出若想实现良好、和谐的主客交互，就必须将彼此尊重放在第一顺位；周春发（2013）在主客交互的研究中则尤其关注权力关系的作用，指出主客交互过程中，利益冲突以及文化冲突可能会对旅游的可持续发展存在潜在威胁。最后，在主客交互的维度划分方面，学者们多从交互内容、交互场所、交互时间顺序、交互中的游客体验等角度入手，从交互内容的角度可以将主客交互划分为商品与服务互动、文化交流、情感互动三个维度；从交互场所来看，又可将其划分为公共空间的互动、半公共空间的互动以及私人空间的互动（张机等，2012）；按照交互时间顺序，则可以将其划分为旅游前、旅游中以及旅游后的互动（孙九霞等，2016）；李海娥（2015）从游客的旅游体验出发，将主客互动分为信息咨询、随意交谈、困难求助、体验参与和关注观察五个维度。

个案研究大多集中在乡村、古村落、少数民族地区等，强调主客交互过程中的影响因素及其影响，此外也有研究探讨主客交互的模式、动因等议题。在影响因素方面，欧阳军（2003）通过分析云南大理、丽江的居民以及旅游者，得出影响主客交互的因素有人口学特征、经济、文化习俗、环境以及动机等的结论；孟威与苏勤（2009）以周庄为研究案例地，测度居民对游客的交往偏好，指出主客交往的主要影响因素是旅游地商业化程度和职业因素；李艳花等（2010）则以山西平遥为研究案例地，指出主客关系的影响因素包括经济类因素、旅游动机类因素、人口学特征因素、障碍类因素等；而张宏梅等（2011）将入境游客作为研究对象，发现不同类型的游客在主客交往偏好上存在明显的差异；陈星（2017）在旅游地游客的动机对与居民交往意愿的影响研究中，将游客动机分为体验生活、刺激或冒险、放松或逃避、社交或求知四个维度，将主客交往意愿分为适度交往和密切交往两类，研究结果显示，刺激或冒险、放松或逃避动机对两种交往意愿都有影响，但第一种动机类型只能带来适度交往意愿，而最后一种动机类型与密切交往意愿相关。此外，针对主客交互影响的研究主要集中在文化效应、示范效应以及认同感等，例如孟威等（2010）指出，主客交互可以对旅游社区居民的经济生活和人际交往产生影响，但对社会文化的影响程度则相对较低；孙九霞（2010）则关注了主客交互中的族群认同感差异问题；卢璐（2011）以宏村为研究案例地，围绕主客交互过程中的情感联结以及冲突，探索了主客交互过程中的情感、冲突、互容性对其未来交往意愿的影响。国内学者在主客交互模式方面并未达成共识，例如梁旺兵（2006）从主客交互的文化模式出发，将其划分为国外游客与旅游地居民、国内组织性游客与旅游地居民、国内非组织性游客与旅游地居民 3 种类型。陈娅玲（2006）则通过系统梳理主客交互相关文献，认为主客交互模式可以划分为属性、跨文化、态度与行为四类。而孟威（2007）将主客交互的动机归纳为 7 种动因模式，分别是商业交换、文化体验、放松愉悦、荣誉声望、生理安全、社会交往以及探索求知。

通过梳理国内外相关文献可以发现，国外学者较早关注主客交互的议题，且自 20 世纪 70 年代起历经 50 余年的发展，形成了丰富的具有一定理论深度的研究成果，且现有研究体系较为完善，此外，在研究方法上以理论研究、实证研究、比较分析以及实验为主；国内的研究则起步相对较晚，且尚未形成具有广泛影响力的专著以及理论（卢璐，2011），在研究方法上主要有民族志田野调查法、栅格分析法、访谈法、层次分析法、结构方程模型方法等，以定性研究为主，较少涉及定量分析方法的应用，也暂未形成科学的评价模型体系。综合国内外研究，目前主客交往的研究主要可以分为宏观与微观两个层面。其中宏观层面体现在旅游目的地居民与游客的跨文化交往给旅游社区带来的文化整合、社会影响等方面；微观层面则主要集中在社区居民对游客以及游客对居民的态度与感知方面。而在研究学科上，各领域研究对主客交互的切入点也有所不同，例如旅游地理学更关注人地关系议题、旅游心理学则更关注主客交互过程中双方的感知态度及其形成机制。

总体而言，目的地居民与外来游客作为旅游活动中的交互方，其诉求既有共同点又有差异性，以目的地居民为代表的"主"方，对旅游发展带来的经济影响、社会文化影响更加敏感，而以外来游客为代表的"客"方则更加关注目的地旅游要素的供给情况以及旅游保障情况等，旅游目的地的公共服务、资源环境以及交互质量等要素共同影响着主客双方的感知与态度，对目的地的可持续发展具有关键影响，主客双方也在不断进行的旅游交互活动中共创了旅游体验，并最终共享了旅游发展成果，继而有望实现旅游目的地的高质量、可持续发展。

2.1.5 旅游高质量发展

质量是事物本身的内在品质以及内在属性，会随着时空以及层次的改变而有所不同（杨琴，2020）。随着社会的进步和科技的发展，学术界对质量的概念有了更深的了解，普遍认同质量是一个系统型的概念，并不过分强调某一方面的发展，而是强调发展过程的协调、效率以及合理性。相对应地，高质量发展也成了社会经济发展的必然结果。特别是在党的十九大报告中明确指出"我国经济已由高速增长转向高质量发展阶段"后，各行各业都开始积极寻求高质量发展的道路，高质量发展也成为理论研究的重难点与热点之一，但目前在社会科学领域，高质量发展的相关研究多从宏观角度切入（杨琴，2020），以经济学领域的相关讨论为主，旅游领域的相关研究较少，研究内容上主要围绕高质量发展的定义、特点、影响因素等展开讨论。

在定义方面，目前学界并未达成共识。例如，田秋生（2018）指出，高质量发展是一种质量导向的、可持续的高水平发展理念、方式以及战略；王彩霞（2018）认为，高质量发展必须满足人民日益增长的美好生活需要，并且必须充分体现出新发展的理念，是一种兼顾质量、效率以及公平的可持续发展；赵剑波等（2019）提出，满足人的多元化需求，是高质量发展的必然要求，促进经济持续发展、保护生态环境、提高社会分配的公平性水平，也是高质量发展的最终目的；王雪峰等（2020）从更加宏观的角度出发，指出高质量发展就是转换经济动力、完善发展体系、促进结构协调、改善社会福利并提高居民生活质量的发展；陈川与徐伟（2020）的研究则指出，高质量发展是以人为中心的，最终是一个需要促进人的全面发展的过程。在旅游研究领域，李博（2020）指出，通过高质量发展，特色小镇的人居环境可以得到改善，特色文化可以得到更好传承，其中蕴含了绿色发展、旅游质量效益提升等众多内容。综合目前的研究可以看出，尽管学界对高质量发展的定义有所不同，但大都强调"以人为本"，也就是说，旅游目的地若想实现高质量发展，就必须积极思考如何满足人民的需求，并紧密围绕人民的需求展开工作。在古镇旅游发展的过程中，居民与游客是核心的利益相关者之一，也是旅游管理部分必须关注的主体之一，其态度和感知对当地旅游的发展起着决定性的作用，因此，若想实现古镇旅游的高质量发展，就必须关注居民对当地旅游发展的感知与态度，必须关注游客对旅游体验的感知与满意度，积极寻找两者之间的感知差异并精准提升，由此方可实现"以人为本"的古镇旅游的高质量发展。

2.2　理论基础

2.2.1　利益相关者理论

利益相关者理论源于管理学学者对"股东至上"治理模式的质疑与讨论，最早于 20 世纪 60 年代被斯坦福大学的管理学研究团队提出，此后众多学者开始从不同的角度对"利益相关者"（stakeholder）进行定义。在众多定义中，以 1984 年弗里曼在《利益相关者管理的分析方法》一书中提到的观点最具有代表性，即利益相关者是指和所在组织具有密切联系、可以影响组织目标的实现或者受到组织实现目标过程影响的所有个体以及群体，具体包括企业股东、债权人、企业员工、消费者、政府部门、当地居民、媒体等直接或间接影响或被影响的客体。自第二次世界大战以来，随着社会经济秩序逐渐恢复，人们可自由支配的收入和闲暇时间逐渐增加，旅游业在此背景下获得了快速发展，"大众旅游"也逐渐兴起。但旅游的快速发展，也意味着大量外地游客会涌入旅游目的地，平等参与、民主角色等伦理问题在此过程中被逐渐激化，单从游客的角度进行旅游规划与开发显然具有极大局限性。另外，利益相关者理论由于强调了企业经营过程中的伦理问题，可以为旅游研究提供一些启发，因此逐渐得到了旅游研究者的关注。但与其他行业相比，旅游业具有极强的综合性质，旅游目的地的开发与发展涉及广泛的社会联系，因此其利益相关者也具有特殊性（Walle，1995）。在旅游发展过程中，由于发展资源具有有限性，诉求各异的众多利益相关者将不可避免地存在资源、权力以及利益的争夺问题，这也导致旅游目的地的利益冲突更加集中（赵静，2019）。从20世纪90年代中期开始，随着可持续旅游研究以及旅游社区研究的发展，旅游利益相关者的特殊性受到学者的重点关注，并成为旅游研究领域具有重要价值的热点话题，产生了众多深刻且有意义的研究，极大促进了旅游研究的理论与实践发展，相关概念也被世界旅游组织（UNWTO）所使用（丰田，2020）。

综合来看，国内外学者主要关注利益相关者理论在旅游管理以及规划方面的应用，并更加关注旅游利益相关者的概念界定以及耦合机制等内容。在概念界定方面，一般认为旅游利益相关者是指可以影响旅游业目的的实现，或者受到旅游发展影响的任何群体以及个体的集合（王一如，2019）。具体而言，按照斯华布鲁克（Swarbrooke，1999）的观点，一般的旅游利益相关者可以划分为当地社区、政府、旅游业、游客、压力集团、志愿部门、专家、媒体8类群体，而古镇作为特殊的旅游目的地，其旅游发展过程中则涉旅游相关政府部门、旅游社区居民、前往旅游地进行旅游活动的游客、旅游企业、专家、社会公众以及媒体7类群体。不过，尽管旅游目的地的利益相关者较为复杂，但游客与居民仍然被认为是旅游开发与发展过程中最为关键的利益相关者，相关的研究也具有极强价值以及学术生命力，因此受到旅游学界的重点关注。

而在旅游利益相关者耦合机制的研究方面，辛杰（2015）以湖南省凤凰古城为研究的案例地，系统分析了当地政府部门、旅游开发商、旅游社区居民、旅游商户以及游客等利益相关者的关系，通过对比梳理出其利益诉求和表达诉求两种方式之间的区别，最后针对利益耦合过程中存在的问题提出了对策建议；汪子茗（2015）的研究则更加关注利益耦合过程中存在的矛盾冲突，并通过案例研究证明，古镇若想实现深入保护与可持续发展，就必须促使利益相关者之间的非合作博弈转向合作博弈，并应当遵循均衡的原则建立起古镇旅游发展的利益协调机制；吴丹（2019）则将古镇的利益相关者划分为核心、战略以及外围三个层次，并对包括政府、居民、企业、游客这四个群体在内的核心利益相关者的需求进行分析，认为除政府与游客之间不存在明显博弈外，四大群体之间两两博弈，共有 5 组非合作博弈关系，并阐述了其博弈的方式、过程以及结果，其中居民与游客之间的博弈最为突出，其利益冲突会直接体现在居民对游客的态度上，并且这种态度会随着目的地生命周期的变化而变化；赵静（2019）则重点关注乡村旅游目的地中的核心利益相关者，并从利益相关者的界定、利益分析、冲突分析、利益博弈等问题切入，从而完善乡村旅游核心利益相关者及其相互作用的系统。

综合来看，利益相关者理论对本书研究具有重要启发，也是本书研究的核心理论之一：居民与游客作为旅游目的地开发与发展过程中的核心利益相关者，其利益诉求具有较大差异。旅游目的地的一部分居民参与到旅游产品与服务的提供中，其对旅游开发的经济效益，特别是对自身收入的正效应充满期待，而游客则希望从旅游目的地中获得本真的旅游体验，其更重视旅游产品以及服务质量，两者在旅游发展中将不可避免地产生互动。但随着互动频率的增加，外来游客的涌入将对本地物价、文化氛围、自然环境等造成深入影响，部分居民将产生抱怨态度，甚至搬离原社区。另外，部分居民通过高价贩卖低质商品、一客一价等方式来获得更高的经济收益，这导致旅游目的地的商业化色彩逐渐浓厚，游客的本真体验逐渐被剥离，甚至会使游客对当地居民产生不满情绪，并最终影响旅游目的地的可持续发展。因此，以利益相关者理论为切入，探讨古镇旅游发展中的利益相关者诉求，可有效协调居民与游客这两大核心利益相关者的矛盾冲突，有助于探索旅游发展中的主客共享路径。

2.2.2 公共参与理论

公共参与理论本质上是一种从微观视角切入的、以赋权为核心的小型区域发展理论，其强调区域主体在区域发展过程中的积极主动性以及全面参与性，并强调相关部门必须赋予社区主体一定的发言权与决定权。从公共参与理论涉及的主体来看，一般包括社区中的居民以及社区内的各类组织，其中尤其以居民最为典型，该理论认为社区中的每一个居民都有发言并参与和区域发展有关决策的权利，并且这种权利不受其所在强势群体或者弱势群体的干扰，而尤其考虑到强势群体一般具有主导地位，该理论更加强调对社区中的弱势群体给予足够的关注、尊重与赋权，重点是让弱势群体中的居民充分参与到所在社区的管理过程中，这充分体现了以人为本的思想，因此对社区管理而言也具有极其重要的意义。此外，"公共参与"本身则是在法律规定的条件下，以居民为主的社区主体在表达利益诉求、承担社会义务过程中对区域发展有关决策产生重要影响的一种自愿的参与行为，这种行为也是现代人的重要特征之一，体现着社区主体对社区事务以及公共利益的关注与维护，涉及范围则包括经济、文化等多个领域，根据居民的参与积极性也可对其进行分类。

国外与"公共参与"有关的研究已十分成熟，主要包括对"参与"的研究（参与主体以及参与的影响因素）、对"赋权"的研究、对"利益"因素的研究。一是对"参与"的研究，又包括对参与主体有关的研究以及与参与影响因素有关的研究，学界一般认为参与决策的主体需要具备一定素质，并且具有与地方发展有关的一定知识储备，较为了解其参与决策的项目，在此基础上，部分社区主体又出于一系列动机，愿意参与到决策过程中，从而产生公共参与行为。而在参与的影响因素研究方面，信息的可获得性以及社区管理模式对公众的参与热情具有直接影响，即当潜在参与主体处于信息匮乏状态时，将更容易产生对未知的恐惧，从而减少社会参与行为。另外，若社区管理以官僚主义、自上而下的模式为主，则主体进行社区参与的过程将受到严重干预。二是对"赋权"的研究，即参与主体是否被赋予参与社区事务的权利。三是对"利益"因素的研究，一般认为主体之所以愿意参与到社区事务中是基于三种考虑：①共同利益动机，即主体十分认可其作为社区成员的角色，并渴望通过贡献自己的知识与能力，改善社区现状，以促进社区的进步；②自利动机，即主体参与公共事务是为了改善自己或与自己有关的特定利益群体的现状；③专业能力动机，即主体出于职责的要求贡献专业知识。

国内涉及公共参与的研究则更偏向参与式治理研究，具体可以概括为参与式治理的实现条件、特点等方面。第一，参与式治理的实现条件需要同时满足参与主体层面、政府层面以及两者之间关系的要求，从参与主体的角度出发，推动主体积极地、有序地参与公共事务的关键在于提高其素质，这种公共参与的素质集中体现在主体具备向政府施压的能力，而在政府层面则需要实现充分赋权，疏通公共参与的渠道、完善公共参与的机制、丰富公共参与的方式，最后从两者之间关系的角度来看，参与主体与政府组织之间应是互惠合作的关系，而非"非合作博弈"的关系；第二，参与式治理的特点首先包括参与主体的来源多样化、参与主体的利益相关性以及参与主体的充分赋权。

20 世纪 80 年代开始，以墨菲（Murphy）为代表的学者开始将公共参与理论引入旅游学研究中，到 1997 年，世界旅游组织在会议中强调：发展旅游的同时必须考虑本地居民并使其从中获益，旅游业才能实现健康发展。具体而言，该理论强调相关部门在旅游开发与发展的过程中，必须在每一个环节都充分考虑并尊重社区主体的意见，以实现社区旅游的可持续发展。旅游社区参与主体包括居民、管理部门、旅行社等，但在旅游发展过程中，居民是尤其关键的参与主体，其对旅游发展的支持态度及其参与行为对社区旅游业可持续发展具有至关重要的影响，因此需要重点考虑。而旅游社区居民参与的内容则包括旅游发展决策、旅游活动经营、旅游资源保护、旅游教育培训等方面。我国旅游学界对公共参与理论的关注稍晚于国外，最早出现在 1998 年张广瑞所译制的《关于旅游业的 21 世纪议程》中，近年来学界的关注重点多在社区居民对旅游发展的参与问题上。众多研究表明，我国旅游社区居民由于思想观念制约、政府组织制约、利益制约等限制，对旅游发展决策的参与意愿较低，少数参与行为具有被动性、重经济利益的特点。例如陈金华等（2005）指出，大部分旅游社区居民的文化素质较低，欠缺专业服务培训，同时旅游社区也缺少完善的参与机制，这严重阻碍了居民参与到旅游发展中来。对于本书研究而言，古镇旅游的高质量发展建立在主客共享的基础上，高质量发展也与居民的生活息息相关，但在实际发展中，古镇难以及时、广泛地参与到旅游发展决策制定中，从而可能对相关决策产生误解，也不利于调动旅游社区中作为"实践者"的居民的参与热情，更不利于实现主客共享。只有当居民深入了解古镇旅游发展的深远意义，充分知晓旅游开发相关部门的举措，并通过不断完善的社区参与机制、丰富的渠道与方式自愿参与到与旅游发展有关的决策制定中，才能最大限度地唤起社区居民的主人翁意识，促使其参与到旅游体验的共创过程中，并与游客共赏优美的自然环境、共享旅游开发与发展成果。

2.2.3 体验经济理论

在人类社会的历史发展中，生产力与生产关系决定着人们的需求，在生产力较低的农业经济时代，人们对物质资料的需求仅仅停留在满足生存的低级层面，而随着近代以来人类社会逐渐步入生产力高速发展的工业经济时代以及服务经济时代，人们的经济水平在不断提高，物质需求已经达到饱和状态，在消费过程中也不仅仅只关注产品与服务的质量，而将重点更多地放在了精神与情感层面的体验和感受，并对其产生了更高的期待、提出了更高的要求，体验经济也成了社会发展的必然趋势和必然结果。与生活密不可分的"体验"一词，则最早出现于古希腊时期的神话与哲学中，是一个与哲学、心理学以及美学密切相关的心理过程，这种心理过程与主体的听觉、视觉、嗅觉、味觉以及触觉等密切相关，并受到主体当前的情绪水平、文化素质、性格、偏好等方面的影响，是一种主体与客体之间相互作用下，综合呈现反映出来的心理过程。而"体验经济"（experience economy）则最早是在 20 世纪 70 年代由美国学者阿尔文提出，在其著作中"体验经济"被认为是继农业经济、工业经济、服务经济后的第四种经济形态，也是一种更高级的经济形态。这种观点也在 1999 年派恩与吉尔摩的著作《体验经济》中被再一次强调，并得到了业界的高度认可，产生了一系列诸如体验式影响、体验式医疗、体验式产品设计等概念，以阻止产品与服务的同质化、降低产品与服务的成本，在避免"价格战"的基础上提高了企业在市场中的竞争力。

对体验经济的初步理解可以从其特征以及类型出发：（1）在特征方面，首先集中体现在体验的生产者与消费者不再相互割裂、彼此隔绝，在有形产品与服务的生产过程中，消费者是被排除在外的，仅仅涉及购买阶段的参与，而对于体验经济而言，是在"顾客为中心"的服务理念的指导下，将消费者纳入产品与服务的共创过程中，让消费者作为企业的外部员工参与到产品的设计与生产中；并且由于参与体验过程中的消费者具有差别巨大的个人特征，这也就导致每一个消费者从体验过程中所获得的感受都截然不同，这满足了消费者的个性化需求，是一种量身定制的体验；最后，这种通过共创得到的体验具有延续性，由于消费者在产品与服务的体验过程中具有较高的情感投入度，其感受到的感官刺激以及情绪变化都将促使消费者对体验提供者产生更深刻的印象以及更高的好感度，也就带来了纵向的延续性。此外对单一产品的体验还可以使消费者产生品牌联想，即从产品体验延伸到品牌形象、附加服务等内容，从而体现出横向的延续性。（2）在类型方面，学界一般以派恩与吉尔摩（1999）的观点为准，即将体验划分为学习体验、逃离现实的体验、娱乐体验以及审美体验等，这 4 种体验在能动性以及沉浸度上具有显著差异，在心理学研究领域也可将体验划分为"感官、情感、思维、行为以及联系"五种，更加强调主体在体验过程中的能动性。这些观点也奠定了体验经济研究的理论基础。

旅游产品是极其典型的体验型产品，旅游体验也是一种流行的消费。而随着旅游业的快速发展，旅游者对旅游产品也提出了更高的要求，即不仅仅追求走马观花式的观光旅游体验，更要求深度参与旅游社区，甚至体验"当地人"的日常生活，以获得一种本真的、自由愉悦的体验，寻找感官刺激以及心灵需求的满足。体验经济理论为解释这种现象提供了一种新的视角，引起了国内外学者的广泛关注。从旅游体验的内涵出发，我国学者谢彦君在 1999 年便提出了旅游体验的定义，指出旅游体验是一种综合性的体验。在旅游活动中，旅游者主动或被动地，通过感官来获取各种关于旅游地自然与人文有关的信息，这些信息在内心中得到理解与重组，最终转换为一种独特的心理体会，而这种心理过程既包括认知层面的感受也包括情感层面的感受，并受到旅游者个人旅游经验、文化素养以及个人偏好的影响，此外由旅游者亲自参与创造的旅游体验过程，也是旅游本真化的重要环节之一。另外，旅游体验的划分方式十分多样，其中最具有深远影响的是派恩与吉尔摩（1999）的观点延伸，即根据旅游者的参与程度，将旅游体验划分为逃避、娱乐、教育以及审美四类，除此之外还可以根据旅游者的参与意愿将体验划分为主动与被动两类，也可根据旅游吸引物的不同，将其划分为自然景观体验、社会景观体验以及人文景观体验等。除此之外，众多学者还从旅游体验的需求出发，对主题公园、乡村旅游、世界遗产地等目的地的旅游产品开发模式进行了广泛讨论。而在本书中，古镇居民与外来旅游者既是旅游体验的生产者，同时也是旅游体验的消费者，在此过程中，主与客角色缺一不可。古镇居民在与外来旅游者互动的过程中，既提高了对外来文化的理解水平以及包容程度，也提高了其古镇生活体验的丰富性以及层次性；而外来旅游者在与本地居民互动的过程中，提高了对古镇历史文化以及风土人情的了解程度，获得了更高的旅游参与水平，以及一种美好、愉快而难忘的旅游体验，正是在对美好旅游体验的不断期待中，旅游者更愿意参与到与居民的互动中，双方一同共创、共享独特而高质量的古镇旅游体验，这也促使古镇社区积极推进旅游的深度发展。

2.2.4　社会交换理论

社会交换理论（Social exchange theory）最早源于一系列与动物的条件反射有关的生物学研究，在 20 世纪 60 年代后由美国社会学学者霍曼斯（Homans）等引入人类研究中，是一种综合了人类学、行为心理学、古典政治经济学的基于理性假设的社会学理论。该理论将人与人之间的互动行为视为一种计算得失的理性行为，即人类的一切互动行为与社会联合都是一种以奖赏和报酬为导向、以追求自身利益最大化为驱动的交换。对于个体而言，予以其他人的东西即交换成本，而从其他人处获得的东西则是利益，每个处于交换过程中的个体都希望以最低的成本换取最大的利益，因此只有当双方获得的利益超过成本时，社会交换才能继续。总体而言，社会交换理论的核心思想大致可以概括为以下三点：①人类社会的一切行为，都是为了满足个人需求或实现个人目的，可以用"报酬与奖赏"来解释；②所有人都偏好报酬，而厌恶并尽可能避免损失；③人与人之间的互动往来可以看作是一种基于报酬的交换活动。

　　进入 20 世纪 80 年代，社会交换理论被引入旅游研究领域，主要用以解释旅游社区原住民对旅游发展影响的感知与态度，及其支持或反对旅游活动的心理驱动因素。根据该理论，互动交换过程中的每一个行动者都扮演着一定的社会角色，而旅游作为一种发生在外来游客与当地社区居民之间的社会交换活动，处于旅游活动中的社区居民通过向游客提供旅游产品与服务从而获得最大化的经济、社会文化以及环境效益，而游客则通过花费时间、精力以及金钱，以获取一次满意的旅游体验（卢璐，2011）。需要注意的是，尽管互动的行动者是独立的，其社会角色却通常是统一的，例如在旅游过程中，尽管个体游客存在经济条件、社会地位的差异，但其呈现的是一种统一的"游客"形象，与之对应，在面对不同游客时，旅游社区居民也扮演着统一的"居民"形象，进而持续进行主客的交互活动。

　　在对社会交换理论的应用方面，以阿波（Ap，1992）建立的居民感知与态度变化的模型最具代表性。阿波在该模型中指出，旅游社区居民与游客在进行交流互动的过程中，会经历初始交换、持续交换，并最终脱离交换等一系列过程。而在这个过程开始前，主客双方必须有动力参与互动，即旅游社区居民需要对本地旅游发展带来的经济、社会文化条件的改善情况有所预期，而游客也需要对旅游体验有所期待。在互动过程中，居民与游客将会经历以各自利益最大化为最终目的的谈判与交换的连续过程，本地居民向外来游客分享旅游资源、售卖旅游商品，并提供旅游住宿等服务，同样也希望游客可以带给自己对应或更高的收益，但在实践过程中，往往会面临物价上涨、环境破坏等更多的成本，因此居民将会衡量其在旅游活动中得到的利益以及付出的成本，来决定是否支持旅游发展，如果收益达到其可以接受的预期，那居民将会呈现出对旅游发展的满意态度，并在与游客的互动过程中表现更加积极。反之，若收益无法达到居民可接受的范围，则居民将会对旅游开发持消极态度，并最终体现在与旅游者的接触中，例如呈现出冷漠、抗拒等态度，因此双方的互动必须建立在理性、公平以及互惠的基础上。此外，沙普利（Sharpley，2014）则认为，社会交换行为本质上是一种物质与象征性资源的交换，具体在旅游社区中，体现在社区居民与游客之间隐形的、资源的交换过程，但此处需要注意的是，如果旅游社区居民仅仅是与旅游者分享空间，而并未与其进行直接接触或者有任何交流互动，或仅仅关注旅游社区居民的感知与态度而忽略游客的反应，那么社会交换理论的应用就存在问题（韦瑾，2019）。

我国旅游研究领域关注社会交换理论相对较晚，早期以刘赵平（1998）的研究较为典型，其引入该理论以探讨旅游发展对旅游社区社会文化的影响机制，并将社会交换理论与发展阶段理论、涵化理论进行对比，指出该理论具有更强的解释能力，并且可以从宏观层面把握现象发展与变化规律，从而发挥预测作用。近年来，随着主客交互以及主客共享概念逐渐受到学界的关注，社会交换理论被越来越多地应用到研究中，也正是在该理论的指导下，大量研究验证了居民对旅游发展的感知与其对旅游的态度具有重要影响。例如王咏等（2014）通过构建模型探究了黄山景区4个门户社区居民的旅游支持度，结果发现居民从旅游中获得的利益越高，对社区越满意，对旅游业持更加积极的态度；而旅游发展过程中的负面影响则会削弱居民对本地旅游的支持度。袁箐等（2020）以该理论为指导，探讨了开封市旅游社区居民的目的地意向，对其节庆支持度的影响方向及作用机制；郭安禧等（2019）则探讨了社区居民积极或消极的旅游影响感知是如何影响他们对当地旅游开发的态度的；孙凤芝等（2020）以社会交换理论为基础，对比了处于不同生命周期阶段的社区居民的旅游感知，结果证明存在显著差异。

社会交换理论也是本书研究的重要支撑：对于古镇旅游社区居民而言，其出于对发展旅游可能带来的经济效益的向往，积极参与到旅游体验共创过程中，并与外来游客共享资源环境、公共服务等，因此居民共享可以视为一种期待收益的成本；而对于游客来说，其进入旅游社区参与旅游活动是为了更好的旅游体验，其参与旅游资源的共享过程是为了获得更加原真的旅游体验，因此游客共享更类似于一种收益。居民与游客在收益与成本的权衡过程中，最终实现旅游发展成果共享。

2.2.5 可持续发展理论

20世纪60年代以来，随着全球工业经济的粗放式高速发展，人类与生态环境的矛盾也在持续激化，诸如水污染、空气污染等生态环境问题逐渐突出，迫使人类重新审视自身发展历程及其与生态环境之间的密切关系，在此背景下，从综合、多维度出发的"可持续发展"（sustainable development）概念被提出，呼吁在经济发展满足当代需求的同时，还要站在长远角度出发，不危害后代人通过享受地球资源以满足其需求的权力，并坚决反对追求利益最大化的行为。20 世纪 80 年代，联合国人类环境研讨会上首次对该理论进行定义并全面阐述了其深刻内涵，强调了人类社会经济增长不能建立在对生活环境的破坏上，贯彻该理念的核心是发展，原则是公平性、可持续以及共同性，最终目标是提高人类的生活质量。自此，可持续发展理论及其实现方式便受到了学术界以及业界的高度重视与认可，成为研究热点议题之一。而在我国国内，《中国 21 世纪议程——中国 21 世纪人口、环境与发展白皮书》一书中也同样强调了可持续发展道路对各行各业健康发展的重要意义，这既是我国经济发展现在正在走的道路，也是未来发展必须始终如一坚定贯彻落实的发展战略。

可持续旅游既是可持续发展理论在旅游领域的延伸与发展，更是我国可持续发展战略的关键组成部分。一般来说，旅游业相较于传统工业，具有环境友好的显著优势，也被公认为是一种"无烟工业"，受到各地规划者的高度青睐。但是随着大量外地游客的涌入，诸如环境污染、资源破坏等问题不断涌现，旅游发展给当地带来经济收益的同时也带来了诸多负面影响，业界与学界开始意识到旅游业不仅仅是一种完全无害的环境友好型产业，在此背景下，可持续发展理念开始被引入旅游领域，从而产生了旅游可持续发展理论的雏形。20 世纪 90 年代，在世界旅游组织、世界旅游理事会以及地球理事会联合发布的《关于旅游业的 21 世纪议程》中，正式将可持续发展理论引入旅游业，并指出旅游可持续发展是系统的、平等的、全球的发展，即在保护与增强未来发展机会的同时，既要满足现代游客的旅游需求以及东道地区的发展需求，也要关注未来旅游的发展，并要求旅游目的地必须重点关注旅游环境、社区居民以及外来游客三方之间可能存在的利益冲突问题，以实现良性的协调发展。但由于可持续发展本身较为抽象复杂，且自诞生以来就处于动态发展中，因此可持续旅游的定义也尚未达成共识。以库里等（Curry et al.，1992）为代表的早期学者多从需求的角度出发，提出可持续旅游的发展目标包括：①满足旅游社区居民对生活质量的要求；②满足游客不断增长的旅游需求。布拉克斯韦尔等（Braxnwell et al.，2010）则脱离单一视角，将旅游目的地视为一个系统，从系统论的角度出发对其进行界定，即可持续旅游是一种可以减少旅游负面效应，并可以长期保证旅游资源质量的有效方法。

此外，旅游可持续发展具有公平性、共同性以及持续性三大特征，其中公平性既包括横向公平又包括纵向公平，前者强调当代各利益群体之间旅游资源分配的公平，以及鼓励在全球范围之内积极展开社会经济交流活动，促使发达国家与地区以实际行动帮助经济落后的国家与地区；后者则强调当前的旅游开发不能片面地追求短期利益最大化，而忽略了对生态环境与旅游资源产生的不可逆的破坏。共同性则是相对不同地区而言，由于各地区之间社会文化与经济的发展水平存在巨大差异，因此可持续旅游发展的具体道路应坚持因地制宜的设计原则，以不同的发展方式，共同实现可持续的目标。最后，持续性则指旅游目的地应警惕无节制开发、杜绝掠夺式开发，各部门应意识到不科学式开发对不可再生类旅游资源所造成的破坏是绝对的、永久的，且旅游目的地的发展本身也呈现出衰退的趋势，因此更应控制旅游发展的速度，并尽量提高资源利用效率，将资源消耗比例降至合理范围内，从而为可持续旅游打下坚实基础。这要求旅游目的地的各个管理部门所制定的战略必须立足长远，充分考虑到旅游开发可能给旅游社区带来的经济、社会、生态以及环境等方面的一系列正面与负面影响，并综合衡量居民感知与支持度、游客体验与满意度之间的关系。基于以上三大特点，旅游可持续发展理念逐渐受到重视，并在旅游学界得到推广。值得注意的是，旅游可持续发展理念极其强调"高质量"的概念，包括旅游社区居民生活的高质量以及旅游者服务与接待的高质量。

总体而言，旅游可持续发展理论为本书研究提供了重要的理论支持，随着古镇旅游的快速发展，各地区纷纷开展古镇旅游规划，试图通过大力发展旅游业以解决地区就业、经济发展的问题，但旅游业给古镇社区带来巨大经济效益的同时，也带来了一系列生态环境问题、本土文化冲击问题等负面影响。另外，游客与居民作为旅游影响的直接感知者，双方满意度随着日渐激化的矛盾而逐渐降低，这种矛盾既不利于当前旅游的和谐发展，也不利于未来的长远发展，而遭到破坏的本土文化以及生态环境，更是对后代享受旅游资源权利的严重损害。本书探讨主客共享，根本目标是为了寻找既可提高居民幸福度与生活质量，又可提高游客体验与满意度的旅游可持续发展路径，因此基于可持续发展的理论，将更有助于从生态学、社会学以及经济学等综合视角探究古镇旅游可持续发展的问题。

第 3 章
古镇旅游发展问题梳理

伴随古镇旅游资源不断开发，古镇旅游迅速发展壮大，但是针对有着不同历史文化内涵的古镇资源，古镇旅游发展过程中出现了同质化、原有文化衰落、环境污染等问题，因此，本章从微观和宏观两个层面详细剖析古镇旅游发展中出现的问题和"瓶颈"。

3.1 微观层面

3.1.1 商业配套较不合理，本地物价日渐上涨

古镇旅游发展需要适当的商业配套，以满足外来游客品尝当地美食、购买特色纪念品的消费需求，这也是古镇发展旅游业重要的经济收入来源。但在实践过程中，部分古镇的旅游管理部门忽视商业配套中数量与质量的平衡关系。在数量上，过分关注旅游业的经济效益，短时间内引入众多商户入驻，尽管在一定程度上可以为游客提供更多元、更完善的旅游服务与设施，却极大地破坏了古镇独有的原真感，使古镇更像一个拥有独特外观的商业区，长期以来不仅会影响游客的独特性体验，更会损害本地居民的归属感。而在质量上，古镇旅游独具特色，古镇商业配套必须与古镇独特的文化底蕴相契合，才能更好地满足游客需求，但在古镇开发的过程中，部分决策者误将旅游市场的热点视为古镇旅游市场热点，"人云亦云"般盲目跟风。例如西安摔碗酒和新疆红柳枝烧烤火爆全网，给当地带来了

巨大经济效益，部分古镇景区便火速引入此类旅游项目，颇有东施效颦之感，在花费大量精力布局后，不仅无法改善游客体验，还丢失了古镇的文化本我元素，不利于旅游业的可持续发展。

特别是，在引入一些与古镇文化不兼容的商业配套后，由于长期经济效益不佳，导致古镇旅游景区商铺转让率居高不下，这一方面挫伤了外来商户的积极性，降低了其对古镇的依恋感与认同感，为商铺的宰客、欺客行为提供了经济动机；另一方面，较高的转让率与换手率背后，隐藏着"较多引入商铺在短时间内无法融入本地文化"的问题，即便这些商户有意愿对所出售的旅游产品进行本地化改良，但因较差的经济效益只能迅速离开，也影响了重游旅游者的体验，使得古镇旅游变成了一种快餐式、一次性的旅游体验。

值得指出的是，随着大量外地游客涌入，将会对本地居民的消费需求产生一定的挤压效应。一方面，由于外地游客的支付能力较强，商品供应商会把精力放在满足游客需求上，售卖更多游客期待的特色商品，而减少对纸巾、食用油等本地居民日常生活必需品的供给；另一方面，部分游客需求与本地居民需求之间具有竞争关系，因此本地市场将面临供不应求的问题。随之而来的是古镇从生活用品到各类旅游商品的物价普遍上涨，甚至物价上涨的速度高于收入增长的速度，这使得本地居民的实际生活质量不升反降，增加了居民的不满情绪，例如中国香港地区，曾因大量内地游客的涌入导致本地个别商品价格快速上升，严重影响市民与外地游客之间的关系。而对于游客而言，较高的物价意味着更高的期待，当古镇的产品与服务不能达到其期待时，便会产生"不划算"的判断，从而直接断绝了未来重游古镇的可能性，也会影响其对古镇口碑传播的正负极。

3.1.2　原真文化受到冲击，居住环境质量下降

游客流量在促进古镇多元化发展的同时，也会产生部分问题，这些问题严重影响了古镇原住民的生活环境，集中体现在文化环境和自然环境层面。在文化环境方面，古镇拥有其他旅游景点难以具备的悠久历史感和丰富的历史文化遗产，特别是民族古镇，其独特而悠久的发展历史对外来游

客具有极强的吸引力。随着古镇旅游的开发，来自全国乃至世界各地的、具有不同文化背景的游客涌入古镇，将不可避免地与当地居民接触。直接影响是部分居民将重新思考传统文化并向往外来文化，坚固的文化壁垒被逐渐打破，更为深远的影响往往是间接发生且缓慢进行的。以发展民族旅游为主的泸沽湖为例，根据泸沽湖的"家屋"文化，其住所一般不超过2层①，但大量游客的到访加剧了当地住宿业的压力，迫使希望从旅游业中获利的居民对自有房屋进行扩建、改建工作，这对"家屋"文化产生了极大的冲击。

此外，旅游业的快速发展增加了本地居民的收入，本地青少年群体有更多机会接受高等教育，然而当前我国的高等教育体系在一定程度上忽略了传统文化教育，导致部分"走出去"的古镇青年开始反思、质疑本地传统文化，并将现代观点引入古镇，造成思想观念上的巨大冲击。

最后，外来游客的猎奇动机和凝视行为将对受到冲击的传统文化产生复杂影响，即尽管古镇原有习俗受到挑战，但由于"原真文化"更符合游客偏好，因此部分与游客密切接触的本地居民将产生"假装真实"的表演行为，这又会引发两个问题：①游客对居民表演的感知如何；②居民对自我表演的态度如何。实际上，"假装真实"的表演是一种情绪劳动，也是居民的一种付出，而长期进行情绪劳动，会使得本地居民产生倦怠感，降低其生活幸福度。

在自然环境方面，古镇优良的生态环境是旅游发展的基础，随着游客量的增加，不文明旅游现象层出不穷，诸如水污染、空气污染、噪声污染、随地丢垃圾等对古镇生态环境造成难以逆转的危害，直接影响了本地居民的生活环境质量，也增加了本地居民对外来游客的负面评价，激化主客间矛盾，不利于主客共享格局的实现。

3.1.3　旅游基础设施欠缺，服务接待能力不足

基础设施建设是旅游开发与发展的前提和必要条件，主要包括交通、

---

① 程希平，马薇，彭维纳. 旅游开发对泸沽湖摩梭社区的影响分析［J］. 西部学刊，2013（6）：66 - 68 + 77.

厕所、游客中心等以"为游客提供便利"为目的的物质设施。近年来，随着科学技术的快速发展，旅游基础设施还包括信息化设施。古镇的地理位置一般较偏远，地理位置优势使其在数百年甚至上千年的历史中得以保存文化遗产和保留民俗文化。但偏僻的地理位置意味着极低的可达性，这对旅游开发无疑具有致命影响。一个完善的旅游交通系统需要极高的成本，例如空中交通网络以及公路铁路网络，且其成本回收周期十分漫长，因此该项工作通常只能依靠政府交通运输部门进行，而根据交通规划，沿海地区或内陆省会周围区域有着优越的交通设施，这在一定程度上决定了古镇旅游以江浙为中心的发展格局，导致部分旅游资源较为优越但地理位置十分偏远、仅公路可达的古镇，缺少发展旅游业的交通条件。

随着"厕所革命"号角的吹响，人们开始关注直接影响游客便利度的景区厕所的数量与质量，但部分古镇管理部门更关注外观而不是内部结构，导致厕所设置不合理且常发生故障，这种脏、乱、差的如厕环境极其影响游客的旅游体验。此外，完善的游客咨询中心有利于更好引导游客、及时解答游客疑问，是连接游客与景区的重要桥梁，除部分 5A 级古镇旅游景点十分重视游客咨询中心的建设以外，众多古镇的咨询中心设置分散，损害了游客对古镇旅游的第一印象。同时，"智慧旅游"是旅游发展的趋势所在，但受限于技术和成本，大部分古镇景区难以提供针对游客开发的智慧旅游系统和大数据中心，"旅游信息互联互通"变成了一句口号，甚至出现古镇景区内信号差、景区官网崩溃等现象。

除基础设施建设不够完善外，旅游专业人才的选拔、培养与任用问题也极其突出，既涉及一线服务人员，也涉及高级管理人员。一线服务人员代表了古镇的形象，体现了古镇旅游发展的专业度，但由于部分古镇的政策或待遇缺乏吸引力，且一线服务人员的工作压力较大，甚至会有一线服务人员与游客产生激烈冲突的情况，不仅严重影响主客关系，还降低员工幸福度和游客满意度，导致一线服务人员的工作具有满意度低、流动性高的特点。古镇旅游业的发展需要兼顾保护原则，具有不确定性，这在一定程度上导致高级管理人才外流，而现有部分管理层由于缺少丰富的旅游发展经验，一些决策缺少科学规划，产生盲目跟从市场风向、引入网红旅游项目等现象，对古镇的旅游业发展造成难以逆转的伤害。

3.1.4 旅游开发严重同质，文化内涵仍待挖掘

在充足的物质资料条件下，游客的精神文化需求逐渐增加，对旅游体验的独特性与创新性提出了更高的要求。"创新"在一定程度上要求开发者广泛学习、深入挖掘、因地制宜、科学思考，这无疑将产生较高的成本，与之相比，模仿则显得简单而有效。因此在古镇乃至旅游目的地的开发过程中，常常出现模仿、复制的同质化现象，具体体现在商品同质化、运营同质化、建筑同质化、饮食同质化、文艺同质化等众多方面。随着旅游逐渐成为人们生活中不可或缺的一部分，游客绝无可能只到访过一个旅游目的地，特别是在境外疫情不稳定的当下，国内游甚至区域游成为游客的关注重点。游客在实际旅游体验中，常常可以发现某地的旅游地方特产出现在另一个旅游目的地的纪念品商店中，某地的特色饮食在另一个旅游目的地中也同样可以品尝到，旅游体验严重缺乏特色，使得游客对目的地的印象较浅，不利于当地旅游业的发展。

在商品同质化方面，由于古镇引入了众多外来商户，他们缺少对本地文化的了解，经营活动表现为利润导向，常常批发一些常规小商品进行售卖。与传统手工艺甚至非遗工艺品相比，这些商品的成本低廉，部分商品的利润很是可观。另外，这些迎合了市场审美又款式多样的商品销售量往往较高，因此倍受古镇商户青睐。而传统手工艺品则因为制作工艺复杂，其出货量较低且成本较高，甚至部分文化价值极高的艺术品由于销量低，逐渐被古镇旅游商户淘汰。

运营模式同质化也是十分突出的问题，在古镇的旅游开发中，运营模式同质化通常包括调节门票价格和住宿价格。在门票价格调节方面，处在发展初期的古镇通常会收取一定金额的门票以回收旅游开发成本，但部分古镇在游客流量较大时，对门票进行大幅涨价，导致游客感知相对价值较低，从而影响游客旅游体验。而在住宿价格调节方面也存在类似问题，由于期待在短期内获得高利润，酒店运营者在硬件设施一般的情况下，大幅提高住宿价格，尤其是在旅游旺季，尽管这种策略在短期内确实可以带来一定收益，但却降低了游客的消费满意度。

此外，建筑同质化也是影响古镇游客体验的重要问题。部分古镇忽略了自身的文化特征，盲目修建仿古建筑，甚至个别地区出现江南古镇建筑与中原古镇建筑采用一套标准的情况。尽管"修旧如旧"是必须坚持的原则，但"如旧"需要细致入微的考察和科学的规划，修复建筑的材质、方式、格局、形状、色彩等都需要合理规划，而非千篇一律、盲目动工，剥夺建筑物原有的神韵，严重损害了建筑美学带给游客的审美体验。

最后，餐饮和旅游演绎的同质化问题也十分严重。我国传统文化具有多样性，即便是仅相隔数里也可能有着迥然不同的饮食习惯以及民风民俗，但在网络尤其是社交媒体高度发达的现代，古镇之间即便相隔千里，也能实现饮食与文艺的"破壁"。例如在江南古镇周庄可以品尝到贵州羊肉粉，在凤凰古城可以喝到桂花米酒，尽管多样的饮食文化在一定程度上提高了居民的生活便利度，但对于外来游客而言，缺失了古镇的特殊性和独特性体验。

3.1.5 反馈机制有待完善，主客诉求难以跟进

外来游客与本地居民的交往在促使古镇旅游质量提升的过程中发挥着重要作用，主要包括提出诉求与建议、反馈矛盾与不满等，一个完善的意见反馈机制和多元化的意见反馈渠道，对缓和主客情绪、解决主要矛盾、提升旅游质量具有关键性的作用。目前大部分古镇在旅游发展过程中，部分有关管理人员基于"眼不见心不烦"的出发点，或考虑到高昂的建设成本，选择性地忽略了面向居民与游客的反馈机制的建设工作。而对于居民而言，作为本地旅游发展影响的直接感受者，其利益诉求十分重要，甚至可以影响本地旅游的发展方向，尤其是部分扮演着"地方大使"角色的、具有高度地方依恋的本地居民，他们所提出的建议对古镇旅游服务质量改进具有建设性意义，而采纳、接收这部分居民的建议，将进一步增强居民的主人翁意识。

对于游客来说，其支付一定费用以期待获得等额的旅游产品与服务，既是古镇旅游发展成果的参与者，也是外来旁观者，特别是部分具有丰富旅游经验的游客，可以根据对比过往旅游经验，敏锐地发现古镇旅游发展

中存在的不足，这种视角恰恰是管理者以及本地居民难以具备的，对促进本地旅游发展具有重要作用。此外，部分建立了意见反馈机制的古镇，忽略了反馈机制的透明度和效率问题，即游客在进行反馈时，通常采用电话反馈、当面反馈、邮件反馈的方式，无法得知自己提交的意见是否已经存在于意见数据库中，导致意见库中存在大量重复性的反馈，在一定程度上造成资源浪费的问题，且游客意见采纳与否缺少结果闭环，可能挫伤游客提出意见的积极性。同时，一旦游客在旅游体验过程中感到不满意，并产生向上反馈的动机，此时一个畅通的反馈机制将有助于缓解游客的不满意情绪，甚至可以通过一定措施，将游客不满意转换为游客满意。相反，如果无法找到反馈的途径，那么游客的不满意情绪将会更加激烈，这种情绪不仅直接扼杀游客的重游意愿，更会转换为负面口碑进行广泛传播，尤其是随着社交媒体的快速发展，这种负面口碑的影响也从游客数量有限的亲朋好友，扩大至数量无限的全球网友，对古镇旅游的品牌形象造成严重损害，直接影响古镇旅游发展的经济效益以及社会效益，不利于未来的可持续发展。

最后，在本地居民与外来游客的密切接触过程中，可能由于经济利益、观念差异等原因产生各类冲突，甚至可能升级为暴力事件。在渠道有限、主客不能及时反馈并及时化解矛盾的情况下，极可能从居民个体与游客个体之间的个人矛盾，上升为居民群体与游客群体之间的整体矛盾。这种矛盾将使得本地居民对外来游客的态度由热情转换为防备、敌对，也使得外来游客对古镇旅游品牌产生不信任感与厌恶感，严重影响主客之间的和谐关系。

3.2 宏观层面

3.2.1 旅游规划定位模糊，古镇特色难以彰显

一定时期内科学而创新的旅游规划是古镇旅游发展的指南针，系统的

旅游规划保证了古镇旅游在沿着一条主脉络发展的同时，紧跟旅游市场的需求并适当调整，以探索出一条符合自身文化与自然资源特点的发展之路。但由于近年来古镇旅游的迅速发展，快速确定路线并迅速落实成为众多古镇抢夺旅游市场客源的策略之一，导致部分古镇旅游发展规划存在系统性、科学性以及创新性方面的问题。在系统性方面，古镇旅游开发面临多头领导的问题，具体来说，由于古镇往往具有丰富的历史文化遗产以及自然资源，旅游开发涉及与建设部门、文化与文物保护部门、林业部门等的协调与沟通，不同部门之间的目标往往不一致，且每个部门具有不同职责范围，通常是各行其是的模式。除此之外，古镇旅游的开发还涉及投资主体的利益问题，而不同组织擅长且关注的重点不同，这可能会破坏古镇旅游规划的协调性。因此，错综复杂的制度关系，导致了古镇旅游规划相较于其他类型的旅游目的地而言，显得更加复杂，如若不能采用合适的方式进行处理，将产生规划混乱、定位模糊的问题。此外，规划的系统性问题不仅存在于横向沟通中，还存在于纵向协调中。由于一定时期内的旅游规划是根据规划地目前发展情况及其诉求、政策要求综合形成的，但随着时间推移，这些方面都会产生变化，这也决定了一种旅游规划不可能永远都具有适用性。但各个时期旅游规划之间的迭代，需要遵循一定脉络与原则，不能呈现出碎片化的特征，而在实践中，常常出现某古镇在 A 时期引入大量网红玩法，在 B 时期又全力进行红色旅游开发，这对重游游客的感知一致性具有负面影响，也必定浪费大量旅游资源。

在科学性方面，由于规划团队时间有限且下沉力度不够，导致蹭热度、提概念、套模板的现象层出不穷，即部分规划团队只要看到旅游市场有哪些热点，便不加论证地加入到规划文本中，引入到古镇旅游发展过程中；此外，为了体现规划文本的科学性，部分古镇规划文本中出现一些看起来全新的概念与术语，但其含义却与传统理念相差无几，这导致尽管部分古镇规划文本在形式上、理念上十分高端，但在落地过程中却欠缺可行性，也不利于相关部门快速阅读、理解，更难以被旅游市场认可。同时，科学的旅游规划必须坚持"因地制宜"的原则，深入古镇进行旅游资源的梳理与分析，既可以站在旅游规划者的角度，综合考虑古镇旅游的发展目标、相关政策、旅游市场痛点、旅游发展趋势等内容，又可以站在不同个体游客的角度，总结个体以及群体需求，将人文关怀的要素纳入旅游规划文本中，在古镇旅游规划的高度与深度上进行改善，提高规划的落地性与科学性。

在创新性方面，创新是旅游规划焕发生机活力的根基，也是在激烈的旅游市场竞争中抢夺客源的重要依据，但部分规划文本常常采用"一本多用"的方式，即在 A 古镇规划文本的框架上进行 B 古镇的旅游发展设计，不仅在规划理念上盲目跟风，在项目设计上也全盘借鉴，部分所谓创新项目，或属于"新瓶装旧酒"，或属于多个网红项目的组装拼接，难以对游客产生吸引力，也有损独特的古镇旅游品牌建设。

3.2.2 旅游产业结构单一，转型升级十分困难

在游客需求日渐多元化的当下，跨界成为满足游客需求的必然趋势。但部分古镇由于旅游发展经验欠缺，发展基础薄弱，旅游产业链较短，通常局限于观光旅游＋人文旅游，在这样的产业结构下，游客体验单一，居民收入也难以实现快速增加，特别是长期发展单一旅游产业，将导致古镇未来转型升级十分困难。一部分旅游业发展较快的古镇，则采用了"旅游＋"战略，融合了农业、文化产业、商贸、研学等板块，但是在其产业融合的过程中也同样存在问题。

一是"旅游＋农业"产业结构，这是众多古镇延长旅游产业链的战略之一，即通过建立农业示范基地，将古镇观光、采摘体验、特色产品购买融为一体，并建立渠道对外售卖特色农业产品，培育特色农旅品牌。但这种模式可能存在人才制约的问题，即示范基地的建设需要投入大量人力资源（既包括一线人员又包括管理人员），特别是引入旅游项目后，更迫切需要具有高度服务意识以及创新能力的复合型人才，既可以设计互动性强、审美价值高、趣味性高的农旅项目，又可以抓住农业市场需求，打通销售渠道，提高特色农产品销量。二是"旅游＋文化"产业结构，随着文化产业与旅游产业深度融合发展，"以文促旅，以旅彰文"的作用更加突出，发展文化旅游需要深度挖掘古镇文化，并寻找合适的旅游活动载体。尽管部分古镇在全力推广"旅游＋文化"产业结构，却停留于文化的表

面，即重视文化的器物层面而忽略了精神层面，例如对部分手工艺品或文物通过展览、张贴口号和海报等形式进行宣传，而缺少针对文化故事的特色讲解、旅游演绎以及体验活动等，不利于旅游与文化产业的创新发展，更无法达到"1+1＞2"的效果。三是对于部分地理位置优越、可以推广"旅游＋商贸"结构的古镇而言，尽管两大产业的融合可以为古镇经济发展做出更大贡献，但受限于互联网技术和运营经验，大部分古镇的电子商务业并不发达。即使部分古镇积极建立会展运营体系或开展旅游直播活动，力求调动本地资源打通对外销售渠道，与全国游客进行密切互动，满足其购买本地优质产品的需求，但商贸影响力依旧较小，缺少精准的政策支持。四是基于古镇高质量的文化资源和自然资源，部分古镇进行"旅游＋研学"的融合，这种模式有利于产业链的延伸，但由于古镇相关部门缺少研学旅游产品开发经验，并且缺少完善且专有的研学旅游基地，通常采用与在线旅游（OTA）以及线下旅行社合作的形式，共同推出研学旅游线路或打包研学旅游产品，其本质上仍偏向观光旅游产品，缺少深度旅游体验。

3.2.3　政府主导仍为主流，运营资金投入紧张

正如前文所述，古镇尤其是历史文化名镇的保护与发展工作往往由政府主导，其相关部门由于缺少旅游运营的丰富经验，在古镇旅游项目创新、古镇旅游开展进度等方面可能存在问题，直接影响了古镇旅游的发展方向以及发展效益。另外，由于古镇旅游发展需要投入大量资金且回收周期漫长，导致古镇旅游运营资金较为紧张。

在古镇旅游项目创新方面，当某地方政府在古镇旅游发展路径探索方面取得重要成果时，其发展经验、路径将会成为重点学习对象。又因为旅游市场激烈的竞争状况，相关部门为了在短时间内迅速获得市场竞争优势、抢夺旅游客源，将被迫或主动放弃去探索具有较高成本的创新性旅游路径，而更多地去模仿、借鉴甚至抄袭模范古镇的旅游发展模式。这种行为使得政府主导下的古镇旅游发展模式和旅游产品同质化严重，不利于古镇旅游的健康发展。

此外，古镇的旅游开发是投资巨大的地方经济发展举措，在筹备、开发、运营等期间均需要巨大的现金流支持，且投资周期较长，尽管我国有较多针对文化遗产保护与开发的专用款项，但也给地方财政造成一定压力。因此相关部门也希望可以尽快收回旅游开发成本，但古镇旅游发展有一定的生命周期，需要经历"发展期—繁荣期—衰退期"等阶段，通常需要数十年时间才能收回投资成本。另外，旅游经济效益对任期内地方政府的政绩有重要影响，使得相关部门有先天动力去探索提高古镇旅游经济效益的发展路径。在这样的背景下，古镇旅游的规划、开发以及运营等方面，将难免存在不科学、不合理的问题，影响古镇旅游的可持续发展。

与之对应，地方旅游企业带动古镇旅游发展的模式更具有推广意义，通常而言，旅游龙头企业有丰富的旅游开发和运营经验，且经历了旅游市场的长期考验，有专业的营销策略以及较高的创新能力。例如，湖南省凤凰古城景区采取政企合作的模式，将景区数十年的经营权进行外包转让，并由政府提供政策支持，建立了凤凰古城特色旅游品牌，提升了古镇旅游经济效益。但目前我国大部分古镇依旧坚持以政府为主导的模式，一定程度上放弃了将古镇旅游业投入市场化运营的模式，使得旅游企业在古镇旅游发展过程中的参与度不高，这在一定程度上导致了地方旅游资源配置上的浪费，不利于古镇旅游的高质量发展，也不利于改善古镇旅游者的旅游体验。

3.2.4 旅游品牌知名度低，宣传渠道较为单一

古镇旅游逐渐受到游客青睐，但除了旅游发展历史悠久且发展模式成熟的周庄、乌镇等古镇旅游目的地外，游客对大部分古镇旅游品牌并不熟悉，甚至部分古镇尚未建立旅游品牌，且在价格、渠道、人员以及过程等营销战略上考虑欠佳，不利于提高古镇在旅游市场中的影响力和知名度。在旅游品牌建立方面，独特的旅游品牌体系和运营理念是古镇旅游发展的持续动力，古镇旅游管理相关部门需尽快针对古镇具有竞争力的旅游资源要素进行旅游形象以及旅游口号的设计，思考旅游品牌的市场定位以及细分市场，并围绕此制定精准的营销策略。在价格方面，部分古镇的旅游收

益管理仍局限于门票收益，且针对核心景点收取较高门票，单一门票的价格调整策略实则对旅游收益的影响较低，如凤凰古城等目的地采用"免门票"的策略，吸引大量游客来访，产生了可观的旅游二次消费。此外联票制也有利于将核心景点游客引流至小众景点，以丰富游客旅游体验的层次，加深游客对古镇的印象。营销渠道是古镇品牌与游客之间的重要桥梁，但是受限于营销经验以及欠缺对游客关注重点的把握，众多古镇旅游管理相关部门仍采用传统的营销渠道，例如贴片广告、海报宣传等。在社交媒体快速发展的当下，潜在游客的注意力被大量直播、短视频、图文素材所吸引，导致传统营销渠道的效益较低，不利于与潜在游客之间的有效沟通。另外，部分旅游营销经验丰富的古镇通过社交平台进行新媒体营销，与流量自媒体进行战略合作，并聘请专业人士在知识社区发布营销推广文章，甚至拍摄专业旅游宣传片，尽可能扩宽营销宣传渠道，这给未能找到合适渠道的古镇运营部门造成极大压力。

最后，旅游品牌的建立与营销不仅是管理部门的事情，更应该是古镇所有利益相关者，特别是古镇居民、景区员工，甚至是外来游客的事情，因此在品牌建立与宣传过程中，必须考虑居民的感受，鼓励居民成为地方品牌的代言人与营销人员。但遗憾的是，即便是旅游发展模式十分成熟的古镇，也并未完全将古镇居民纳入营销环节中，多是基于地方依恋感的自愿的口碑传播，而在核心景点员工培训的过程中，也并未重点强调员工的主人翁意识以及品牌宣传意识。此外，外来游客也在品牌塑造中发挥着举足轻重的作用，特别是品牌定位、宣传渠道等方面。培养游客成为口碑传播者，并举办线上宣传活动，通过游客进行"病毒"式旅游营销[1]，将极大程度上提高古镇旅游品牌的市场影响力，而部分在营销活动中忽略游客"共创共享"角色、忽略游客口碑的古镇旅游相关部门，将可能失去游客黏性以及忠诚度，不利于古镇品牌的发展，也不利于提高旅游品牌对游客的吸引力。

---

① "病毒"式旅游营销指借助"病毒"式网络营销对旅游目的地的营销推广。

第 4 章
古镇旅游发展经验借鉴

古镇旅游作为一种长期存在的、在古镇区域内进行的重要旅游活动，为各地区的旅游经济发展做出巨大贡献，向来是旅游规划组织、目的地管理组织的关注重点，在多年的探索与发展中，也沉淀出非常丰富的、具有区域特色的旅游发展经验。因此，本章将重点梳理、介绍江苏周庄古镇、湖南凤凰古城等 6 个国内旅游古镇案例以及西班牙胡斯卡小镇、日本奈良古城等 4 个国外旅游小镇案例，以供古镇旅游管理者以及古镇旅游研究者参考借鉴。

4.1　国内古镇旅游发展经验借鉴

4.1.1　江苏周庄古镇旅游发展经验

周庄古镇位于江苏省苏州市境内，地处昆山、吴江、上海三地的交界处，总面积约 36.05 平方千米，是十分典型的中国江南水乡古镇。① 古镇内具有大量可追溯到北宋年间的历史文化遗址，历史文化内涵深厚，且近千年来，周庄保持着良好而优美的自然生态环境，在世界范围内颇具盛名，素有"中国第一水乡"的美称。除此之外，周庄更是被评为世界文化

---

① 周庄旅游官方网站. 周庄简介［EB/OL］. http：//www.chinazhouzhuang.com/.（2022 - 08 - 30）.

遗址预选地、首批中国历史文化名镇、首批国家 5A 级旅游景区。2019 年，周庄全年接待游客 602 万人次①，是十分典型且极其成功的古镇旅游品牌之一。纵观周庄古镇的旅游开发与发展过程，其经验主要有：①坚持保护优先的旅游开发机制；②提高原住民的旅游参与热情；③深度挖掘古镇的文化内涵；④建立并推广自有的"周庄模式"。

一是坚持保护优先的旅游开发机制。周庄作为我国最先开始发展旅游业的古镇之一，早在 1984 年，即旅游开发初期就明确指出：古镇若想实现可持续、高质量的发展，就必须贯彻落实"保护古镇，开发新区，发展旅游，振兴经济"的原则与理念，必须要因地制宜地探索一个"周庄模式"，即要坚持用科学的方法进行古镇保护，用合理的模式进行旅游开发，决不能为了追求短期的利益而盲目进行旅游开发，也不可过于保守地追求古镇保护，开发是保护的基础，保护是开发的条件，两者应该合理结合在一起，相辅相成，如此才能实现古镇的高质量发展。在此后接近 40 年的时间里，周庄古镇旅游开发的相关部门不断调整旅游发展规划、出台古镇保护的地方性法规、建立古镇保护的专项组织与基金、承办古镇保护与发展的相关论坛，为全国古镇发展旅游提供了示范与参考。在旅游规划方面，根据公开资料显示，周庄古镇自 1983 ~ 2008 年，共进行了 8 次旅游发展规划的修正工作，且每一次修正都将"古镇保护与发展"视为核心议题。② 而在古镇保护的地方性法规方面，早在 1999 年，周庄便制订了《周庄古镇保护暂行办法》，并由昆山市政府会议讨论通过，该法规又在 4 年后根据新出现的古镇保护问题进行了修正与完善。在组织机制以及保护基金方面，周庄古镇以政府为主导的保护委员会成立至今已有 22 年，古镇镇长担任委员会主任，并聘请众多知名的古镇保护专家组成智慧团，为古镇保护提供科学的指导；周庄还成立了全国第一家古镇保护基金会，坚持以旅游收入反哺古镇保护工作；此外，周庄从 2008 年起，发起了一年一会的"古镇保护与发展周庄论坛"，为全国古镇旅游发展与保护工作提供了一个交流平台，有效推动了古镇的保护、利用与发展。

---

① 马恺. 周庄：打造"中国第一水乡" [J]. 企业管理，2021 (7)：78 – 81.
② 周庄旅游官方网站. 周庄简介 [EB/OL]. http：//www.chinazhouzhuang.com/. (2022 – 08 – 30).

二是提高原住民的旅游参与热情。周庄古镇的旅游发展离不开当地居民的支持与参与，正是古镇的原住民带给了游客极具魅力的生活气息。旅游开发的相关部门也十分重视居民的感知与态度，采取了众多措施保留古镇的原住民，减少原住民外流的现象，并激励原住民参与到古镇保护与发展过程中，以"诗意生活"作为居民层的重点发展目标。首先是加大了对古建筑风貌的保护工作，最大限度保护了古镇特有的民风民俗，例如婚俗、作坊、阿婆茶等，促进了物质文化遗产以及非物质文化遗产的保护与传承工作，尽可能使得居民原有的生活秩序不被旅游开发进程打乱，保障了居民的自然与人文生活环境质量；此外，在旅游发展过程中，周庄古镇当地政府与旅游企业坚持做到让利于民，并通过多渠道带动原住民创收致富，以旅游带动就业、以旅游创造收入，使得古镇居民真真切切地感受到古镇旅游发展的好处，并推动实现旅游社区内各利益相关者之间合作共赢的局面，例如通过发展特色民宿，鼓励古镇居民将闲置的住宅投入到旅游发展中，通过合理地改造提高闲置资源的价值，并通过各类渠道进行营销推广，使其得到充分的利用。这些措施有效地提高了古镇居民的满意度以及对发展旅游的支持率，也使得游客能感受到热情好客的民风以及原真古朴的氛围，最终提高游客与居民双方的满意度，实现了古镇旅游的和谐发展。

三是深度挖掘古镇的文化内涵。在全国如火如荼的旅游开发中，盲目模仿、忽视文化、快餐式开发是阻碍旅游可持续发展的罪魁祸首，而随着近年来文化和旅游的深度融合发展，寻找旅游目的地的文化根基成了发展旅游的必然。周庄古镇在开发前期便针对当地的历史文化资料系统地建立了专有保护库，避免因旅游开发带来的强烈冲击，使得古镇原有的文化根基未被动摇；此外，周庄古镇还积极开展文化相关的展演活动，例如多次举办农民文化节等，并开展绣香包、剪纸、斗鸡等特色民俗活动，在这些丰富多彩的文化活动中，周庄始终将文化的舞台交给当地居民，以周庄原住民为主角，这一方面增加了居民对本地文化的认可度、加深其对旅游文化的了解；另一方面也为外来游客提供了独特而原真的周庄特色文化盛宴。

四是建立并推广自有的"周庄模式"。自 20 世纪 80 年代中期起，周庄发展旅游至今已有近 40 年，是古镇旅游中的领头羊之一，为提高周庄的影响力，展现周庄的自我担当，相关部门不断总结并提炼自身高质量发展的经验，并通过组织文化论坛进行广泛交流与讨论，积极推广周庄特色模式，例如在 2019 年的中国名镇论坛上，周庄镇人民政府便发布了《周庄古镇保护与旅游发展口述史》；同年，周庄古镇联合中央电视台拍摄《中国影像志名镇名村·周庄》，进一步提高了自身的知名度与影响力。

4.1.2 湖南凤凰古城发展经验

凤凰古城位于湖南省湘西土家苗族自治州，是一座建于明清时期的以苗族风情为特色的古城，距今约有 400 多年历史，具有丰富且高质量的自然和人文旅游资源。① 尤其是在人文旅游资源方面，凤凰古城是中国西南地区文物建筑最多的旅游目的地之一，城内有数百栋明清时期的祠堂、名人故居等特色建筑以及 200 余条古朴街道。而在自然景观方面，位于沱江之滨的凤凰古城具有得天独厚的水文景观以及地貌景观，生态环境十分优美。尽管凤凰古城的人文与自然资源几百年来一直非常出名，但其旅游发展却是在 20 世纪 80 年代才逐渐萌芽，在此阶段，凤凰古城的旅游开发以政府为主导，仅开放部门景点用于接待来宾，其旅游发展速度十分缓慢且接待规模较小，几乎不能产生旅游收入。2001 年，凤凰古城原有支柱产业（烟草行业）受到重创，迫使当地政府重新思考解决地方发展问题的方案，在此背景下，依托本地高质量的旅游资源，进行旅游业开发便成了促进地方发展的首选道路。然而，由于对旅游开发及其市场化运营缺少经验，当地旅游在政府主导模式下带来的经济收益有限，因此同年，凤凰县政府与张家界黄龙洞投资公司签订合同，正式开启凤凰古城旅游的特许经营模式。在此后的 20 年时间中，凤凰古城被陆续评为国家级历史文化名城、国家 4A 级旅游景区、中国旅游强县，其接待游客数量逐年递增，且经济收益也在逐年递增，例如凤凰古城在 2019 年便接待游客 2000 万人次，旅游

---

① 凤凰古城旅游. 古城简介 [EB/OL]. https：//fhatt. cn/wfel－details. html. (2020－08－30).

收入高达 200.01 亿元①，是湖南乃至湘西旅游发展的龙头目的地之一，也是极其典型的古城旅游目的地之一。结合其发展历程，可以将其旅游产业迅速发展并取得卓越成就的经验概括为以下 5 点：①转让特许经营权，重组升级旅游产业；②抓取地区形象要素，突出民俗风貌特色；③结合地区名人 IP，打造文学旅游品牌；④实施组合营销策略，共创湘西旅游名片；⑤紧随旅游市场风向，开发丰富旅游产品。

一是转让特许经营权，重组升级旅游产业。纵观凤凰古城的发展历程可以发现，尽管古城早期的旅游资源十分可观且质量较高，具有发展旅游业得天独厚的优势，但由于主导旅游开发的相关部门缺少运营经验，长期采用较为僵化且落后的管理模式，难以满足旅游市场的全新需求，也不能在激烈的旅游市场竞争中展现自我优势，因此旅游发展的效益极其低下。而直到当地政府采用了特许经营转让的"凤凰发展模式"，即在政府主导的前提下，采用政企合作的模式，充分放权给具有丰富旅游开发经验、旅游营销宣传经验的企业进行运营工作，对古城旅游资源进行市场化运作，充分发挥群众的智慧后，凤凰古城的特色旅游品牌才得以建立并逐渐成熟，其在全国范围内的知名度以及影响力也在与日俱增。

二是抓取地区形象要素，突出民俗风貌特色。凤凰古城位于苗族自治州内部，是典型的少数民族聚集区，除了苗族以外，还居住着土家族、瑶族、白族等 27 个少数民族②，多样的民族性也为凤凰古城带来了丰富多彩的民俗文化，例如土家族的茅古斯舞以及摆手舞、武术杂耍、苗家拦门酒等，都是十分出名且具有特色的活动，这对外来游客有着极高的吸引力。凤凰古城相关部门也针对当地独特的民俗文化旅游资源，进行了系统化的旅游产品与服务的开发，例如开展"凤凰对歌节""凤凰古城火把节""凤凰端午节""中国苗族银饰文化节"等民俗节庆活动，为游客提供深度的旅游体验。值得注意的是，尽管凤凰古城的民俗文化具有很强的地方特

---

① 红网. 凤凰古城荣获中国·博鳌"年度国际精品旅游目的地"金奖［EB/OL］. https：//baijiahao. baidu. com/s?id=1684073770807685662&wfr=spider&for=pc. (2020－11－22).

② 凤凰古城旅游. 民族风俗［EB/OL］. https：//fhatt. cn/wfel－details. html?channel=gcgk. (2022－08－30).

色，但古城却致力于将地方元素提升至全国级别，这也响应了旅游高质量发展的号召。此外，考虑到民族方言对游客体验的重要影响，古城内并不对普通话做强制要求。

三是结合地区名人 IP，打造文学旅游品牌。凤凰古城是一些知名人物的故乡，例如知名作者沈从文、政治家熊希龄、知名画家黄永玉等，其中又以沈从文为代表，而自从沈从文所著《边城》一书出版以来，众多读者寻迹来到凤凰古城进行打卡，试图寻找沈从文笔下神秘而又美丽的小镇。针对此现象，凤凰古城相关部门及其运营公司紧密结合沈从文 IP，一方面将沈从文故居作为旅游景点对外开放，另一方面开办"湘西沈从文文化节"等大型旅游宣传节庆活动，最后甚至花费 12 年时间，斥 1.8 亿元巨资打造《边城》同名森林舞台剧①，加深外来游客的联想记忆，从而使得《边城》成为凤凰古城的基因。

四是实施组合营销策略，共创湘西旅游名片。经营凤凰古城的旅游运营公司还兼负责张家界黄龙洞的运营，自接手凤凰古城的旅游开发工作后，便打出了湘西旅游"一龙一凤"的口号，其中"龙"即指张家界黄龙洞，而"凤"则指代凤凰古城，此外在各 OTA 以及线下渠道售卖旅游产品与服务时，也往往采用组合式定价法，将两大景区的相关服务进行打包出售，从而实现引流、提高知名度的目的。

五是紧随旅游市场风向，开发丰富旅游产品。凤凰古城紧跟旅游者需求，关注旅游市场热点，不定期引入网红玩法，例如建设酒吧一条街、引入网红小吃等，但值得注意的是，引入网红旅游产品是一种"双刃剑"的做法，在短期内可以刺激游客消费、丰富旅游产品，但长此以往会使古城丧失部分地方性，甚至使得古城商业气息过浓，从而影响古城旅游者的独特性、本真旅游体验。

4.1.3　广东百侯古镇发展经验

广东百侯古镇位于广东省内具有"客家香格里拉"美称的梅州市，距

---

① 湘西网. 208 名演员凤凰首演《边城》 1.8 亿拯救濒危民俗［EB/OL］. http：//news. xxnet. com. cn/h/23/20150402/72960. html. (2015 - 04 - 02).

离县城大约有 11 千米，其历史可以追溯到明清时期①，与丰良古镇、松口古镇、茶阳古镇并列为梅州市四大古镇，也是梅州市第一个国家级历史文化名镇，是一座位于深山的集观光、休闲、民俗体验于一体的客家古镇，在 2015 年被列入国家 4A 级景区创建名单。作为梅州市历史十分悠久的古镇，百侯古镇人杰地灵，非物质文化遗产众多，历史建筑保存完好且十分丰富。在历史文化名人方面，百侯古镇是著名的人才之乡，自明清时期建成以来，共产生 5 名翰林、24 名进士，以及近 150 名文武举人，也诞生了"同堂七魁""同榜三进士"等传世佳话。② 百侯古镇内历史建筑极具特色，由于地理位置较为偏僻，因此明清时期的近 130 座古老建筑得到了良好保存③，这些建筑群也使得百侯古镇被誉为"客家民居大观园"。此外，百侯古镇还传承了众多非物质文化遗产，例如广东汉乐、鲤鱼灯舞、五鬼弄金狮等，丰富而多彩的物质文化遗产以及非物质文化遗产，为古镇的文化旅游发展创造了条件。客观而言，广东省古镇旅游发展在体量以及质量上与江浙地区还有着较大差距，但百侯古镇依旧可以在古镇旅游激烈的市场竞争中实现"从无到有"、从"3A 到 4A"的跨越，其成功经验主要包括以下 4 点：①坚持政企合作，补齐发展短板；②坚持农文旅融合，推动乡村振兴；③坚持党员示范，建立人才团队；④坚持群众导向，提高居民获得感。

一是坚持政企合作，补齐发展短板。百侯古镇目前的旅游开发工作仍以政府为主导，政府相关部门坚持从整体进行统筹布局，通过梳理地方发展要素与条件，确定了以"旅游 +"为核心的地方发展引擎。而实现旅游可持续发展必须坚持保护中开发的原则，因此政府相关部门也加大了对地方文化遗产的保护力度，并出台了一系列地方性法规，建立了古镇保护制度，以保证旅游资源开发后，大量外地人口的涌入对古镇造成的有形和无形伤害在可控的范围内。但政府"有形的手"在市场经济条件下具有较大缺陷，完全由政府部门决定旅游发展方向，将会导致古镇旅游发展僵化，

①③ 大埔宣传网. 百侯古镇　客家崇文地　埔邑周鲁乡 ［EB/OL］. http：//www. dbxc. gov. cn/index. aspx?lanmuid = 82&sublanmuid = 660&id = 2054. (2016 – 10 – 01).

② 王芝茹. 基于文化基因传承的百侯古镇保护与利用研究 ［J］. 遗产与保护研究，2018 (11)：63 – 69.

因此政企合作便成了必然。百侯古镇在面对欠缺艺术馆以及特色民宿等旅游发展的短板时，积极寻求与业界相关龙头企业合作，近年来先后与深圳侯宝斋文化传媒集团以及肚里（梅州）旅游文化管理有限公司达成战略合作，建立了侯宝斋（百侯）艺术馆和聚奎楼民宿，为古镇旅游经济注入了市场活力，此外还与梅州市广播电视台签署运营合约，成功建立起了"政府搭台，企业唱戏，市场运作"的百侯模式，实现了古镇文旅产业的快速发展。

二是坚持农文旅融合，推动乡村振兴。由于广东的湿热气候条件，百侯古镇的农业向来是对地方经济发展起关键作用的支柱产业之一。随着旅游业的发展，相关部门逐渐探索出了"农旅 + 文旅"的新型发展模式。在"农旅"方面，积极推广"一村一品"的模式，鼓励种植鹰嘴桃、葡萄、蜜柚等适合开展旅游采摘活动的特色农业产品，经过多年布局，目前已形成了"东莓西葡南果北桃"的农业格局，在此基础上建立多个现代农业园模范基地和示范平台，坚持示范引领、以点带面，大力开发亲子采摘等乡村旅游体验活动，并逐渐对古镇游客进行引流工作，从而最终实现从"观光旅游"到"深度旅游"的过渡与转型，并取得了显著成效。这不仅吸引了大量外地游客来到百侯古镇参与旅游活动，还让游客带走本地特色农业产品，甚至部分游客表示未来希望通过线上渠道再次购买特色农业产品。据统计，2021 年百侯古镇共有省级、市级以及县级龙头企业 18 家，在全省范围内都具有极强的示范引领作用。[1] 而在"文旅"方面，除上文提及政府主导的文化遗产保护措施外，还紧密结合本地文化开展龙狮闹春、鲤鱼灯舞等巡演活动，鼓励当地居民参与其中，以丰富且具有特色的文化旅游活动改善游客的旅游体验。

三是坚持党员示范，建立人才团队。百侯古镇政府主导的旅游开发模式，决定了旅游管理人才队伍建设与党建工作水平密切相关。针对目前人才队伍发展中反映出的"学习形式单一""内容单调"等问题，百侯古镇党委更新了基层党组织建设模式，创新了党员学习方式，实现了党员教育

---

[1] 共产党员网．广东省先进基层党组织大埔县百侯镇党委：党建引领，探索产业发展、社会治理新模式［EB/OL］．https：//dbzr. dabu. gov. cn/jcdj/t20210713_385. htm. (2021 – 07 – 13).

全覆盖，并明确了以旅游促发展的最终目标。此外，还积极推动党员干部下沉百侯古镇的一线，深入了解外地游客和本地居民诉求，及时收集群众关心的利益问题，致力于提高古镇居民与游客的安全感、获得感以及幸福感。在这样的创新管理模式下，百侯古镇有效化解了多种矛盾纠纷，并实现了零投诉意见反馈，得到了外地游客和本地居民的一致好评。

四是坚持群众导向，提高居民获得感。百侯古镇的旅游开发始终围绕着人民群众满意的目标展开，此处人民群众不仅仅指代本地居民，也包括对本地旅游具有极大贡献的外来游客。在古镇旅游发展中，常常出现旅游开发部门脱离群众的情况，居民与游客即便存在大量不满也无处反馈，这为主客和谐相处下了隐患。针对这一情况，近年来百侯古镇的相关组织逐渐建立了"智治支撑"的服务网络模式，通过简化反馈流程，打造服务闭环，整合地方资源，为居民以及游客提供一站式服务，从而根本上避免了投诉无门、主客矛盾激化的问题，顺应了群众的期待，有利于未来旅游业的可持续发展。

4.1.4 云南和顺古镇发展经验

云南和顺古镇位于云南省腾冲市，是云南著名的侨乡，其历史最早可以追溯至600多年前的明朝。[①] 由于优越的地理位置，是陆上丝绸之路的必经之地，因此在数百年的历史中，和顺古镇汇集了中原文化、西洋文化、南诏文化以及边地文化等，并在碰撞中形成了独有的侨乡文化和马帮文化。在建筑方面，古镇内部1000多座明清时期的传统建筑仍保存完好，也分布有中式、欧式、南亚等风格迥异的建筑，这些建筑群被称为"中国古代建筑的活化石"，例如洗衣亭、刘家大院、总兵府等均为著名人文旅游景点。此外，和顺古镇内的和顺图书馆，是中国乡村最大的图书馆之一，馆藏7万多册书籍，这些多样而独特的历史文化资源具有极高的价值，也是当地发展旅游业的文化根基与历史底蕴。另外，和顺古镇的自然资源

---

① 向宝惠. 云南腾冲和顺古镇旅游地生命周期分析及其调控策略研究 [J]. 今日中国论坛，2013（13）：255 –256.

也十分优质且丰富，首先是亚热带的宜人气候，为和顺古镇全年开展旅游业提供了得天独厚的条件，四季雨水充沛的气候孕育了众多以生物多样性为特征的湿地，自然生态环境十分优越；其次，和顺古镇所处腾冲县具有十分丰富的地热资源，火山群密布，古镇依山而建，素有"火山环抱中的桃源仙境"美称，这为古镇的旅游开发奠定了坚实基础。和顺古镇正式进行旅游开发是在 2003 年，与湖南省凤凰古镇类似，采用了政企合作的模式，由云南柏联集团与腾冲县政府签订合约，将古镇 40 年的经营权转交给柏联集团，由其承担和顺古镇的开发、保护与运营工作。柏联集团在接手初期，便确定了"保护风貌、浮现文化、适度配套、和谐发展"的和顺模式，这为古镇后续的快速发展奠定了坚实基础，也取得了一系列令人瞩目的优秀成绩：2003～2019 年期间，和顺古镇运营企业共上缴税收 5500 余万元，直接提供就业岗位数百个[1]，并间接带动古镇居民开办特色饭店、旅游民宿、旅游产品商铺等，实现了当地居民收入的大幅增长，并带动了当地数千位居民脱贫致富。此外，由于优秀的自然与人文资源，配备卓越的和顺旅游发展模式，和顺古镇陆续被评为国家级风景名胜区、中国十佳古镇、国家级历史文化名镇，在 2020 年被正式列入国家 5A 级旅游景区创建名单，和顺古镇也受到了外来游客的高度称赞，素有"中国第一魅力名镇"的美称。通过梳理云南和顺古镇的旅游开发历程，并对其开发模式进行分析，可以将古镇旅游发展的成功经验总结为以下三点：①以文脉保护为核心，实现山水人文的有机统一；②把握商业配套力度，保持古镇的原真古朴风貌；③重视与居民的关系，鼓励居民参与到旅游发展中。

一是以文脉保护为核心，实现山水人文的有机统一。和顺古镇是体现我国对外来多元文化的包容态度的大型博物馆，在古镇内部，既可以看到徽派建筑，也可以看到大量异域元素，有诗词、著作等丰富的历史文化遗产，也是哲学家艾思奇、教育家寸树声等大量历史文化名人的故乡，文脉是古镇发展的根本所在，这与主题公园等娱乐导向的旅游景区具有根本区别。柏联集团自接手和顺古镇运营工作后的第一件事，便是组织专业团队

---

① 保山日报网. 和顺古镇积极探索文旅融合产业发展新模式，形成政府、村民、企业、华侨多赢发展局面——保护风貌 浮现文化 和谐发展［EB/OL］. http：//www. baoshandaily. com/ht-ml/20201207/content_160730766378941. html. (2020－12－07).

并邀请专家对和顺古镇的文脉进行调研，系统梳理了和顺历史、建筑体量及风格、峡谷湿地等自然资源现状，对调研内容进行电子化归档以及由政府牵头进行挂牌保护。在自然资源方面，针对古镇部分湿地被用作耕田的现状，相关部门展开了大型"退田还湿"工程，落实保护自然以及人文资源的策略。此外，古镇相关部门不仅开展了对地方文脉的梳理工作，还将重点放在了文化挖掘上，自旅游开发以来，柏联集团在文化挖掘工作上加大投入，针对物质文化遗产，其寻找大量收藏家进行和顺文化藏品的回收工作，先后建立了滇缅抗战博物馆、民居博物馆等；而针对非物质文化遗产，柏联集团积极寻找民间艺术家，并对洞经、皮影、神马艺术等非物质文化遗产进行了梳理保护，建立了皮影艺术馆、木雕织布馆等。

二是把握商业配套力度，保持古镇的原真古朴风貌。完善的旅游设施与良好的旅游服务是旅游目的地发展的前提与保障，目前国内部分景区不断在商业配套方面投入大量人力、物力，但这容易造成过度商业化的问题，在这样的背景下，景区可能在短期内可以获得可观游客流量以及较高的经济效益，但长此以往必定产生反作用。特别是对于文化资源丰富的古镇而言，商业配套设施并非越完备越好，具体而言，在达到一定阈值后，增加的商业配套以及旅游设施将对古镇的原真文化产生反噬作用，并削弱古镇旅游的独特性与竞争力，从而大大降低游客的满意度，即"物极必反"。此外，尽管不断完善的基础设施在一定程度上提高了居民的生活便利度，但却对本地社会文化产生了较大冲击，长期来看，必定会降低原住民对古镇的归属感和幸福度。在这方面，和顺古镇对商业配套做出了硬性要求，即引入的配套设施必须要符合古镇文化风韵，具有一定文化意蕴。在这样的要求下，古镇的部分老宅院被翻新建设成了酒楼、客栈等，这既实现了对老宅的保护性开发，又在开发中实现了有力保护。此外，古镇旅游开发相关部门对部分已经建立的、但与本地文化不兼容的新建筑，采取拆除措施，从而尽可能保持了古镇的原真、古朴风貌。

三是重视与居民的关系，鼓励居民参与到旅游发展中。从全国范围来看，古镇旅游发展历程中经常出现"矫枉过正"的现象，即为了保护古镇现有的历史文化遗产，采用极其保守的策略进行旅游开发，甚至出现将原住民赶出景区的做法，这种做法严重激化了旅游开发部门与当地居民的关系，使得居民对旅游、旅游者产生敌对情绪，不利于古镇旅游的健康发展。针对这种现象，和顺古镇的相关部门明确指出："没有原住民的古镇只是空壳"①，即便恢复了古镇的古朴风貌，也缺少古镇独有的充满吸引力的生活气息。因此在实践过程中，和顺古镇尽可能创造条件，邀请原住民参与到旅游发展过程中，例如建立旅游产品商铺、开展民宿业务、开展观光农业等。此外，旅游开发相关部门不仅充分考虑到个体居民的感知与态度，还与地方龙头企业进行深度合作，例如与工艺加工企业进行合作，将藤编、刺绣等工艺产品投入生产，形成了文化为根、旅游主导、合作共赢的产业链。

4.1.5 陕西青木川古镇发展经验

青木川古镇位于陕西省汉中市，地处陕西、四川和甘肃的交界处，北部与甘肃省接壤，西部与四川省相连，素有"一脚踏三省"的别称。② 就其历史而言，青木川古镇最早建于明朝中期，在清朝后期逐渐成形，距今已有 600 多年历史。特殊的地理位置和悠久的历史使青木川古镇的风俗习惯呈现多元化，陕西文化、四川文化以及甘肃南部文化在数百年的历史中在此碰撞、交汇，逐渐融合成为独特的青木川文化，本地羌族文化和乡绅文化也对青木川古镇产生了较大的影响。在民俗文化方面，川剧、秦腔、傩戏表演以及庙会等活动具有极其广泛的群众基础，当地还保留着赶集的悠久传统，本地居民每逢集市便会背着背篓前往市场售卖核桃、木耳等本地特色农产品；羌族文化更是青木川古镇的亮点，其中羌绣和剪纸最具有代表性，前者在 2008 年被列入国家非物质文化遗产名录，具有极高的审美价值，后者承载了羌族居民的生活经验和宗教信仰，具有极高的文化价值以及实用性。青木川的古老建筑保存完好且数量可观，均为十分珍贵的历史文化遗产。在美食文化方面，青木川古镇的凉粉、蒸碗、核桃馍等也具有浓郁的地方特色，对外来游客具有极强的吸引力。

---

① 和顺模式：古镇保护的云南样本 ［EB/OL］. https：//www. sohu. com/a/114851613 _ 442869. (2016 − 09 − 22).

② 青木川古镇. 青木川简介 ［EB/OL］. https：//www. qmcgz. com/about/jianjie/. (2022 − 08 − 30).

就青木川古镇旅游发展历程而言，前期出现了众多古镇旅游开发中可能遇到的旅游设施与服务方面的问题，例如停车位不足、民宿容纳量较小、饭店环境卫生条件差等，还有古镇文化故事挖掘深度不够的问题，具体体现在外来游客来古镇多进行观光旅游，体验的深度不够，旅游的获得感较低。之后，为了对古建筑进行保护并促进古镇经济发展，相关部门采用了较为激进的策略，即将大量居民迁出古镇并将商户引入古镇，造成了古镇的"空楼"现象，加重了古镇的商业化氛围，严重降低了当地居民以及外来游客的满意度。这种问题造成的隐患在 2008 年汶川地震后集中凸显，在此次地震中，青木川古镇保存完好的明清时期四合院由 120 座骤降至 40 座，造成了无法估计的损失。[①] 此后相关部门积极寻找转型路径，推出腊肉、土蜂蜜、紫砂壶、木炭画、羌绣等众多具有当地特色的旅游商品，并建立了 300 余家特色餐饮店与纪念品售卖店，取得了较为显著的成果，尤其是在 2012～2018 年 6 年期间，其旅游接待人次从 22 万左右快速增加到 195 万，其旅游综合收入也从 1 亿元增长到了 9.2 亿元，实现了历史性突破。[②] 古镇获得了"国家 4A 级旅游景区""中国历史文化名镇""首批中国特色小镇"等 17 项荣誉。总结青木川古镇旅游发展由低谷走向高峰历程中的经验，主要包括以下三点：

一是依托旅游资源，合理规划设计。青木川古镇的文化旅游资源十分丰富，不管是羌绣等非物质文化遗产，还是保存至今的古建筑，都对外来游客具有较强吸引力。在 2008 年后，青木川古镇将工作重点放在了"修旧如旧"上，即对遭遇灾害的建筑进行仿古重建，尽管无法还原倒塌前的状态，但依旧取得了良好的效果；针对古镇欠缺的建筑，也根据上述原则进行修建，积极打造符合青木川古镇特色的建筑风格。同时青木川古镇在县级旅游总规的指导下，努力提升古镇公共服务质量，加强项目建设以及环境维护工作，对古镇内国家重点文物保护单位进行维缮，并针对自然生

---

① 张宁.青木川古镇文化旅游业发展及问题研究［J］.农村经济与科技，2020（19）：100 － 102.

② 中华人民共和国国家发展和改革委员会.有山有水有故事的青木川古镇——陕西省汉中市青木川古镇［EB/OL］.https：//www.ndrc.gov.cn/xwdt/ztzl/qgxclydxal/mswhytx/202004/t20200423_1226476.html?code = &state = 123.（2020 － 09 － 08）.

态景观建设了保护地带。最后，按照古镇的旅游资源布局以及格局风貌，重新进行古镇的旅游规划设计，形成了多条特色旅游线路，丰富了游客的旅游体验。

二是完善基础设施，提升服务质量。青木川古镇原有基础设施薄弱，游客投诉率较高、重游率较低。针对这一现象，古镇相关部门除了从游客角度出发，建设旅游基础设施以外，还坚持"建设与管理"并重的原则，从管理层面进行了整改，具体包括加强景区规划建设管理，杜绝一切违规行为；进行环境整治活动，提供 24 小时保洁服务，确保旅游环境干净卫生，改善镇容镇貌；强化对旅游市场经营活动的管理，对古镇旅游业的相关商户进行"评级"，严厉查处无证经营、严厉打击宰客行为，尽可能保证古镇旅游市场"井然有序"，并加强对商户和居民的服务意识与综合素质的培养，提高外来游客对古镇环境与服务的好感度，最终实现"零"投诉目标。

三是提炼地方特色，加强营销宣传。通过梳理青木川古镇的自然与文化旅游资源，相关部门坚持"强特色"的旅游开发战略，并在古镇的文化、生态、产业、旅游以及空间等方面实现了良好成效。此外，不仅局限于对特色旅游资源的梳理，青木川古镇还积极培育特色产业，鼓励农户种植木耳、茶叶等特色农业产品，逐渐开发了有机水果采摘园、茶园等创新项目，并推动其与旅游纪念品商铺进行合作，实现了古镇居民共同致富。除特色产品外，景区还不断打造创新文化活动，例如羌族婚俗表演、傩戏、旗袍秀等，针对本地文化要素开展赛事与节庆营销，举办了水上麻将大赛、马拉松大赛、啤酒节等特色活动。最后，青木川古镇还对本地特色旅游产品与活动进行了创新营销，例如制作旅游纪录片并通过《中国旅游报》进行整版宣传，制作《远方的家》等大型专题节目并在多个电视台播出，同时还运用新媒体营销，建立了官方微博、微信公众号、旅游网站等，从各大渠道出发，共同打造强势的青木川古镇旅游品牌。

4.1.6　山西平遥古城发展经验

山西平遥古城位于山西省晋中市，据考证，古城最早建于周宣王时期，距今已有 2700 多年历史，是我国现存最为完整的古城之一，也是我国范围内以整座城申报世界文化遗产并获得成功的两座古城之一。① 其旅游发展包括两大阶段，第一个阶段为旅游发展蓄力时期，改革开放至 1997 年，主要内容包括通过国家相关部门出台政策加强保护，例如将平遥古城列为国家级历史文化名城，并将部分具有极高历史文化价值的人文景区列为重点保护单位，也正是在这一时期，平遥古城的旅游开发相关部门开始针对旅游业发展进行基础设施的修建与完善工作，这为后期发展奠定了基础；第二个阶段为旅游发展加速时期，1997 年至今，自联合国在 1997 年将平遥古城列入《世界遗产名录》后，平遥古城的知名度在世界范围内得到了极大提升，相关部门紧抓机遇，进一步丰富古城内"吃、住、行、游、娱、购"旅游六大要素建设，并致力于从硬件与软件方面入手，改善公共旅游环境。平遥古城旅游业的社会经济效益因此得到了大幅度增长，2005 ~ 2019 年期间，每年接待游客人次从 73 万增长至 1300 万，旅游总收入从 7000 多万元大幅增加到 150 多亿元，极大改善了平遥古城的地方发展结构。② 纵观平遥古城自 20 世纪以来的旅游开发历程，可以将其成功经验归纳为以下 5 点：①政府主导、主客参与的遗产保护工程，保持古香古色传统风貌；②加强旅游市场监管力度，坚决打击宰客欺客行为；③特设居民免费参观时段，主客共享旅游发展成果；④推广一票制的参观模式，全力提升游客旅游体验；⑤打造系列旅游节庆活动，推出平遥特色旅游品牌。

一是政府主导、主客参与的遗产保护工程，保持古香古色传统风貌。平遥古城的历史文化遗产极其丰富，古城内有多处国家级文保单位，其建筑物的设计与布局，彰显了鲜明的汉民族特色，这些历史文化遗产奠定了平遥古城旅游业发展的基础。平遥古城相关部门高度重视古城内文化遗产的保护工作，在 20 世纪 50 年代的城市规划中就提出古城保护的议题，并在 1998 年起草的旅游业发展总体规划中，再次强调要以古城的保护与发展

---

① 中国政府网. 世界文化遗产——平遥古城［EB/OL］. www. gov. cn/test/2006 – 03/28/content_238428. htm. (2006 – 03 – 28).

② 山西省文化和旅游厅. 保护为先，让平遥古城绽放异彩［EB/OL］. http：//wlt. shanxi. gov. cn/xwzx/sxdt/202110/t20211021_2787592. shtml. (2020 – 06 – 03).

为核心，以"修旧如旧"为原则。具体而言，相关部门为了维护古城的历史风貌，将古城保护分为绝对保护、一级保护、二级保护、三级保护 4 个等级，对于拥有丰富历史名胜的绝对保护区域，必须尽可能保持其原有状态，严格按照标准进行文物的修缮工作，绝不可改变遗产所处环境及其状态；在三级保护区，要求整体历史风貌与古城总体保持一致。此外还将保护工作划分为古城内保护、古城外保护、高度、街巷以及古民宅保护 5 个板块，针对每个板块均详细列出保护要求。此外，相关部门还不断开展宣传教育活动，致力于提高本地居民的综合素质，达成"保护古城、人人有责"的共识。

二是加强旅游市场监管力度，坚决打击宰客、欺客行为。随着古城旅游业的日渐繁荣，本地部分商户为了获得更多的经济利益，存在宰客、欺客的行为，例如 2018 年由《新京报》披露出的以次充好的平遥古城醋商，以及由央视披露的黑车、黑景点、黑导游、外地价格歧视等现象，这极大损害了旅游者的消费信心，也对平遥古城的旅游品牌形象造成了不可估计的损失。此后，平遥县政府加强了对本地旅游市场的监管力度，召开紧急会议并发布针对黑车、黑景点现象的通告，平遥县物价局也同样高度重视，严令要求相关商铺明码标价，坚决打击针对游客的欺骗、欺诈行为。通过这些措施，平遥古城加大了对消费者权益的保护力度，并逐渐建立起了游客反馈机制，打击游客反映的违规市场现象，旅游市场秩序逐渐恢复。

三是特设居民免费参观时段，主客共享旅游发展成果。发展旅游业的根本在于提高人民的幸福感，居民是从本地旅游业发展中受益或受负面影响的关键利益相关者，而居民对正面影响的感知多是抽象的（例如促进本地经济、增加就业岗位等），对负面影响的感知尤其敏感，例如外来游客的涌入势必对本地居民的生活环境造成压迫。针对这种情况，平遥古城相关部门在部分时期或部分时段采取"本地居民免费游古城"的措施，致力于将旅游发展的成果转换为主客共享的成果，丰富居民的物质文化生活，提高古城居民的获得感并激发其对古城的热爱与信心。

四是推广一票制的参观模式，全力提升游客旅游体验。门票管理向来是景区重点关注的问题之一，平遥古城针对自身景点众多且质量较高的特点，对游客实施"一票制"，即买一张门票即可游玩其关联的景点，这极大提高了游客旅程的便利度，减少了排队买票出票等烦琐手续。此外，景点的联票制度还可促使大量游客延长在平遥古城旅游的时间，由此产生更多旅游消费，刺激本地经济的发展，也为知名度较低但品质较高的景点增加了游客量，提高了知名度，实现良性循环。

五是打造系列旅游节庆活动，推出平遥特色旅游品牌。针对古城特色要素，相关部门策划了丰富的民俗文化活动和特色赛事活动。在民俗文化活动方面，举办平遥中国年等大型系列活动，并融入以推光漆器、剪纸为主题的手工制作活动，还组织大型文艺演出，提高旅游者的参与度；在特色赛事活动方面，平遥古城的国际摄影大展极具影响力，每年吸引了众多摄影家、艺术家以及记者来此参展，古城通过展会的平台实现了世界范围内的营销宣传。

4.2 国外古镇旅游发展经验借鉴

4.2.1 西班牙胡斯卡小镇发展经验

西班牙胡斯卡小镇（Juzcar）位于安达卢西亚龙达山区，是一个有着悠久历史、居民人数极少的西班牙传统小镇，地理位置偏僻且交通设施不完善。[①] 就其旅游资源而言，胡斯卡小镇的布局和建筑设计、色彩具有特点，例如圣凯瑟琳教堂有中世纪色彩，而大部分民居具有"白墙红瓦"的印第安色调。尽管如此，对比西班牙旅游业十分发达的巴塞罗那，胡斯卡的人文和自然旅游资源禀赋并不具备竞争力，且其周围有无数与之类似的小镇，因此其旅游业长期以来发展较为平淡，甚至每年接待游客人次不超过300名。但这种情况在2011年得到改善，即正在为新电影《蓝精灵》

---

① 人民网. 文创小镇怎样"博眼球"［EB/OL］. http://culture.people.com.cn/n/2015/0411/c172318-26828862.html.（2015-04-11）.

进行营销宣传的索尼公司选中了胡斯卡小镇作为电影宣传基地，并在与当地政府及居民洽谈协商完成后，组织油漆工人用蓝色油漆将小镇内 175 座民居外墙粉刷成蓝色，正式将胡斯卡小镇由传统小镇变成全球唯一一个经过官方授权认证的蓝精灵村。此后，胡斯卡小镇的旅游业迎来了高速发展的时期。梳理胡斯卡小镇 2011 年以来的旅游业发展历程，可以将其发展经验总结为以下 4 点：①古镇旅游发展决策民主化，充分发挥居民主人翁精神；②紧密围绕蓝精灵主题大 IP，打造乡村亲子游知名品牌；③坚决保留古镇传统节庆日，打造时尚创新的旅游活动；④提高主题活动的互动水平，打造游客沉浸式旅游体验。

一是古镇旅游发展决策民主化，充分发挥居民主人翁精神。在索尼公司刚与地方政府进行洽谈时，曾经承诺在《蓝精灵》电影宣传完成后便出资对蓝色墙壁进行粉刷，还原居民原有的生活环境。但随着《蓝精灵》IP的日渐火爆，胡斯卡小镇的旅游业也迎来了快速发展，当地居民从旅游业中获得了经济收益，并形成了"蓝精灵村的村民"的身份认同感，因此在与索尼公司的合作完成后，胡斯卡小镇相关部门曾针对小镇未来的旅游发展方向举办票选活动，充分实现旅游决策民主化，尊重当地居民的意见，也正是在这次票选中，大多数居民强烈要求小镇的建筑保留蓝精灵风格，这为胡斯卡小镇此后旅游业的兴盛奠定了基础。居民的主人翁精神不仅仅体现在旅游发展决策上，还体现在旅游体验的创造上，胡斯卡小镇中绘画能力较强的部分居民，志愿参与到小镇环境氛围的营造中，在蓝色墙壁上进行壁画创作，将蓝精灵形象从荧幕上搬到小镇墙壁上，惟妙惟肖、十分生动，在艺术创作的同时，这些居民还充分考虑到游客的需求，留足了游客与蓝精灵图像合影、互动的空间，提高了游客的旅游体验，营造了一种旅游真实感，也实现了居民与外来游客之间的和谐共处。

二是紧密围绕蓝精灵主题大 IP，打造乡村亲子游知名品牌。在确定胡斯卡小镇未来旅游发展方向后，相关部门围绕"蓝精灵童话 IP"以及小镇的特产蘑菇，将目标市场锁定为全球范围内的乡村亲子游旅游者，重新设计了小镇旅游品牌的专属标志（logo）。设计并更新旅游视觉化系统，即将指路标牌、报刊亭、垃圾桶等公共基础服务设施粉刷成为蓝色，或在其表面印刷刻画蓝精灵图案，还在胡斯卡小镇的中心广场设置"世界第一座蓝精灵小镇"的牌匾。除此之外，旅游产品的设计与售卖更是紧密围绕蓝精灵主题 IP 展开，胡斯卡小镇相关部门专门将小镇中一片空地规划为"蓝精灵集市"，开放给本地居民以及商户，用以出售本地特色产品以及玩偶、摆件等蓝精灵周边产品，这有效地将游客流量优势转换为了经济发展优势，增加了本地居民的收入。不仅如此，相关部门还对游客的住宿条件和餐饮环境进行了改造，推出蓝精灵主题酒店、特色民宿以及主题餐厅，吸引了众多游客来访，也加深了胡斯卡小镇与"蓝精灵 IP"的关联度，提高了小镇在世界范围内的知名度。针对亲子游的需求，还设计了名为"探险之旅"的特殊旅游线路，包括采蘑菇、找青蛙、听故事、看魔术等充满童趣的旅游活动。

三是坚决保留古镇传统节庆日，打造时尚创新的旅游活动。尽管小镇的旅游活动紧密围绕"蓝精灵"进行，但胡斯卡小镇相关部门却并没有彻底抛弃小镇的特色节庆，例如每年 11 月举办蘑菇节。传统节庆日的维持与举办并没有破坏蓝精灵主题小镇的和谐度，相关部门颇具巧思地将蘑菇节与蓝精灵进行融合，除了传统的户外徒步旅行、蘑菇美食评鉴活动外，还举办以"蓝精灵"为主体的大型花车巡游活动，邀请表演人员身着蓝精灵服饰与外来游客深入互动，在传统节庆中打造了创新而时尚的旅游活动。

四是提高主题活动的互动水平，打造游客沉浸式旅游体验。胡斯卡小镇尤其重视外来游客的体验深度，体现在小镇打造旅游环境氛围的过程中，居民在设计壁画时站在游客角度思考，并创作出可以与游客互动的壁画。此外，针对小镇的主要客源——亲子游客，小镇还提供额外的化妆、服装租赁服务，化妆师仿照蓝精灵的形象，将小孩的脸涂抹成蓝色，以增加在小镇内的自我代入感，这也是小镇所宣传的："来到胡斯卡，你不仅是来看蓝精灵的，你本身就是一只蓝精灵。"①

4.2.2 法国贝弗龙小镇发展经验

法国贝弗龙小镇位于法国北部的诺曼底地区，隶属于欧洲著名的苹果

---

① 胡思卡属于蓝精灵的小镇，整个村子都是蓝色 ［EB/OL］. https：//www. 163. com/dy/article/C85KBCE20524CEFK. html. (2016 – 12 –13).

产地卡尔瓦多斯，是一座具有千年历史的小镇。自法国大革命至今，贝弗龙小镇经过了多次变迁，截至 2019 年报道时居民仅有 235 人。[①] 但悠久的历史带给了小镇发达的农业以及独特的建筑。在农业方面，贝弗龙小镇盛产苹果，又具有酒文化，自古以来就是特色苹果酒的优质产地；贝弗龙小镇的建筑设计也同样具有特色，小镇附近是细软的沙滩，石料难获得且成本高昂，木条便成了搭建房屋的首选材料，当地人一般会从外地运输大块岩石作为房屋地基，再使用本地木条搭建框架，使用混合材料进行填充处理，最后形成的建筑物既具有较高的审美价值又具有实用性，透露出浓厚的中世纪风格，也是贝弗龙小镇居民本地生活的符号之一。古镇的旅游业兴起于 20 世纪末，20 世纪 70 年代，贝弗龙小镇相关部门针对古镇内文化遗产的保护工作，启动了以"保持古村落鲜活风貌、保持原生态生活特征"为原则的拯救与修复工作，之后小镇于 1981 年获评法国第一批"最美乡村"品牌，正式进入国家级文化遗产保护范围。至此，贝弗龙小镇获得了众多游客的关注，每年接待游客人次达到 20 多万，小镇的发展由农业为主的发展路径转向了"农旅融合"的新型发展路径，走上了一条可持续发展的道路。总结其旅游业发展经验，大致包括以下 3 点：①重视古镇维缮与修复工作，严格控制商业化开发规模；②立足本地特色农产品资源，推出特色化主题旅游线路；③促进旅游产品体系多元化，积极进行节庆日活动营销。

一是重视古镇维缮与修复工作，严格控制商业化开发规模。贝弗龙小镇的文化遗产保护工作遵循自上而下的模式，即在国家层面，对获得"最美乡村"称号的古镇的保护工作进行立法，并通过成立保护委员会、出台保护标准，对名单中的古镇进行定期评估、动态管理，使得古镇保护有法可依；而在地方政府层面，积极颁布相关条例与法规，对落实遗产保护的工作人员提供指导。除此之外，贝弗龙古镇还严格控制本地商业化程度，限制商业用房的数量，据统计，古镇内没有综合性购物商城，仅有面包店、咖啡馆、纪念品商店等小型商铺。尽管严格的商业化控制政策在一定程度上牺牲了本地居民的生活便利程度，但却实现了古镇保护与开发的动

---

① 环球网. 业内丨国外古镇：有哪一个为旅游而旅游［EB/OL］. https：//3w. huanqiu. com/a/22b871/9CaKrnKkodK.（2019 – 05 – 10）.

态平衡，从长远来看，有利于古镇未来旅游业的可持续发展。此外，对于居民人数较少的古镇来说，大规模开展商业活动也缺少人才资源的支撑，在损害本地文化遗产、污染本地原真气氛的同时，并不能达到游客满意、居民满意的目标，因此贝弗龙小镇在经济发展与商业化之间进行取舍的做法具有借鉴之处。

二是立足本地特色农产品资源，推出特色化主题旅游线路。苹果酒和建筑物是贝弗龙小镇的核心吸引物，也是小镇发展旅游的金字招牌。针对苹果及苹果酒资源，贝弗龙小镇紧紧围绕本地特色的农产品以及人文旅游资源，与周围的小镇开展战略合作，推出了名为"苹果酒之路"的特色旅游线路，为游客了解苹果种植与苹果酒酿造的相关知识提供了沉浸式体验的平台；对建筑物资源以鲜花装点的形式，在保持建筑物古朴特征的同时增加美观度，并传递当地居民浪漫的生活气息。除此之外，具有当地鲜明民族色彩的手工艺品、古老的生活设施也是吸引外来游客的亮点，这在贝弗龙小镇的旅游线路规划中都有所包含。

三是促进旅游产品体系多元化，积极进行节庆日活动营销。单一的旅游产品难以对游客产生持久的吸引力，贝弗龙小镇围绕特色农产品"苹果"，开发包括食品、纪念品等在内的多种旅游产品。特别是在食品方面，除了远近闻名的苹果威士忌酒以外，还推出了苹果甜酒、鲜榨苹果汁、正宗苹果酱，甚至还开发出一款以小镇名称命名的、由苹果烹饪而成的甜点。除了产品开发以外，贝弗龙小镇还紧密围绕"苹果"，在每年 10 月举办苹果酒节，吸引了来自世界各地的酒类爱好者参与，极大带动了本地旅游业的发展，提高了经济效益。

4.2.3　意大利丽晖谷小镇发展经验

意大利丽辉谷（Livigno）小镇位于欧洲最大的两个自然公园——斯特尔维奥国家森林公园和波尼纳公园之间，是阿尔卑斯山脉中段的一条长约 18 千米的古老峡谷。[①] 在资源禀赋方面，该小镇具有十分优越的地势条件，

---

① SKI 还能搞点新意思［J］. 商务旅行，2021（21）：50－53.

由于位于峡谷内部，两侧的高大山脉为其抵挡了北部寒风以及南方湿气，因此小镇空气干燥清爽、气候宜人，四季均有优美的景色且生物多样性较好，夏季可以看见土拨鼠、小鹿与羚羊等动物，而冬季则是小镇的旅游旺季，其丰富且高质的冰雪旅游资源以及高山运动资源吸引来自全球的大量滑雪爱好者，丽辉谷也由此逐渐成为"自由式滑雪的发源地"，位于小镇的拉达米罗滑雪场更是享誉全球的高质量滑雪场之一，倍受全球滑雪爱好者的青睐，甚至成了世界高山滑雪锦标赛的比赛场地。此外，丽辉谷小镇有近 2000 年的悠久历史，① 拥有数量十分可观的人文古迹，且受益于狭长而隐秘的地势，其人文旅游资源在 2000 多年的历史中并未遭受严重的人为破坏，更为丽辉谷增添了旅游吸引力。意大利丽辉谷作为全世界知名的古老小镇，其旅游开发与发展的经验十分丰富，具体可以概括为：①关注居民生活质量，合理控制开发节奏；②发挥自然资源优势，引流人文景点项目；③重视设施配套情况，提供高质旅游服务；④创立鲜明旅游品牌，保持市场竞争优势。

一是关注居民生活质量，合理控制开发节奏。不同于部分旅游目的地以旅游开发作为人才引入的契机，丽辉谷小镇相关部门高度重视原住民的生活质量，在旅游开发与发展过程中对小镇规模以及人口进行了严格的控制，并合理规划了旅游开发的节奏，力求实现可持续发展。大众旅游开发至今已有数十年的历史，但小镇居民仍维持在 5000 人左右。② 首先，这是对原住民原有幽静生活环境的保障，有利于提高本地居民对未来发展旅游业的支持率；其次，这是对作为本地核心旅游吸引物的自然资源的保护，避免了因外地人口迁入导致的人口爆发式增长，从而带来空气、水资源等环境污染以及环境承载力下降，保护了本地优美的自然风光，有利于实现旅游可持续发展；最后，对人口与规模的控制也保护了本地社会文化的原真性，居民作为与游客直接接触的群体，其扮演着本地文化传道者与旅游品牌大使的角色，旅游社区原住民更熟悉也更加认可本地文化，在与游客的交流过程中更容易融入互动过程，并向游客传递旅游地的正面和原真的信息，而外来居民相对不了解本地文化，且对旅游发展带来的负面影响更

---

①② SKI 还能搞点新意思［J］. 商务旅行，2021（21）：50-53.

加敏感，因此更容易扮演"口碑破坏者"的角色，此外，来自新居民的旅游信息多为二次传播，对于游客而言欠缺原真性，难以带给游客更好的旅游体验。

二是发挥自然资源优势，引流人文景点项目。正如上文对丽辉谷小镇的介绍中提到的，丽辉谷小镇位于旅游业十分发达的意大利境内，更地处阿尔卑斯山脉中段、欧洲两个最大的自然公园交界处，地理位置十分优越，小镇周围来自全世界的游客流量巨大。丽辉谷小镇还具有十分优越的峡谷地势条件，且气候宜人、空气干燥清爽，更加适合旅游休闲与度假。此外，丽辉谷的生物多样性突出，小镇常有小鹿、土拨鼠、羚羊以及皇家鹰出没，别具旅游趣味。因此四季皆优美的自然风光也是小镇享誉全世界的核心旅游吸引物之一。丽辉谷小镇的旅游管理相关部门尤其重视本地自然旅游资源的可持续开发，目前已经形成了以自然旅游资源尤其是冰雪旅游资源与高山运动资源为核心、兼顾人文旅游景点引流的旅游开发模式与旅游营销模式，即通过极具竞争力的特色自然旅游资源吸引大量外来游客后，再依托小镇自身拥有的丰富且迷人的古老建筑以及悠久的历史文化作为二次旅游吸引物，将游客引流至极具特色的教堂、牧场、村落，以及野生动物园等人文景点处，从而以"自然资源＋人文景点"的模式增加了游客的旅游体验层次，加深游客对丽辉谷小镇的印象，最大可能提高游客的满意度、忠诚度以及重游率。

三是重视设施配套情况，提供高质旅游服务。丽辉谷小镇是以冬季运动为核心的世界知名的休闲运动特色小镇，与传统的观光型旅游目的地有所不同，以深度体验、较高参与度为特征的运动型旅游目的地需要配套大量基础设施，特别是对于冬季旅游目的地而言，其需要投入大量资金进行滑雪场地的建设，且需要大量专业人才资源的投入，才能从硬件层面和软件层面上为外来游客提供充足的旅游保障。丽辉谷小镇开展滑冰、滑雪等运动的历史悠久，具有丰富的经验，高度重视旅游配套设施的开发与建设，因此冬季运动的硬件设施十分齐全，且聚集了众多专业的滑雪教练以提供专业的咨询与指导服务。另外，考虑到外来游客有不同的冬季运动经验，对冰雪旅游也有着不同的期待与需求，丽辉谷相关部门从游客需求出发，科学地设计滑雪场地，既建设满足不具备滑雪运动经验的游客"猎奇"心理的极为安全的初级滑雪场地,又建设可以符合高端赛事要求的专业滑雪场地。以拉达米罗滑雪场为例,其作为享誉全球的高质量滑雪场,既可以满足不同类型比赛的需求,又可以满足不同类型滑雪者的需要,因此是世界高山滑雪锦标赛等众多全球大型赛事的承办地点之一,也对个体冰雪旅游者具有极强的吸引力。此外,为突破冰雪旅游的季节局限性,丽辉谷还设置了越野自行车赛道。

四是创立鲜明旅游品牌,保持市场竞争优势。作为享誉全球的知名旅游目的地,丽辉谷小镇致力于旅游品牌建设,尽管有着丰富的自然与人文景观,但小镇却并没有局限于此。与之相反,相关旅游管理部门紧紧围绕自然旅游资源的可持续开发,突破了传统的观光型旅游模式,创造性地创立了"欧洲休闲运动特色小镇"品牌,在意大利乃至欧洲竞争激烈的旅游市场中脱颖而出。此外,其旅游市场定位精准,主要针对向往冬季运动的旅游者展开营销,营销活动的转换率较高。最后,尽管丽辉谷仍以冬季运动为王牌,但旅游品牌具有季节性和动态性特征,即春夏季低调回归观光旅游模式,冬季高调进行冬季运动赛事合作,在此模式下,丽辉谷小镇在品牌定位较为稳定的基础上最终实现了全年旅游收益的稳步增长。

4.2.4　日本奈良古城发展经验

日本奈良古城是一个位于日本纪伊半岛的内陆城市,常住人口约 30 余万人,是一座享誉世界的历史文化古都,距今已有 1300 多年的历史,是日本历史文化的起源地之一。[①] 其文化旅游资源大致包括两大部分:一是宗教文化底蕴十分深厚,是日本著名的佛教文化中心;二是古建筑保存完好,且见证了千年以来日本建筑历史的演变过程,对近现代日本文化都有着深远影响,诸如兴福寺、春日大社等部分奈良古城的建筑被列入世界文化遗产名录,且被日本政府确定为"国宝"地位。特别是在公元 6 世纪时,日本奈良古城与中国长安交往密切,古城内众多古建筑都具有中国唐朝时期建筑的特点,这反映了两国之间的历史文化交流,具有十分重大的

---

① 万振. 日本仿唐古都——奈良 [J]. 当代世界, 2005 (10): 55-56.

科研价值。除了历史文化资源十分丰富外，奈良古城还有若草山等优质自然景观，生物多样性的特征也尤其突出，是梅花鹿等动物生活栖息的地方。综合来看日本奈良古城的旅游发展历程，其成功经验大致可以归纳为以下3点：①循序渐进出台法律法规，依法构建文遗保护体系；②重视文化遗产多维展示，促使非遗焕发新生活力；③鼓励居民参与非遗保护，提高青年群体传承兴趣。

一是循序渐进出台法律法规，依法构建文遗保护体系。日本政府在奈良古城的遗产保护工作中起着主导作用，早在19世纪60年代，日本便颁布了《古社寺保护法》，开启了对文化遗产的保护工作，并在此后两百多年的时间中进一步完善相关法律法规，建立起了一个较为成熟的文遗保护机制。此外，还创建了"人间国宝"制度，系统梳理古城内部的文化遗产（有形与无形）数量以及保存现状，并有针对性地设计方案进行保护性开发。针对古建筑等有形文化遗产的维缮工作，相关部门坚持"内新外旧"的原则，即在保留原有结构的同时，尽可能保持建筑物风貌的原真与古朴；而针对歌舞伎、尺八一类无形技艺，则通过出台政策提高非遗传承人的社会地位，每年政府发放200万日元（约12万元人民币）的专项资金用以支持传承人，并在税收上给予政策优惠。①

二是重视文化遗产多维展示，促使非遗焕发新生活力。在古城文化旅游资源的展示形式上，主要包括博物馆展示、媒介展示、节庆活动展示等。在博物馆展示方面，奈良古城内分布有众多藏品丰富且技术先进的展馆，向外来游客全方位展示展品及其工艺，促使游客进一步了解奈良乃至日本文化，也让本地居民更加熟悉本地文化，增加了其对奈良古城的热爱与依恋之情；在媒介展示方面，奈良古城深知"酒香也怕巷子深"，因此相关部门与居民共同利用互联网，进行文化遗产的宣传工作，采用图片宣传、海报张贴、节目放送等形式，将奈良古城的旅游宣传资料展示在商场、地铁车厢等地，最大限度地提高旅游品牌知名度；最后是节庆活动展示方面，奈良古城积极配合当地传统节日推出创新民俗活动，如在元旦期

---

① 叶莎莎，王巧玲，范冠艳. 日本非物质文化遗产保护及档案资源建设探析 [J]. 中国民族博览，2021（1）：208 – 210.

间举办年糕民俗活动等，并结合本地文化精心打造"祭"等庆典活动，例如彩车巡游、藏品展览等，此外还举行数次传统歌谣的演奏会，面向居民与游客免费开放，极大提高了主客的满意度以及文化认同度。

三是鼓励居民参与非遗保护，提高青年群体传承兴趣。居民是古城文化的继承者，奈良古城相关部门十分重视当地居民的感受，并致力于将历史文化旅游资源变成居民生活中的一部分，鼓励居民在日常生活中保持悬挂稻草、悬挂鲤鱼旗、学习花道剑道等传统习俗，提高居民对非遗文化的热爱与尊重，这种居民发自内心的文化认同，将会直接影响游客的旅游体验，最终促进古城旅游的发展。此外，相关部门十分关注"青少年群体"在文化继承方面的重要作用，日本政府从青少年教育层面加强了对传统文化的重视，并组织课外活动，推动青少年了解、喜爱日本国粹，例如鼓励其学习"尺八""民谣"等，增强了青少年对传统文化的认同感，也为国家非遗文脉的延续奠定人才基础。

第 ⑤ 章
居民视角下的古镇旅游高质量发展研究设计

本章从居民的视角出发构建古镇旅游高质量发展的评价指标体系。居民评价指标体系包括社会经济、社会文化、资源与环境、公共服务、主客交往 5 个维度，涵盖 27 项指标。

5.1 案例地概况

5.1.1 区位及交通

（1）地理区位。古堰画乡景区位于浙江省丽水市碧湖镇和大港头镇境内，总区块面积 15.53 平方千米，瓯江呈 "Y" 字形将景区分成 "古堰" 和 "画乡" 两部分。①

（2）外部交通。可通过自驾直达古堰画乡景区，或经航空、铁路的方式抵达丽水市后，转自驾、出租车、公交等方式进入景区。在自驾方面，目前全国各大城市可通过各高速转金温高速至丽水西出口或丽龙高速至碧湖出口下，后转 S53 省道至大港头镇；航空方面，丽水机场正在建设中，

---

① 丽水市政府门户网站. 古堰画乡 [EB/OL]. http：//www. lishui. gov. cn/art/2021/11/30/art_1229440608_57329133. html. (2021 – 11 – 30).

预计 2023 年通航。目前距丽水最近的机场是温州龙湾国际机场，距丽水市约 150 千米，有机场巴士直达丽水站，车程约 2 小时，自龙湾机场驾车直接抵达大港头镇，约 2.5 小时；铁路方面，金丽温高铁于 2016 年 1 月通车，上海、杭州、长沙、成都、郑州、沈阳等城市可乘坐高铁直达丽水，或乘普通列车至丽水站，后可通过自驾、出租车、公交等方式自丽水站抵达古堰画乡景区；公交方面，自丽水站乘公交至堰头景区，或乘公交至画乡景区，时长约 1.5 小时。①

5.1.2 旅游资源概况

依据《旅游资源分类、调查与评价》（GB/T 18972—2017），古堰画乡景区涵盖八大主类，59 个基本类型，共计 172 个旅游资源单体（见表 5－1）。

表 5－1　　　　　　　　古堰画乡景区旅游资源一览

主类	基本类型（个）	占比（%）	单体（个）	占比（%）
A 地文景观	5	8.47	8	4.65
B 水域景观	5	8.47	9	5.23
C 生物景观	7	11.86	17	9.88
D 天象与气候景观	2	3.39	3	1.74
E 建筑与设施	23	38.98	65	37.79
F 历史遗迹	4	6.78	20	11.63
G 旅游购品	9	15.25	25	14.53
H 人文活动	4	6.78	25	14.53
合计	59	100	172	100

注：占比总和为 99.98%，约为 100%。
资料来源：笔者调研。

古堰画乡景区旅游资源种类丰富完整、数量众多、品质较高，自然旅游资源与人文旅游资源分布集中、相互依托、组合完善、优势互补，有利

———————————

① 古堰画乡景区交通数据来自笔者调研。

于景区的综合开发利用。其核心旅游资源包括瓯江、通济堰、丽水巴比松画派等。

（1）"绿水青山就是金山银山"——瓯江。

瓯江为浙江省第二大江，属于国家五级旅游资源单体。瓯江两岸的平原、湿地、古村落、古樟树群等，是古堰画乡景区的精髓。瓯江生态河川保存完好，水质常年保持国家Ⅱ类水标准，沿江两岸滩、屿、岛、林等自然资源与堰、港、坝、村等人文资源相互映衬，完美融合。

（2）农耕水利文化——通济堰。

在古堰画乡，深藏着一座距今已有1500年历史的大型水利工程——通济堰。① 通济堰是浙江省最古老的大型水利工程，也是拱形坝体的鼻祖，于2001年被国务院批准列入我国第五批全国重点文物保护单位名单，属于国家五级旅游资源单体，丽水通济堰水利灌溉工程在第22届国际灌溉排水大会暨国际灌溉排水委员会（ICID）第65届国际执行理事会上，被授牌列入首批世界灌溉工程遗产名录。通济堰有极高的历史价值，主要表现在科学的选址、世界上最早的拱形坝体、先进的排沙功能、观护两用的护堤香樟、世界最早的堰规与完整的管理体制等。

（3）绘画文化——丽水巴比松画派。

古堰画乡的"画乡"以"丽水巴比松画派"为中心，自1991年开始每年举办"巴比松油画展"。随着画乡知名度的提高，目前已成为国内知名的美术写生创作、生产和销售基地。古堰画乡以当地优美的山水以及独特的人文气息，吸引着越来越多的摄影、绘画爱好者与专业人士前来写生创作，景区还举办了中国写生大会、艺术创意市集、大樟树周末油画市集、小镇艺术节、中国美协名家古堰画乡采风写生行等各类活动，扩大了古堰画乡及丽水巴比松画派的影响力。2015年，丽水巴比松油画作品赴法国巴比松市参展，古堰画乡海内外知名度得到提升。

（4）其他历史遗迹。

古堰画乡历史文化底蕴深厚，各类历史遗迹在景区内星罗棋布，包括

---

① 吴东海，陈雯雯，吴振杰．浙江通济堰主要历史、科学价值探索［C］//中国水利学会2020学术年会论文集第五分册，2020：37-41.

堰头村树龄超千年的古樟群、龙庙千年古代石碑林等，以及双龙庙会、翻龙泉、保定舞龙、丽水鼓词等非物质文化遗产。

5.1.3 旅游发展概况

2005 年 4 月，古堰画乡全力打造"三基地一中心"，即写生、创作、油画生产基地和休闲度假中心。2009 年"五·一"期间，古堰画乡核心区块全面开园接待游客，获得"旅游强镇"等荣誉称号。①

2014 年古堰画乡景区创成国家 4A 级景区，2015 年被评为浙江省首批特色小镇、全国首批乡村旅游创客示范基地，2016 年被评为中国首批特色小镇，2015 ~ 2017 年连续三年被评为浙江省优秀特色小镇，并于 2019 年正式被命名为省级特色小镇，2017 年 7 月，中国美术家协会古堰画乡写生基地正式挂牌，2020 年入选浙江省首批 10 家未来景区改革试点名单。经过十余年的发展，古堰画乡已成为长三角地区重要的乡村旅游目的地之一，接待游客量和旅游收入不断增加（见表 5 - 2），年接待写生创作人数在 15 万人次以上，拥有近 300 名创客以及近百家企业签约入驻。②

表 5 - 2　　　　古堰画乡 2014 ~ 2019 年接待游客人数与门票收入

年份	全年接待游客人数（万人次）	同比增长（%）	门票收入（万元）	同比增长（%）
2014	89.6	—	510	—
2015	121.1	35	923	81
2016	159.685	31.83	—	63.6
2017	172.8	8.24	2093.2	16.12
2018	176.97	2.38	2201	5.18
2019	193.97	9.61	2553	16

注：2016 年门票收入未披露数据，仅公布增长率。
资料来源：《莲都年鉴》编纂委员会. 莲都年鉴 [M]. 北京：方志出版社，2014 - 2019.

---

① 丽水市人民政府，http：//www.lishui.gov.cn/art/2020/9/2/art _1229440 608 _57270248. html.

② 丽水市政府门户网站. 古堰画乡小镇艺术季："画中游""夜来俏" [EB/OL]. http：//www.lishui.gov.cn/art/2021/10/19/art_1229218391_57327704. html. (2021 - 10 - 19).

5.2 旅游古镇居民满意度评价指标的构建

5.2.1 居民满意度评价指标构建原则

构建居民满意度评价指标时，要注重指标间的逻辑关系，以及能准确、客观地反映居民满意度状况，评价指标的选取需满足以下原则。

（1）客观性原则。评价指标能反映古镇居民对旅游发展的真实感受，反映古镇的实际情况，指标间要有逻辑关系，避免主观性。

（2）全面性原则。影响居民满意度的因素繁多，例如经济收入、外部交通通达性等，评价指标应注意尽量全面，且避免指标交叉、重复。另外还需考虑古镇旅游相较于其他旅游的特点，对于评价指标选取需做对应调整，以保证居民满意度评价的全面性。

（3）重要性原则。影响居民满意度的因素较多，可被选取的指标也较多，在指标选取时要注重从中选取出有代表性的重要指标，以期达到预期调查目的和效果。

（4）可执行性原则。进行居民满意度评价的一个重要目的是能为管理者提供建议，要保证评价指标具有实践指导意义。

5.2.2 居民满意度评价指标的确定

早期对旅游目的地居民的影响研究中，学者们重点关注经济、文化和环境层面。彼得·梅森（2000）通过研究乡村旅游目的地居民的看法，总结了当地居民对乡村旅游的积极影响，包括增加收入、增加就业机会、增强自豪感、保护文化遗产等。国内较早的研究是甘巧林、陈冬暖（2000）的《从农村非农化的角度看乡村旅游的兴起》，文章指出乡村旅游加速了农村城镇化进程，主要包括促进农民就业、促进收入增加、加速第三产业发展、完善基础设施建设。谢彦君（2015）在《基础旅游学》中详细划分了旅游影响的类型，并根据内容结构的差异，将其分为经济、社会文化以及自然环境的影响。杨凯凯（2008）通过调研，得出了村民对旅游地经济、社会文化、自然环境影响的正面感知越高，满意度越高的结论。魏莉（2019）将经济、社会文化和环境三个维度的旅游影响的感知和态度作为衡量旅游区域影响的指标。肖钰鑫（2019）研究古村落居民生活质量时，认为古村落居民生活质量的高低优良与旅游影响愈发交融、密不可分，并以经济、社会文化、环境三个一级指标构成客观指标体系。基于旅游影响和满意度的相关关系，结合古镇旅游的特点，本书将居民视角下的旅游影响作为评价指标，并构成古镇居民满意度体系，经济生活、社会文化和生态环境是古镇居民满意度体系中的三个一级指标。

近年来，除了学者们普遍认同的经济、社会文化和环境三个旅游影响因子外，有不少学者通过外延资料的整理或实证研究等多种方法进行扩充。旅游公共服务质量是影响游客满意度的重要因素，黄燕玲（2010）认为旅游公共服务的对象不只有旅游者，还有目的地公众，并从供需视角基于感知评价分析旅游公共服务满意度，并提出针对性对策建议。陈静（2016）指出古镇居民生活空间与游客游览空间重叠，古镇旅游公共服务具有一定的独特性，旅游公共服务已成为景区游客满意度评价的重要内容。刘成斌（2017）在《关于农民工的终结》中将获得感划分成了经济层面、文化层面、环境层面和公共服务层面四个层面。殷宝珠（2020）采用专家打分的形式构建并确定最终的指标体系，居民的满意度影响因素包含经济层面的获得水平、社会文化层面的获得水平、生态环境层面的获得水平，以及公共服务层面的获得水平。通过文献整理，本书将公众服务纳入古镇居民满意度体系。

由于文化交流是出国游的研究关注点，国际旅游领域中对跨文化主客交往的研究较丰富，如赖辛格等（2004）以亚洲客源市场数据建立了文化价值观、社交规范、服务感知、主客交往方式和交往满意度之间关系的结构模型。张宏梅等（2010）探讨了主客交往对旅游地形象和旅游者满意度的影响，得出居民与旅游者的交往程度会反映其满意度的结论，交往程度越深，游客满意度越高。梁凤苗等（2020）在主客交互视角下，以平遥古城游客为研究对象，证实了遗产旅游中情感凝聚直接影响游客满意度。主客交往体现古镇旅游的特殊性，本地居民和外来游客是核心研究对象，扮演着不可或缺的旅游角色，但是以主客交往为切入点研究旅游地居民满意度的文献很少。主客交往对古镇旅游发展有着至关重要的作用，故本书将主客交往作为游客满意度和居民满意度的指标之一。

本书采用 IPA 分析法测量旅游地居民满意度，根据评价指标形成旅游感知重要性和满意度调查问卷。回顾相关文献，本书设置了经济生活、社会文化、公共服务、生态环境和主客交往 5 个一级指标。其中，一级指标经济生活由就业机会、家庭收入、生活质量、经济发展、扶贫富民 5 个二级指标构成；一级指标社会文化由自身素质、当地知名度、思想观念、民风民俗 4 个二级指标构成；一级指标公共服务由外部交通、内部交通、交通配套设施、厕所、Wi-Fi、线上服务 6 个二级指标构成；一级指标生态环境由自然生态、文化资源、空气质量、地表水环境、古镇建筑、古镇保护、古镇环境、污水处理、垃圾处理 9 个二级指标构成；一级指标主客交往设置 3 个测量题项。

（1）经济生活。经济生活的影响体现在，古镇旅游的发展能够为当地居民带来创业机遇，依托古镇旅游创业的居民，实现家庭经济收入的增加和生活质量的提高。外来游客的需求激励古镇住宿业和餐饮业的发展，不仅推动本地经济模式的转型及产业结构的优化，还吸引外来企业的投资，促进经济高质量发展。此外，古镇旅游的优势发展能够留住本地年轻人，为古镇创新发展增添活力。

孙传玲（2017）在其研究中对居民感知的旅游影响进行分析，得出居民对"带动相关产业发展""促进基础设施的改善""参与和不参与旅游服务的居民贫富差距明显""收入增加明显，生活质量和水平得到明显改善""当地人的就业机会增多"这 5 项旅游影响的感知项，居民的平均感知超过 3.5，说明居民持赞同态度。

参照韩雨轩（2020）提出的农村居民参与乡村旅游项目满意度评价指标，本书选取一级指标社会经济下的正面旅游影响因子，即就业机会增加、家庭收入提高、生活质量提高、经济发展速度加快 4 个二级指标设置为测量题项。

　　旅游已经从"景点旅游"进入到"全域旅游"，《关于促进全域旅游发展的指导意见》中提出大力推进旅游扶贫和旅游富民。全面开发古镇旅游资源，旅游就业创业形式灵活、方式多样，直接影响当地农民的经济生活。从旅游扶贫到旅游富民，充分发挥旅游业的带动作用，实现古镇旅游可持续发展。具体测量题项如表 5 - 3 所示。

表 5 - 3　　　　　　　　　　　　经济生活测量题项

题项	来源
A1 古镇旅游的发展使本地就业机会增加	韩雨轩（2020）
A2 古镇旅游的发展使我的家庭收入提高	
A3 古镇旅游的发展使我的生活质量提高	
A4 古镇旅游的发展使本地经济发展加速	
A5 古镇旅游的扶贫富民方式多样	《国家全域旅游示范区验收文件解读》

　　（2）社会文化。古镇有其独特的文化和民俗，古镇旅游保护并发展传统民俗文化。吸引更多的年轻人参观学习，使其民俗文化得到传承并发扬光大。旅游地的快速发展，带来地区知名度的提升，居民的自豪感、荣誉感油然而生。旅游不仅促进当地物质生活水平的提高，还丰富居民的精神生活。外来游客的到访仿佛让古镇居民走出家乡，感受世界的多姿多彩，改变固有的思想观念，比如开始学习普通话、提高旅游服务意识等。

　　参照韩雨轩（2020）提出的农村居民参与乡村旅游项目满意度评价指标，本书选取一级指标社会文化下的正面旅游影响因子，综合居民个体和家乡整体两个层面，将自身素质提高、当地知名度提高、思想观念进步、民风民俗保持良好 4 个二级指标设置为测量题项。具体测量题项如表 5 - 4 所示。

表 5 – 4 社会文化测量题项

题项	来源
B1 古镇旅游的发展使我自身素质得到提高	韩雨轩（2020）
B2 古镇旅游的发展使本地知名度提高	
B3 古镇旅游发展使本地人的思想观念进步	
B4 古镇旅游发展使本地保持良好的民风民俗	

（3）公共服务。提供完善的公共服务体系是旅游目的地作为供给方应尽的职责，如良好的服务设施建设、新建停车场、完善内外交通增加可进入性、通信和移动网络服务便捷、水电供应完备等。为满足游客需要，旅游目的地应提供高标准的公共服务，同时为本地居民提供便利，实现旅游发展带来的主客双赢。

刘军胜（2013）通过文献整理和咨询专家的方式，整理出公共服务满意度及重要性测量量表，共包括 38 项测量条款，其中有可选择的交通方式、方便快捷到达景区景点、景区景点导引设施、移动网络服务方便、旅游网站建设、可选择的金融设施等。王锦兰（2016）在设计社区居民感知问卷时，采用德尔菲法确定了评价体系，环境感知由公共交通、道路、环境卫生、餐饮和住宿 4 个测量指标构成。李俊频（2020）以《旅游景区质量等级评定与划分》国家标准测评表内容为参照，探究景区质量提升的影响因素，确定了包括景区内部交通便利、停车场管理有序、厕所设置合理且运行良好、环境卫生状况良好、景区 Wi-Fi 全覆盖、开通线上查询预订渠道等在内的 38 项测量指标。

结合古镇的特征，基于景区高质量建设理论和《国家全域旅游示范区验收认定文件解读》要求，公共服务建设应包括以内外部交通为主和以交通配套设施为辅的旅游交通系统、旅游厕所"改革"、景区智慧化和信息化等。本书将公共服务建设影响因素确定为外部交通可进入性好、内部旅游交通完善、旅游交通配套设施完善、旅游厕所数量充足且干净卫生、免费 Wi-Fi 全覆盖、在线预订和网上支付等服务 6 个测量指标。具体测量题项如表 5 – 5 所示。

表 5 - 5   公共服务测量题项

题项	来源
C1 高速公路、机场、高铁等外部交通可进入性好	《国家全域旅游示范区验收文件解读》
C2 古镇内部旅游交通完善	
C3 古镇的停车场等旅游交通配套设施完善	
C4 古镇的旅游厕所数量充足、干净卫生	
C5 古镇实现了免费 Wi-Fi 全覆盖	
C6 古镇的在线预订、网上支付等服务完善	

（4）资源与环境。自然资源是古镇旅游的基础，古镇旅游不可避免地依赖生态环境，同时游客的到访可能影响古镇的生态环境，生态环境直接关系到本地居民的生活环境。基于地方依恋理论，居民对生态环境的满意度对旅游可持续发展的意义非同寻常。古镇旅游业的发展利于居民的美好家乡建设，改善居民的生活环境，提高居民的自信心，使其投身建设家乡的伟大事业中。

陈志钢等（2017）从新浪微博上获取 3 个月内网友对西安市旅游环境的负面评论并进行词频分析，确定西安市旅游环境质量评价指标，自然生态和环境氛围维度下的评价指标包括绿色产业政策、绿化覆盖率、公共环境卫生、空气质量、气候、水质、污染治理、环境风貌和历史文化气息。黄燕玲等（2014）在对西南地区民族村寨旅游环境影响研究中，采取问卷调查、访谈等方法获取主客对旅游环境影响的感知评价，包括自然环境以及社会文化环境两部分内容，自然环境部分有发展旅游改善了旅游地自然环境质量、促进了旅游地环境美化和景观塑造等测量题项。

根据《国家全域旅游示范区验收认定文件解读》资源和环境部分的要求，应注重保护旅游地自然资源和人文资源，严格按照生态环境保护管理规定，针对性地保护古镇文化资源；营造良好的景区整体环境，空气质量和地表水环境质量是关键环境指标；提高古镇建设水平，同步推进建设特色古镇建筑、保护古镇文化村落和优化古镇环境；全面实施环境整治工作，污水处理和垃圾处理系统是关键。本书将资源与环境建设影响因素设置为自然生态保护良好、文化资源保护良好、空气质量较好、地表水环境质量高、古镇建筑富有地方特点和乡土特色、古镇保护较好、古镇环境洁化绿化美化程度高、污水处理较好、垃圾处理较好9个测量指标。具体测量题项如表5-6所示。

表5-6   资源与环境测量题项

题项	来源
D1 古镇的自然生态保护良好	
D2 古镇的文化资源保护良好	
D3 古镇的空气质量较好	
D4 古镇的地表水环境质量高	
D5 古镇建筑富有地方特点和乡土特色	《国家全域旅游示范区验收文件解读》
D6 古镇保护较好	
D7 古镇环境洁化绿化美化程度高	
D8 古镇的污水处理较好	
D9 古镇的垃圾处理较好	

（5）主客交往。旅游过程中本地居民和游客之间的互动交往，古镇旅游生活空间和游览空间的重叠，势必会对居民的生活产生影响。古镇居民与游客交往的过程，既是文化交流的过程，也是思想碰撞的过程，应促进主客双方和谐相处。本地居民以"东道主"的身份为游客提供帮助，并与游客建立友谊，不仅能为游客带来良好的旅游体验，也会增加本地居民的感知。

张宏梅、陆林（2010）按照旅游地居民和游客的交往程度，将主客交往偏好划分为3个层次——适度交往、有限交往和密切交往。本书根据这三个标准设计主客交往的3个测量题项，适度交往程度对应本书的"我与游客进行互动"；有限交往程度对应"我为游客提供帮助"；密切交往程度对应"我与游客建立友谊"。具体测量题项如表5-7所示。

表5-7   主客交往测量题项

题项	来源
E1 我与游客进行互动	
E2 我为游客提供帮助	张宏梅、陆林（2010）
E3 我与游客建立友谊	

5.3　调查问卷的设计与实施

5.3.1　调查问卷的设计

问卷围绕经济生活、社会文化、公共服务、资源与环境、主客交往五个方面对当地居民展开调查，共包括 5 个维度和 27 个题项。问卷分为三个部分，第一、第二部分为问卷的主体部分，涉及经济生活、社会文化、资源与环境、公共服务、主客交往 5 个一级指标，居民对于古镇满意度影响因素的重要性评价和满意度评价。在公共服务、生态环境、主客交往三个维度，本书基于主客双重视角设置题项。为方便作答和统计，采用李克特量表形式对各评价指标由居民根据自己的感受给出具体评判，设置 5 级量表（按照重要性或满意度由高到低分别赋予 5~1 分），5 为很重要（很满意），4 为重要（满意），3 为中立，2 为不重要（不满意），1 为很不重要（很不满意）。直观的数字表达，有利于居民对相关问题做出更精细的判断。第三部分为受访者的人口统计特征，包括性别、年龄、受教育程度、收入情况、工作/职业和当地旅游业的相关程度、收入来自当地旅游业的占比。

5.3.2　调查问卷的回收

本书研究调查的对象是在浙江省丽水市碧湖古镇古堰画乡景区居住的居民，共面向居民发放 150 份问卷。剔除填答不完整的、规律性填答等无效问卷后，有效问卷为 146 份，有效回收率为 97.33%。

表 5-8　　　　　　　　　　　数据收集结果

项目		个案数	百分比（%）
个案	有效	146	97.33
	排除	4	2.67
	总计	150	100

5.4 旅游古镇居民满意度分析

运用 Excel、SPSS、Mplus 等软件对收集到的数据进行信度分析、效度分析、描述性统计、相关性分析、传统 IPA 分析和修正 IPA 分析。通过信度分析检验样本的科学性，通过效度分析检验问卷的真实性。信效度检验通过后，对样本收集的人口学特征做描述性分析。相关性分析是针对变量间线性关系的描述，主要采用 Pearson 相关系数对变量之间的相关联程度进行可行性分析。鉴于本书研究中相关性分析结果不满足 IPA 前提条件，即重要性评价和满意度评价相互独立，不存在相关性。因此，在进行传统 IPA 分析的基础上，采用邓维兆引申重要性的方法实施修正 IPA 分析。

5.4.1 人口统计学特征分析

本书研究运用 SPSS 和 Excel 软件对问卷调查数据进行分析，从分析结果来看，调查对象的人口统计学特征呈现以下特点，如表 5 - 9 所示。

表 5 - 9　　　　　　　　　　人口统计学特征分析

项目	描述	人数（N = 146）	百分比（%）
性别	男	66	45.2
	女	80	54.8
年龄	30 岁及以下	10	6.8
	31 ~ 40 岁	43	29.5
	41 ~ 50 岁	38	26.0
	51 ~ 60 岁	45	30.8
	61 岁及以上	10	6.8

续表

项目	描述	人数（N = 146）	百分比（%）
受教育程度	小学及以下	12	8.2
	初中	64	43.8
	高中或中专	50	34.2
	大专或高职	10	6.8
	本科及以上	10	6.8
个人月平均收入	低于 2000 元	27	18.5
	2000 ~ 5000 元	88	60.3
	5001 ~ 8000 元	18	12.3
	8001 ~ 10000 元	8	5.5
	10001 元及以上	5	3.4
工作/职业和当地旅游业的相关程度	非常不相关	6	4.1
	很不相关	2	1.4
	不相关	29	19.9
	中立	31	21.2
	相关	39	26.7
	很相关	18	12.3
	非常相关	21	14.4
来自当地旅游业的收入占总收入的百分比	10% 及以下	59	40.4
	10.1% ~ 20%	16	11.0
	20.1% ~ 30%	12	8.2
	30.1% ~ 40%	4	2.7
	40.1% ~ 50%	11	7.5
	50.1% ~ 60%	3	2.1
	60.1% ~ 70%	14	9.6
	70.1% ~ 80%	11	7.5
	80.1% ~ 90%	4	2.7
	90.1% ~ 100%	12	8.2

（1）调查居民的性别比例分析。如图 5 - 1 所示，经统计分析碧湖古镇旅游调查回收的 146 份有效问卷可知，受访者男女比例较均衡，女性

人数略多于男性人数，男性受访者共 66 人，占总样本的 45.21%；女性人数为 80 人，占总样本的 54.79%。

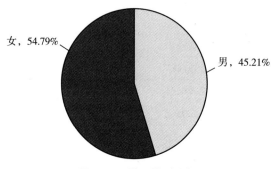

图 5 - 1　居民性别比例

（2）调查居民的年龄构成分析。从图 5 - 2 居民年龄特征可以看出，受访者年龄集中在 31~60 岁，共 126 人，在总人口中的占比为 86.3%。在 31~60 岁这一跨度较大的年龄区间内，31~40 岁的人口数为 43 人，占比为 29.5%，41~50 岁的人口数为 38 人，占比为 26.0%，51~60 岁共计 45 人，占比为 30.8%，分布在这 3 个年龄区间的受访者人数几乎持平。样本中 30 岁及以下（本书指 20~30 岁）的年轻人，和 60 岁以上的人数均为 10 人，各占比 6.8%。说明大多数居民处于中年阶段，碧湖古镇旅游的高质量发展要结合居民的年龄情况和家庭情况。

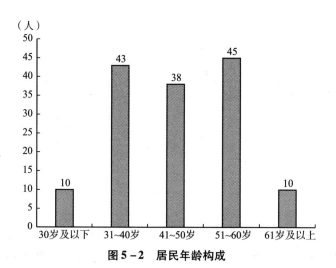

图 5 - 2　居民年龄构成

（3）调查居民的受教育程度分析。由图 5 - 3 可知，受访者居民中受教育程度为初中的人数最多，有 64 人，占总样本数的 43.8%。其次是受教育程度为高中或中专的有 50 人，占比为 34.2%。目前文化程度在小学及以下的人数已经很少了，仅占 8.2%。至此，文化程度为高中或中专及以下的人数共 126 人。大专或高职的人数和本科及以上的人数相等，均为10 人，共 20 人，占比为 13.6%。从调查显示的数据总体上看，古镇居民的文化水平并不高，本科及以上的人数占比仅为 6.8%，原因可能是古镇经济发展程度较低，拥有较高学历的人更倾向于在经济发展水平高的地区就业。

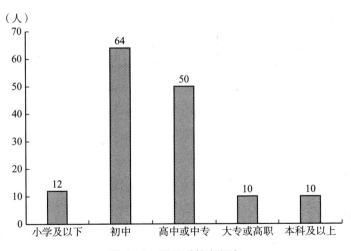

图 5 - 3　居民受教育程度

（4）调查居民个人月收入状况分析。据图 5 - 4 所示，在 146 位古镇居民的样本中，个人月平均收入在 2000 ~ 5000 元这一区间的受访者人数最多，超过总样本数的一半，有 88 人，占比为 60.3%；位列第二的是收入低于 2000 元的居民，共计 27 人，占比为 18.5%；个人月平均收入位于5001 ~ 8000 元这一区间的人数为 18 人，占比为 12.3%；选择个人月平均收入为 8001 ~ 10000 元的居民共 8 人，占比为 5.5%；在 146 位受访者居民中，个人月平均收入 10000 元以上的仅有 5 人，占比仅为 3.4%。总的来说，碧湖古镇居民普遍收入水平不高，大多数居民的个人月平均收入为

5000 元以下，说明古镇经济发展水平有待提高，需进一步推进古镇旅游目的地体系建设，提高古镇居民收入和生活水平。

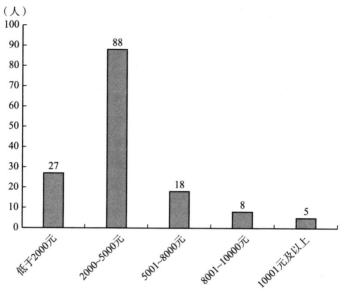

图 5 - 4 　居民个人月平均收入状况

（5）居民工作/职业和当地旅游业的相关程度分析。如图 5 - 5 所示，如果从居民工作/职业和当地旅游业相关、中立和不相关三个层面分析，相关的人数有 78 人，占比约为 53.4%；不相关的有 37 人，占比约为 24.3%；中立的有 31 人，占比约为 21.2%。可以看出，工作与旅游业有关联的古镇居民多于不相关的居民。

按照七级量表分析，人数最多的是工作/职业与当地旅游业有关联选项，共 39 人，占比为 26.7%；第二，有 31 位古镇居民持中立的态度，占比为 21.2%；位列第三的是工作/职业与当地旅游业不相关的居民数，共 29 人，占比为 19.9%；位列第四的是工作/职业与旅游业非常相关的人数，有 21 人，占比为 14.4%；位列第五的是工作/职业与旅游业很相关的居民数，共 18 人，占比为 12.3%；占据第六位的是工作/职业与当地旅游业非常不相关的人数，共 6 人，占比为 4.1%；第七，仅有 2 位古镇居民选择工作/职业与当地旅游业很不相关，占比为 1.4%。根据以上结果分析得出，古镇居民参与当地旅游业发展的现象较普遍，但还有部分居民没有从古镇旅游业中获益，应加快古镇旅游发展的步伐，实现全域旅游，鼓励更多居民参与到旅游业发展中，实现共同富裕。

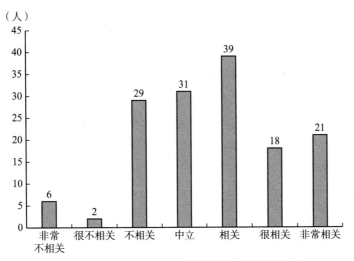

图 5-5　居民工作/职业和当地旅游业的相关程度

（6）来自当地旅游业收入在总收入中的占比分析。剔除 33 个全部收入均来自旅游业之外行业的样本数据，共剩余 113 位居民。从图 5-6 中可以看出，选择"来自当地旅游业收入占总收入的 10% 及以下"的居民数最多，有 26 位居民，占比为 23.0%；其次是选择"来自当地旅游业的收入占总收入的 10.1% ~20%"，共 16 人，占比为 14.16%；第三位是 60.1% ~70% 区间，有 14 人，占比为 12.39%；占据第四、第五位的是选择来自当地旅游业收入在总收入中的占比为 20.1% ~30% 和 90.1% ~100% 区间，人数均为 12 人，各占比 10.62%；占据第六、第七位的是选择来自当地旅游业收入在总收入中的占比为 30.1% ~40% 和 80.1% ~90% 区间，人数均为 4 人，各占比 3.54%；仅有 3 位居民选择来自当地旅游业收入占总收入的 50.1% ~60%。

加上填写总收入完全不来自旅游业收入的 33 个样本，当地旅游业收入占总收入 50% 以下的居民共 102 人，占总样本数的 69.86%，说明大多数古镇居民收入中的小部分来自当地旅游业。古镇旅游的发展还需进一步加大力度，带动更多古镇居民加入旅游业的高质量发展中。

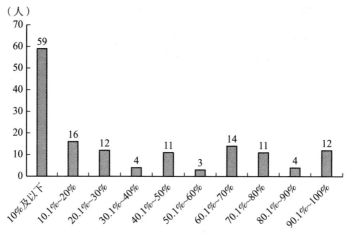

图 5 - 6 居民来自当地旅游业收入占总收入的百分比

5.4.2 信度与效度分析

（1）信度分析。在回收针对古镇居民的调研问卷后，为确保数据分析的可行性以及可靠性，应首先对数据进行信度检验。其中信度是指研究者在使用相同指标重新测量同一构念时，在一定误差范围内可以得到的具有一致性的结果。通过信度检验能够检查问卷结果是否反映了稳定性和一致性，一般以内部一致性来表示信度的高低。本书选择常用的 Cronbach's α 系数用来检验问卷的内部一致性。Cronbach's α 系数的取值范围为 0～1 之间，若 Cronbach's α 系数 >0.9，表示内在一致性很高；若 0.8 < Cronbach's α 系数 <0.9，表示内在一致性较高；若 0.7 < Cronbach's α 系数 <0.8，表示内在一致性可接受；若 Cronbach's α 系数 <0.7，表示内在一致性较低，信度检验不通过。

运用 SPSS 对回收数据进行信度分析，得到经济生活、社会文化、公共服务、资源与环境和主客交往 5 个因子的重要性评价的测量 Cronbach's α 系数，分别为 0.932、0.916、0.906、0.932、0.867，均大于 0.8，符合标准；分别对满意度指标的经济生活、社会文化、公共服务、资源与环境和主客交往 5 个因子测量 Cronbach's α 系数，依次为 0.933、0.894、0.889、0.939、0.933，均通过信度检验，如表 5 - 10 和表 5 - 11 所示。

表 5 – 10   各因子信度分析汇总（重要性）

项目	因子	Cronbach's α 系数	项数
重要性	经济生活	0.932	5
	社会文化	0.916	4
	公共服务	0.906	6
	资源与环境	0.932	9
	主客交往	0.867	3

表 5 – 11   各因子信度分析汇总（满意度）

项目	因子	Cronbach's α 系数	项数
满意度	经济生活	0.933	5
	社会文化	0.894	4
	公共服务	0.889	6
	资源与环境	0.939	9
	主客交往	0.933	3

（2）效度分析。效度，主要用于测量数据的有效性。效度检验是指问卷能够测出其所要测量的特征的正确性程度。效度分析分为结构效度、内容效度和准则效度，其中结构效度分为聚合效度和区分效度。内容效度主要是测量问卷指标内容的适当性和相符性。准则效度通常是以一个公认有效的量表作为标准，考察当前量表与标准量表的测量结果的相关性。本书研究中的问卷题项，是利用文献分析法结合现有研究在验证可行性的基础上设计的，同时是在获得了具有研究背景的相关专家的指导意见后经过多次修改而完成的，能够确保问卷的内容效度。

结构效度是指测量结果体现出来的结果与结构之间的对应程度，所采用的分析方法是，首先进行 KMO 和 Bartlett 球形检验，统计数值越大代表原始变量之间的相关性越强，越适合做因子分析。一般来说，KMO 值在0.9 以上的表示非常适合，0.5 以下表示极不适合。运用 SPSS 对数据结果进行 KMO 和 Bartlett 球形检验，结果如表 5 – 12 所示。

表 5 – 12   **KMO 和 Bartlett 球形检验**

KMO 测量取样适当性		0.934
Bartlett 球形检验	近似卡方	7971.644
	df	1431.000
	Sig.	0.000

　　问卷数据的 KMO 值为 0.934，说明问卷中设计的自变量之间具有一定的联系，问卷是有效的；sig. < 0.001，具有显著性，说明该问卷适合做因子分析。因为本书已经在设计问卷时通过文献回顾的方法或根据先验知识对因子结果进行了假设，下一步则可以直接进行验证性因子分析（CFA）。

　　验证性因子分析的主要目的是检验结构效度，判断先前定义的因子模型拟合实际数据的能力。运用 Mplus 软件进行验证性因子分析，分析结果主要看标准载荷系数值（Estimate），标准载荷系数值表示因子与分析项间的相关关系，大于 0.7 说明有着较强的相关关系；P 值小于 0.05，说明具有显著性；R^2（SMC）是指题目对该因子的解释能力，通常需大于 0.36；组合信度（CR）通常需要大于 0.5，以确保内部一致性；平均方差萃取量（AVE），是指因子对题目的平均解释能力，通常需要大于 0.5。

　　聚合效度是指如果两个题项是测量同一构念的，即使用不同方法进行测量，题项与题项之间的相关程度也应该保持较高水平。用 Mplus 软件测量重要性评价和满意度评价的聚合效度，结果如表 5 – 13 和表 5 – 14 所示。

表 5 – 13   **重要性评价的收敛效度**

因子	测量指标	Estimate	S. E.	P	SMC	CR	AVE
经济生活	古镇旅游的发展使本地就业机会增加	0.848	0.027	***	0.719	0.932	0.734
	古镇旅游的发展使我的家庭收入提高	0.866	0.025	***	0.750		
	古镇旅游的发展使我的生活质量提高	0.899	0.021	***	0.808		
	古镇旅游的发展使本地经济发展加速	0.864	0.025	***	0.746		
	古镇旅游的扶贫富民方式多样	0.803	0.033	***	0.645		

续表

因子	测量指标	Estimate	S. E.	P	SMC	CR	AVE
社会文化	古镇旅游的发展使我自身素质得到提高	0.846	0.029	***	0.716	0.917	0.736
	古镇旅游的发展使本地知名度提高	0.860	0.028	***	0.740		
	古镇旅游发展使本地人的思想观念进步	0.897	0.023	***	0.805		
	古镇旅游发展使本地保持良好的民风民俗	0.826	0.031	***	0.682		
公共服务	高速公路、机场、高铁等外部交通可进入性好	0.796	0.035	***	0.634	0.907	0.621
	古镇内部旅游交通完善	0.872	0.026	***	0.760		
	古镇的停车场等旅游交通配套设施完善	0.833	0.030	***	0.694		
	古镇的旅游厕所数量充足、干净卫生	0.714	0.045	***	0.510		
	古镇实现了免费 Wi-Fi 全覆盖	0.731	0.044	***	0.534		
	古镇的在线预订、网上支付等服务完善	0.770	0.039	***	0.593		
资源与环境	古镇的自然生态保护良好	0.735	0.042	***	0.540	0.934	0.610
	古镇的文化资源保护良好	0.796	0.034	***	0.634		
	古镇的空气质量较好	0.794	0.034	***	0.630		
	古镇的地表水环境质量高	0.818	0.031	***	0.669		
	古镇建筑富有地方特点和乡土特色	0.765	0.038	***	0.585		
	古镇保护较好	0.796	0.034	***	0.634		
	古镇环境洁化绿化美化程度高	0.790	0.035	***	0.624		
	古镇的污水处理较好	0.781	0.036	***	0.61		
	古镇的垃圾处理较好	0.752	0.040	***	0.566		

续表

因子	测量指标	Estimate	S. E.	P	SMC	CR	AVE
主客交往	我与游客进行互动	0.826	0.038	***	0.682	0.868	0.687
	我为游客提供帮助	0.812	0.039	***	0.659		
	我与游客建立友谊	0.848	0.036	***	0.719		

表 5 – 14　　　　　　满意度评价的收敛效度

因子	测量指标	Estimate	S. E.	P	SMC	CR	AVE
经济生活	古镇旅游的发展使本地就业机会增加	0.840	0.028	***	0.706	0.933	0.736
	古镇旅游的发展使我的家庭收入提高	0.885	0.023	***	0.783		
	古镇旅游的发展使我的生活质量提高	0.846	0.027	***	0.716		
	古镇旅游的发展使本地经济发展加速	0.845	0.028	***	0.714		
	古镇旅游的扶贫富民方式多样	0.873	0.024	***	0.762		
社会文化	古镇旅游的发展使我自身素质得到提高	0.768	0.039	***	0.590	0.896	0.684
	古镇旅游的发展使本地知名度提高	0.790	0.038	***	0.624		
	古镇旅游发展使本地人的思想观念进步	0.895	0.026	***	0.801		
	古镇旅游发展使本地保持良好的民风民俗	0.850	0.030	***	0.723		
公共服务	高速公路、机场、高铁等外部交通可进入性好	0.784	0.040	***	0.615	0.893	0.583
	古镇内部旅游交通完善	0.850	0.031	***	0.723		
	古镇的停车场等旅游交通配套设施完善	0.778	0.040	***	0.605		
	古镇的旅游厕所数量充足、干净卫生	0.718	0.047	***	0.516		
	古镇实现了免费 Wi-Fi 全覆盖	0.649	0.054	***	0.421		
	古镇的在线预订、网上支付等服务完善	0.785	0.038	***	0.616		

因子	测量指标	Estimate	S. E.	P	SMC	CR	AVE
资源与环境	古镇的自然生态保护良好	0.801	0.033	***	0.642	0.939	0.632
	古镇的文化资源保护良好	0.817	0.031	***	0.667		
	古镇的空气质量较好	0.682	0.047	***	0.465		
	古镇的地表水环境质量高	0.732	0.041	***	0.536		
	古镇建筑富有地方特点和乡土特色	0.794	0.033	***	0.630		
	古镇保护较好	0.870	0.024	***	0.757		
	古镇环境洁化绿化美化程度高	0.834	0.029	***	0.696		
	古镇的污水处理较好	0.815	0.032	***	0.664		
	古镇的垃圾处理较好	0.795	0.035	***	0.632		
主客交往	我与游客进行互动	0.905	0.020	***	0.819	0.933	0.823
	我为游客提供帮助	0.895	0.022	***	0.801		
	我与游客建立友谊	0.922	0.019	***	0.850		

在重要性评价方面，经济生活、社会文化、公共服务、资源与环境、主客交往的组合信度 CR 值分别为 0.932、0.917、0.907、0.934、0.868，均大于 0.8，平均方差萃取 AVE 值分别为 0.734、0.736、0.621、0.610、0.687，均大于 0.6，说明具有良好的聚合效度。

在满意度评价方面，经济生活、社会文化、公共服务、资源与环境、主客交往的组合信度 CR 值分别为 0.933、0.896、0.893、0.939、0.933，均大于 0.8，平均方差萃取 AVE 值分别为 0.736、0.684、0.583、0.632、0.823，均大于 0.5，说明具有良好的聚合效度。

区分效度是指构面根据实证标准真正区别于其他构面的程度。用 Mplus 软件测量重要性评价和满意度评价的区分效度，一般来说，平均方差萃取 AVE 开根号值大于其他构面的皮尔逊相关系数，代表区分效度存在。如表 5 - 15 和表 5 - 16 所示，问卷结构基本符合标准。

表 5 - 15　　　　　　　　　　重要性区分效度

项目	经济生活	社会文化	公共服务	资源与环境	主客交往
经济生活	**0.857**				
社会文化	0.918	**0.858**			
公共服务	0.692	0.711	**0.788**		
资源与环境	0.622	0.697	0.853	**0.781**	
主客交往	0.759	0.742	0.758	0.691	**0.829**

注：对角线粗体字为 AVE 开根号值，下三角为维度之皮尔森相关。

表 5 - 16　　　　　　　　　　满意度区分效度

项目	经济生活	社会文化	公共服务	资源与环境	主客交往
经济生活	**0.858**				
社会文化	0.841	**0.827**			
公共服务	0.705	0.782	**0.764**		
资源与环境	0.848	0.784	0.791	**0.795**	
主客交往	0.775	0.903	0.716	0.817	**0.907**

注：对角线粗体字为 AVE 开根号值，下三角为维度之皮尔森相关。

5.4.3　居民自述重要性和满意性的相关分析

本书运用 SPSS，采用 Pearson 相关分析法对古镇居民自述重要性与满意度的相关性进行检验。通过表 5 - 17 和表 5 - 18 可知，在置信区间为 95% 的条件下，居民的自述重要性和满意度的相关系数为 0.228 ~ 0.686，且均具有统计学意义（$P < 0.01$）。

表 5 - 17　经济生活、社会文化的重要性与满意度之间的相关性检验

因子	测量指标	重要性	满意度	r 值	P 值
经济生活	古镇旅游的发展使本地就业机会增加	3.89	3.51	0.469	<0.01
	古镇旅游的发展使我的家庭收入提高	3.95	3.51	0.428	<0.01
	古镇旅游的发展使我的生活质量提高	3.91	3.66	0.499	<0.01

续表

因子	测量指标	重要性	满意度	r 值	P 值
经济生活	古镇旅游的发展使本地经济发展加速	3.94	3.56	0.560	<0.01
	古镇旅游的扶贫富民方式多样	3.77	3.4	0.456	<0.01
社会文化	古镇旅游的发展使我自身素质得到提高	3.99	3.72	0.430	<0.01
	古镇旅游的发展使本地知名度提高	4.18	4.02	0.397	<0.01
	古镇旅游发展使本地人的思想观念进步	4	3.85	0.474	<0.01
	古镇旅游发展使本地保持良好的民风民俗	4.11	3.95	0.478	<0.01

表 5 – 18　　　**公共服务、资源与环境、主客交互的重要性**

与满意度之间的相关性检验

因子	测量指标	重要性	满意度	r 值	P 值
公共服务	高速公路、机场、高铁等外部交通可进入性好	4.29	3.94	0.403	<0.01
	古镇内部旅游交通完善	4.12	3.79	0.513	<0.01
	古镇的停车场等旅游交通配套设施完善	4.25	3.85	0.360	<0.01
	古镇的旅游厕所数量充足、干净卫生	4.25	3.75	0.228	<0.01
	古镇实现了免费 Wi-Fi 全覆盖	4.03	3.77	0.349	<0.01
	古镇的在线预订、网上支付等服务完善	4.23	3.97	0.513	<0.01
资源与环境	古镇的自然生态保护良好	4.23	3.92	0.443	<0.01
	古镇的文化资源保护良好	4.22	3.97	0.565	<0.01
	古镇的空气质量较好	4.38	4.2	0.536	<0.01
	古镇的地表水环境质量高	4.36	4.03	0.512	<0.01
	古镇建筑富有地方特点和乡土特色	4.05	3.93	0.510	<0.01
	古镇保护较好	4.13	3.88	0.518	<0.01
	古镇环境洁化绿化美化程度高	4.15	3.9	0.453	<0.01
	古镇的污水处理较好	4.2	3.95	0.477	<0.01
	古镇的垃圾处理较好	4.22	3.95	0.463	<0.01
主客交往	我与游客进行互动	3.77	3.75	0.632	<0.01
	我为游客提供帮助	3.92	3.88	0.525	<0.01
	我与游客建立友谊	3.88	3.92	0.686	<0.01

5.4.4 居民满意度的传统 IPA 分析

运用 SPSS 和 Excel 软件，对问卷调查结果中 27 项评价指标的自述重要性与满意度两方面数据平均值及满意度的差值进行对比，结果如表 5 – 19 和表 5 – 20 所示。

表 5 – 19　　　　　各评价指标的自述重要性和满意度检验结果

因子	测量指标	重要性		满意度		均值之差
		均值	排序	均值	排序	
经济生活	古镇旅游的发展使本地就业机会增加	3.89	24	3.51	25	0.38
	古镇旅游的发展使我的家庭收入提高	3.95	20	3.51	26	0.44
	古镇旅游的发展使我的生活质量提高	3.91	23	3.66	23	0.25
	古镇旅游的发展使本地经济发展加速	3.94	21	3.56	24	0.38
	古镇旅游的扶贫富民方式多样	3.77	27	3.40	27	0.37
社会文化	古镇旅游的发展使我自身素质得到提高	3.99	19	3.72	22	0.27
	古镇旅游的发展使本地知名度提高	4.18	11	4.02	3	0.16
	古镇旅游发展使本地人的思想观念进步	4.00	18	3.85	16	0.15
	古镇旅游发展使本地保持良好的民风民俗	4.11	15	3.95	6	0.16
公共服务	高速公路、机场、高铁等外部交通可进入性好	4.29	3	3.94	9	0.35
	古镇内部旅游交通完善	4.12	14	3.79	18	0.33
	古镇的停车场等旅游交通配套设施完善	4.25	4	3.85	17	0.4
	古镇的旅游厕所数量充足、干净卫生	4.25	5	3.75	20	0.5
	古镇实现了免费 Wi-Fi 全覆盖	4.03	17	3.77	19	0.26
	古镇的在线预订、网上支付等服务完善	4.23	6	3.97	4	0.26

续表

因子	测量指标	重要性		满意度		均值之差
		均值	排序	均值	排序	
资源与环境	古镇的自然生态保护良好	4.23	7	3.92	12	0.31
	古镇的文化资源保护良好	4.22	8	3.97	5	0.25
	古镇的空气质量较好	4.38	1	4.20	1	0.18
	古镇的地表水环境质量高	4.36	2	4.03	2	0.33
	古镇建筑富有地方特点和乡土特色	4.05	16	3.93	10	0.12
	古镇保护较好	4.13	13	3.88	14	0.25
	古镇环境洁化绿化美化程度高	4.15	12	3.90	13	0.25
	古镇的污水处理较好	4.20	10	3.95	8	0.25
	古镇的垃圾处理较好	4.22	9	3.95	7	0.27
主客交往	我与游客进行互动	3.77	26	3.75	21	0.02
	我为游客提供帮助	3.92	22	3.88	15	0.04
	我与游客建立友谊	3.88	25	3.92	11	-0.04

表 5-20　　　　　**各因子自述重要性和满意度检验结果**

因子	重要性		满意度		均值之差
	均值	排序	均值	排序	
经济生活	3.892	4	3.528	4	0.364
社会文化	4.070	3	3.885	2	0.185
公共服务	4.195	2	3.845	5	0.350
资源与环境	4.216	1	3.970	1	0.246
主客交往	3.857	5	3.850	3	0.007

从居民对整体的重要性评价来看，27 项测量指标的重要性评价均值介于 3.77 ~ 4.38 之间，总体重要性的均值为 4.090。从居民对单个因子的重要性评价来看，经济生活的重要性自述评价均值为 3.892，位列第 4；社会文化的重要性自述评价均值为 4.070，位列第 3；公共服务的重要性自述评价均值为 4.195，位列第 2；资源与环境的重要性自述评价均值约为 4.216，位列第 1；主客交往的重要性自述评价均值为 3.857，位列第 5。

由上可知，居民对古镇资源与环境最为看重，认为主客交往最不重要。从居民对单个测量指标的重要性评价来看，其中，居民对"古镇的空气质量较好"评价指标（均值4.38）评分最高，对"古镇旅游的扶贫富民方式多样"评价指标（均值3.77）评分最低。

从居民对整体的满意度评价来看，27项测量指标的满意度评价均值介于3.40~4.20之间，总体满意度的均值为3.834。从居民对单个因子的满意度评价来看，经济生活的满意度自述评价均值为3.528，位列第4；社会文化的满意度自述评价均值为3.885，位列第2；公共服务的满意度自述评价均值为3.845，位列第5；资源与环境的满意度自述评价均值约为3.970，位列第1；主客交往的满意度自述评价均值为3.850，位列第3。由上述数据可知，居民对古镇资源与环境最为满意，对古镇公共服务建设最不满意。从居民对单个测量指标的满意度评价来看，其中，居民对"古镇的空气质量较好"评价指标（均值4.20）评分最高，对"古镇旅游的扶贫富民方式多样"评价指标（均值3.40）评分最低。

通过居民自述重要性和满意度评价的均值进行对比可知，总体重要性均值（4.090）大于总体满意度均值（3.834）。从5个因子的自述重要性和满意度评分来看，重要性均值都大于满意度均值。具体到每个测量题项，只有"我与游客建立友谊"的自述重要性均值与满意度均值之差为 -0.04，为负数，其他均为正数。证明居民对绝大多数测量指标的满意度评价低于重要性评价，经济生活、社会文化、公共服务、资源与环境和主客交往这五个方面还有很大的改进空间。

如图5-8所示，将对古镇满意度的调查进行IPA分析，即研究重要性与满意度的各个指标之间的差异。x轴为重要性，y轴为满意度，以27个指标的重要性总均值（4.090）和满意度总均值（3.834）构建出象限图，然后判断出27个指标数据在四象限图中的位置，可以直观地显示出居民满意度需要加强改进的方面，针对性地提出对策建议。

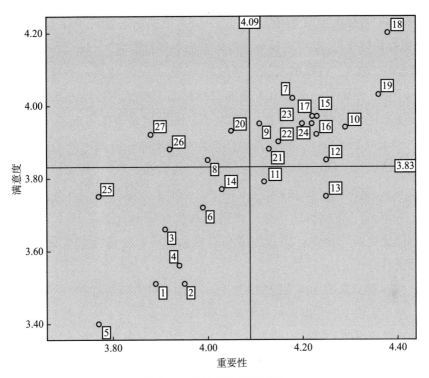

图 5－7 传统 IPA 模型定位

注：数字分别对应影响指标的序号。1. 古镇旅游的发展使本地就业机会增加；2. 古镇旅游的发展使我的家庭收入提高；3. 古镇旅游的发展使我的生活质量提高；4. 古镇旅游的发展使本地经济发展加速；5. 古镇旅游的扶贫富民方式多样；6. 古镇旅游的发展使我自身素质得到提高；7. 古镇旅游的发展使本地知名度提高；8. 古镇旅游的发展使本地人的思想观念进步；9. 古镇旅游的发展使本地保持良好的民风民俗；10. 高速公路、机场、高铁等外部交通可进入性好；11. 古镇内部旅游交通完善；12. 古镇的停车场等旅游交通配套设施完善；13. 古镇的旅游厕所数量充足、干净卫生；14. 古镇实现了免费 Wi-Fi 全覆盖；15. 古镇的在线预订、网上支付等服务完善；16. 古镇的自然生态保护良好；17. 古镇的文化资源保护良好；18. 古镇的空气质量较好；19. 古镇的地表水环境质量高；20. 古镇建筑富有地方特色和乡土特色；21. 古镇保护较好；22. 古镇环境洁化绿化美化程度高；23. 古镇的污水处理较好；24. 古镇的垃圾处理较好；25. 我与游客进行互动；26. 我为游客提供帮助；28. 我与游客建立友谊。

（1）第一象限（优势保持区）——高重要性，高满意度。

第一象限中的各点表示满意度和重要性均高，共 13 个，有 7"古镇旅游的发展使本地知名度提高"、9"古镇旅游的发展使本地保持良好的民风民俗"、10"高速公路、机场、高铁等外部交通可进入性好"、12"古镇的停车场等旅游交通配套设施完善"、15"古镇的线上预订、网上支付等服务完善"、16"古镇的自然生态保护良好"、17"古镇的文化资源保护良好"、18 "古镇的空气质量较好"、19 "古镇的地表水环境质量高"、21 "古镇保护较好"、22 "古镇环境洁化绿化美化程度高"、23 "古镇的污水处理较好"、24 "古镇的垃圾处理较好",涉及社会文化、公共服务、资源与环境 3 个因素。其中有 8 个测量指标属于资源与环境方面,居民对当地生态环境的保护较满意,且 20 "古镇建筑富有地方特点和乡土特色" 位于可能浪费区,说明古镇在资源和环境保护方面所做的努力得到了大家的认可,还需继续保持现状并进一步发展。7 "古镇旅游的发展使本地知名度提高" 得到的满意度评价,体现出古镇发展旅游有一定的成效。虽然 12 "古镇的停车场等旅游交通配套设施完善" 位于继续保持区,但是重要性很高,满意程度相对较低,说明还需要加大投入力度,继续提升。

(2) 第二象限(可能浪费区)——低重要性,高满意度。

第二象限中的各点表示满意度高但重要性低,共 4 个,有 8 "古镇旅游的发展使本地人的思想观念进步"、20 "古镇建筑富有地方特点和乡土特色"、26 "我为游客提供帮助"、27 "我与游客建立友谊",涉及社会文化、生态环境、主客交往 3 个因素。"古镇旅游的发展使本地人的思想观念进步" 得到了较低的居民自述重要性评分,但满意度均值高于总体均值,说明古镇旅游发展对人们思想观念的进步作用已趋于饱和,继续发展可能会引起当地居民对外来文化的抵触心理。主客交往方面的两个测量指标都在可能浪费区,说明当地居民并没有认识到应与外来游客交往,如果不从认知层面改变态度,一味地强调居民要以东道主的身份与游客加强来往,往往事与愿违。

(3) 第三象限(缓慢改进区)——低重要性,低满意度。

第三象限中的各点表示满意度和重要性均低,共 8 个,有 1 "古镇旅游的发展使本地就业机会增加"、2 "古镇旅游的发展使我的家庭收入提高"、3 "古镇旅游的发展使我的生活质量提高"、4 "古镇旅游的发展使本地经济发展加速"、5 "古镇旅游的扶贫富民方式多样"、6 "古镇旅游的发展使我自身素质得到提高"、14 "古镇实现了免费 Wi-Fi 全覆盖"、25 "我与游客进行互动",涉及经济生活、社会文化、公共服务、主客交往 4 个因素。经济生活因子的 5 项测量指标都在缓慢改进区,存在潜在的发展机会，但不紧迫。古镇旅游的发展不完全满足当地居民对美好生活的追求，但是在当前阶段居民不把经济发展放在首位，没有意识到旅游产业对当地经济的带动作用，如5"古镇旅游的扶贫富民方式多样"的重要性最低，满意度也最低，当地依托旅游业帮助贫困居民脱贫致富，促进居民增收的投入未见显著成效，政府和相关机构在旅游扶贫富民方面需要重点加强发展。居民不把旅游的发展使自身素质提高看得很重要，对于成效也并不满意，当地需要加强相关培训，提高居民服务水平，促进古镇旅游高质量发展。

（4）第四象限（重点改进区）——高重要性，低满意度。

第四象限中的各点表示重要性高但满意度低，共2个，有11"古镇内部旅游交通完善"、13"古镇的旅游厕所数量充足、干净卫生"，只涉及公共服务1个因素，建立完善的公共服务体系是当前旅游发展的重中之重。"古镇的旅游厕所数量充足、干净卫生"得到了很高的重要性评价，但满意度评价较低。实施古镇旅游可持续发展战略，首先要解决的是古镇厕所问题，保证厕所满足游客和居民需要。其次，当地政府和相关部门应重点关注古镇交通问题，以提升居民满意度和生活质量。

5.4.5 居民满意度的修正 IPA 分析

应用 IPA 分析法需满足重要性评价与满意度评价相互独立，且各要素的满意度评价与总体满意度评价线性相关并对称。通过对 27 个测量指标的重要性和满意度进行相关性分析，结果显示均具有相关性，传统 IPA 分析可能存在偏差。

为保证数据分析结果的科学性，本书研究按照台湾学者邓维兆提出的引申重要性方法进行修正。对满意度自然对数和总体满意度进行多元回归分析，计算得到偏相关系数作为引申重要性。由于该系数消除了其他变量的干扰，反映了变量间的净相关，因此修正后的 IPA 分析更有实际指导意义。

根据以上步骤，修正后各测量指标的引申重要性和满意度结果如表 5 - 21 和表 5 - 22 所示。

表 5 – 21 偏相关系数

因子	测量指标	偏相关系数	P 值
经济生活	古镇旅游的发展使本地就业机会增加	0.030	0.215
	古镇旅游的发展使我的家庭收入提高	0.030	0.272
	古镇旅游的发展使我的生活质量提高	0.062	0.015
	古镇旅游的发展使本地经济发展加速	0.047	0.117
	古镇旅游的扶贫富民方式多样	0.064	0.018
社会文化	古镇旅游的发展使我自身素质得到提高	0.093	0.000
	古镇旅游的发展使本地知名度提高	0.035	0.141
	古镇旅游发展使本地人的思想观念进步	0.012	0.665
	古镇旅游发展使本地保持良好的民风民俗	− 0.019	0.515
公共服务	高速公路、机场、高铁等外部交通可进入性好	0.061	0.004
	古镇内部旅游交通完善	0.070	0.004
	古镇的停车场等旅游交通配套设施完善	0.067	0.003
	古镇的旅游厕所数量充足、干净卫生	0.044	0.019
	古镇实现了免费 Wi-Fi 全覆盖	0.082	0.000
	古镇的在线预订、网上支付等服务完善	0.072	0.001
资源与环境	古镇的自然生态保护良好	0.097	0.000
	古镇的文化资源保护良好	− 0.041	0.133
	古镇的空气质量较好	0.056	0.004
	古镇的地表水环境质量高	0.036	0.098
	古镇建筑富有地方特点和乡土特色	0.055	0.013
	古镇保护较好	0.063	0.025
	古镇环境洁化绿化美化程度高	0.036	0.156
	古镇的污水处理较好	0.035	0.287
	古镇的垃圾处理较好	0.062	0.059
主客交往	我与游客进行互动	0.026	0.393
	我为游客提供帮助	0.064	0.010
	我与游客建立友谊	0.112	0.000

表 5 – 22　　　　　**各评价指标的引申重要性和满意度检验结果**

因子	测量指标	引申重要性		满意度	
		均值	排序	均值	排序
经济生活	古镇旅游的发展使本地就业机会增加	0.030	22	3.51	25
	古镇旅游的发展使我的家庭收入提高	0.030	23	3.51	26
	古镇旅游的发展使我的生活质量提高	0.062	12	3.66	23
	古镇旅游的发展使本地经济发展加速	0.047	16	3.56	24
	古镇旅游的扶贫富民方式多样	0.064	9	3.4	27
社会文化	古镇旅游的发展使我自身素质得到提高	0.093	3	3.72	22
	古镇旅游的发展使本地知名度提高	0.035	21	4.02	3
	古镇旅游发展使本地人的思想观念进步	0.012	25	3.85	16
	古镇旅游发展使本地保持良好的民风民俗	−0.019	26	3.95	6
公共服务	高速公路、机场、高铁等外部交通可进入性好	0.061	13	3.94	9
	古镇内部旅游交通完善	0.070	6	3.79	18
	古镇的停车场等旅游交通配套设施完善	0.067	7	3.85	17
	古镇的旅游厕所数量充足、干净卫生	0.044	17	3.75	20
	古镇实现了免费 Wi-Fi 全覆盖	0.082	4	3.77	19
	古镇的在线预订、网上支付等服务完善	0.072	5	3.97	4
资源与环境	古镇的自然生态保护良好	0.097	2	3.92	12
	古镇的文化资源保护良好	−0.041	27	3.97	5
	古镇的空气质量较好	0.056	14	4.2	1
	古镇的地表水环境质量高	0.036	18	4.03	2
	古镇建筑富有地方特点和乡土特色	0.055	15	3.93	10
	古镇保护较好	0.063	10	3.88	14
	古镇环境洁化绿化美化程度高	0.036	19	3.9	13
	古镇的污水处理较好	0.035	20	3.95	8
	古镇的垃圾处理较好	0.062	11	3.95	7
主客交往	我与游客进行互动	0.026	24	3.75	21
	我为游客提供帮助	0.064	8	3.88	15
	我与游客建立友谊	0.112	1	3.92	11

  如图5-8所示,将对古镇满意度调查进行修正IPA分析,即研究重要性与满意度的各个指标之间的差异。x轴为引申重要性,y轴为满意度,以27个指标的引申重要性总均值(0.050)和满意度总均值(3.834)构建出象限图,然后判断出27个指标数据在四象限图中的位置,可以直观地显示出居民满意度需要加强改进的方面,针对性地提出对策建议。

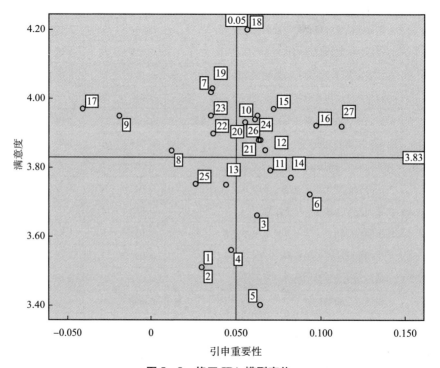

图5-8 修正IPA模型定位

  注:数字分别对应影响指标的序号。1. 古镇旅游的发展使本地就业机会增加;2. 古镇旅游的发展使我的家庭收入提高;3. 古镇旅游的发展使我的生活质量提高;4. 古镇旅游的发展使本地经济发展加速;5. 古镇旅游的扶贫富民方式多样;6. 古镇旅游的发展使我自身素质得到提高;7. 古镇旅游的发展使本地知名度提高;8. 古镇旅游的发展使本地人的思想观念进步;9. 古镇旅游的发展使本地保持良好的民风民俗;10. 高速公路、机场、高铁等外部交通可进入性好;11. 古镇内部旅游交通完善;12. 古镇的停车场等旅游交通配套设施完善;13. 古镇的旅游厕所数量充足、干净卫生;14. 古镇实现了免费Wi-Fi全覆盖;15. 古镇的在线预订、网上支付等服务完善;16. 古镇的自然生态保护良好;17. 古镇的文化资源保护良好;18. 古镇的空气质量较好;19. 古镇的地表水环境质量高;20. 古镇建筑富有地方特色和乡土特色;21. 古镇保护较好;22. 古镇环境洁化绿化美化程度高;23. 古镇的污水处理较好;24. 古镇的垃圾处理较好;25. 我与游客进行互动;26. 我为游客提供帮助;28. 我与游客建立友谊。

（1）第一象限（优势保持区）——高重要性，高满意度。

第一象限中的各点表示满意度和重要性均高，共 10 个，有 10 "高速公路、机场、高铁等外部交通可进入性好"、12 "古镇的停车场等旅游交通配套设施完善"、15 "古镇的线上预订、网上支付等服务完善"、16 "古镇的自然生态保护良好"、18 "古镇的空气质量较好"、20 "古镇建筑富有地方特点和乡土特色"、21 "古镇保护较好"、24 "古镇的垃圾处理较好"、26 "我为游客提供帮助"、27 "我与游客建立友谊"，涉及公共服务、资源与环境、主客交往 3 个因素。相比于传统 IPA，第一象限减少了 7 "古镇旅游的发展使本地知名度提高"、9 "古镇旅游的发展使本地保持良好的民风民俗"、17 "古镇的文化资源保护良好"、19 "古镇的地表水环境质量高"、22 "古镇环境洁化绿化美化程度高"、23 "古镇的污水处理较好" 6 个测量指标，且这 6 项测量指标都从优势保持区移至可能浪费区。20 "古镇建筑富有地方特点和乡土特色"、26 "我为游客提供帮助"、27 "我与游客建立友谊" 从原来的可能浪费区移至优势保持区。

（2）第二象限（可能浪费区）——低重要性，高满意度。

第二象限中的各点表示满意度高但重要性低，共 7 个，有 7 "古镇旅游的发展使本地知名度提高"、8 "古镇旅游的发展使本地人们的思想观念进步"、9 "古镇旅游的发展使本地保持良好的民风民俗"、17 "古镇的文化资源保护良好"、19 "古镇的地表水环境质量高"、22 "古镇环境洁化绿化美化程度高"、23 "古镇的污水处理较好"，涉及社会文化、资源与环境 2 个因素。相比于传统 IPA，减少了 20 "古镇建筑富有地方特点和乡土特色"、26 "我为游客提供帮助"、27 "我与游客建立友谊"，增加了传统 IPA 分析中位于第一象限的 6 个测量题项。

（3）第三象限（缓慢改进区）——低重要性，低满意度。

第三象限中的各点表示满意度和重要性均低，共 5 个（1 和 2 重叠），有 1 "古镇旅游的发展使本地就业机会增加"、2 "古镇旅游的发展使我的家庭收入提高"、4 "古镇旅游的发展使本地经济发展加速"、13 "古镇的旅游厕所数量充足、干净卫生"、25 "我与游客进行互动"，涉及经济生活、社会文化、公共服务、主客交往 4 个因素。相比于传统 IPA，减少了 3 "古镇旅游的发展使我的生活质量提高"、5 "古镇旅游的扶贫富民方式多样"、6"古镇旅游的发展使我自身素质得到提高"、14"古镇实现了免费Wi-Fi全覆盖"4个测量指标,这4项指标均移至第四象限。增加了原来位于第四象限的指标13"古镇的旅游厕所数量充足、干净卫生"。

(4)第四象限(重点改进区)——高重要性,低满意度。

第四象限中的各点表示重要性高但满意度低,共5个,有3"古镇旅游的发展使我的生活质量提高"、5"古镇旅游的扶贫富民方式多样"、6"古镇旅游的发展使我自身素质得到提高"、11"古镇内部旅游交通完善"、14"古镇实现了免费Wi-Fi全覆盖",涉及经济生活、社会文化、公共服务3个因素。相比于传统IPA,减少了13"古镇的旅游厕所数量充足、干净卫生",增加了4个测量指标。

因为满意度评价数值不变,用引申重要性代替原来的重要性数值,因此各测量指标在象限中的位置会发生左右平移,不会上下平移,即介于第一和第二象限、第三和第四象限位置的改变。

通过传统IPA图和修正IPA图的对比分析可知,修正IPA图中第二象限的指标数多于传统IPA图,第一象限中的指标数有所减少,说明本地知名度提高、本地保持良好的民风民俗、文化资源保护良好、地表水环境质量高、古镇环境洁化绿化美化程度高、污水处理较好不应给予过多的关注,避免资源浪费。修正IPA图中第四象限的指标数多于传统IPA图,第三象限中的指标数有所减少,这一结果提示当地旅游管理者除了关注完善古镇内部交通网络外,还应将重点发展对象转移到居民生活质量提高、扶贫富民方式多样、自身素质提高、实现免费Wi-Fi全覆盖四个方面,古镇居民对自身物质生活和精神生活的提高期望值高,满意度低,应引起高度重视。

第6章
游客视角下的古镇旅游高质量发展研究设计

本章从游客视角出发构建古镇旅游高质量发展的评价指标体系。游客评价指标体系包括秩序与安全、供给体系、资源与环境、公共服务、主客交往5个维度，共计33项指标。

6.1 旅游古镇游客满意度评价指标的构建

6.1.1 游客满意度评价指标构建原则

构建游客满意度评价指标时，要注重指标间的逻辑关系，以及能否准确、客观、真实、全面、有效地反映出游客满意度状况，达到预期调查效果。因此，在进行评价指标的选取时，需要遵循以下原则。

（1）客观性原则。评价指标进行选取时，要保证其能够反映出游客对于古镇的真实感受，能够反映出古镇的客观实际情况，指标间要有逻辑关系，避免主观性。

（2）全面性原则。影响游客满意度的因素繁多，例如目的地服务与安全性、餐饮价格与特色、住宿的类型与品质、旅游活动的丰富性、外部交通通达性、基础设施状况、卫生环境等，选取评价指标时应注意尽量全面涵盖以上各类因素，且避免指标交叉、重复。另外还需考虑古镇旅游相较于其他旅游的特点，对于评价指标选取需做对应调整，以保证游客满意度评价的全面性。

（3）重要性原则。影响游客满意度的因素较多，可被选取的指标也较多，在指标选取时要注重从中选取出有代表性的重要指标，以期达到预期调研目的和效果。

（4）可执行性原则。游客满意度评价的重要目的之一是能够为管理者提供建议，游客满意度的评价指标应具有实践指导意义。

6.1.2 游客满意度评价指标的确定

国内学者李智虎（2003）较早提出游客满意度的内涵，并认为游客满意度取决于出游前的期望值与出游体验之间的关系。万绪才等（2004）指出游客满意度是旅游者对景区的综合评价，包括景区景观、基础设施、生态环境和公共服务等方面。关于游客满意度的影响因素，符全胜（2004）提出不同旅游目的地游客满意度的影响因素是不同的，包括旅游者因素、管理因素、区域因素和资源因素。董观志、杨凤影（2005）通过实证研究，构建了包含3个层级的游客满意度评价体系。李瑛（2008）也设置了游客满意度测量体系，共包括旅游景观、环境气氛、餐饮、旅游商品、住宿、娱乐、交通通信、旅游服务与管理9个维度34个评价因子。钟士恩等（2016）探讨了游客满意度的影响因素，并将其划分为资源价值、场所环境等5个维度。董楠、张春辉（2019）将森林公园游客满意度设置为旅游吸引物、自然环境、基础设施、服务质量、旅游价格、安全、信息与通信等维度。赵春艳、陈美爱（2019）以携程网游客点评数据为研究对象，从高频词特征、语义网络及游客情感分析，提取出景观特色、区位交通、公共服务、旅游环境等满意度影响指标。

本书研究采用IPA分析法测量旅游地游客满意度，根据评价指标形成旅游感知重要性和满意度调查问卷。回顾相关文献以及参考《国家全域旅游示范区验收认定文件解读》评分要求，本书研究设置秩序与安全、供给体系、公共服务、资源与环境、主客交互为一级指标。其中，一级指标秩序与安全由服务标准、市场秩序、投诉处理、文明宣传、志愿者服务、安全氛围6项二级指标构成；一级指标供给体系由古镇品牌、餐饮、住宿、娱乐活动、购物等 9 项二级指标构成；一级指标公共服务由外部交通、内部交通、交通配套设施、厕所、Wi-Fi、线上服务 6 项二级指标构成；一级指标资源与环境由自然生态、文化资源、空气质量、地表水环境、古镇建筑、古镇保护、古镇环境、污水处理、垃圾处理 9 项二级指标构成；一级指标主客交互设置三个测量题项。其中公共服务、资源与环境、主客交往 3 项指标同时涉及游客与居民两方面的重要性与满意度评价。

（1）秩序与安全。

秩序与安全是游客旅游活动顺利进行的重要保障，影响着游客出游决策及游览满意度，是旅游目的地健康可持续发展的前提。姚延波与刘亦雪（2019）指出，旅游市场秩序由制度环境、市场准入、市场交易、市场反馈评价 4 个维度构成，其中旅游者普遍通过建议或者投诉的方式对旅游景区进行评价，因此，被投诉旅游企业和部门是否能够依法快速解决旅游者的投诉尤为重要。何建民（2016）表示，旅游安全应从需求主体、供给主体、可持续发展等方面考虑，包含人身财产安全、精神安全、社交关系安全、生产安全、自然人文资源安全、生态安全、社会公共安全等多个维度。游客对于旅游服务质量的要求不断提高，推行服务标准化、提供足够的志愿者服务，有利于提高游客满意度。

根据《国家全域旅游示范区验收认定文件解读》秩序与安全部分的要求，要以旅游安全管理为基础，完善服务标准体系，加强服务的个性化和差异化，建立志愿服务体系。本书将秩序与安全影响因素确定为服务标准、志愿者服务、市场秩序、投诉处理、旅游宣传、安全氛围 6 个方面。具体测量题项如表 6－1 所示。

表 6－1　　　　　　　　　　　秩序与安全测量题项

题项	来源
A1 古镇提供标准化服务	《国家全域旅游示范区验收文件解读》
A2 古镇提供讲解、咨询等志愿者服务	
A3 古镇负责人处理线上、线下投诉及时、公正	
A4 古镇市场秩序良好，打击黑车、黑店现象	
A5 古镇文明旅游宣传良好	
A6 古镇旅游让我感到安全（治安/救援/保险等）	

（2）供给体系。

1991 年以孙尚清主持出版的《中国旅游经济发展战略研究报告》最早提出了旅游六要素的概念，即"行、住、食、游、购、娱"（国家旅游局，1991），旅游六要素作为旅游产业主体，是目的地为游客提供的核心旅游供给，与游客的旅游体验最为密切，直接影响了游客对于目的地的满意度评价，也是各类研究、各旅游目的地以及游客最为关注的核心、基础要素。

根据《国家全域旅游示范区验收认定文件解读》供给体系部分的要求，要以游客满意度最大化和旅游综合效益提升为根本目标，完善全域旅游产业要素供给体系，加强单项产业要素的建设，结构上互相协调，保持供给弹性。本书将供给体系影响因素确定为古镇品牌、餐饮服务、住宿服务、娱乐活动、购物 5 个方面 9 个题项。具体测量题项如表 6 - 2 所示。

表 6 - 2　　　　　　　　　　供给体系测量题项

题项	来源
B1 古镇品牌突出	《国家全域旅游示范区验收文件解读》
B2 古镇拥有具有地方特色的餐饮品牌	
B3 古镇的旅游住宿可选择种类丰富（例如星级宾馆、连锁酒店、文化主题旅游饭店、民宿）	
B4 古镇的旅游住宿品质较好	
B5 古镇的演艺活动具有浓郁地方文化特色	
B6 古镇的常态化休闲娱乐活动丰富（例如康体疗养、夜游休闲、文化体验）	
B7 古镇的节事节庆活动具有浓郁地方特色且类型多样	
B8 古镇的系列农副土特产品、文创产品、实用产品体现地方特色	
B9 古镇的就餐环境整洁卫生、菜品明码标价	

（3）公共服务。

公共服务既满足当地居民生活、发展需求，又是目的地为游客提供旅游供给的一部分，所以公共服务的水平和质量与当地居民生活幸福感及外

来游客满意度均息息相关。李爽等（2010）按旅游公共服务的内容将其分
为旅游公共信息类服务、旅游要素保障类服务以及旅游公共安全类服务。
关新华（2015）等通过实证研究，证明了公共服务质量对游客满意度有显
著的正向影响，且游客满意感正向影响游客信任感和目的地形象，游客信
任感也会对目的地形象产生积极的影响。

根据《国家全域旅游示范区验收认定文件解读》公共服务部分的要
求，要加速构建旅游公共服务体系，完善交通配套设施，积极推动"厕所
革命"，推进旅游服务智慧化和信息化。本书将公共服务影响因素确定为
外部交通、内部交通、交通配套设施、旅游厕所、网络信号、线上服务 6
个方面。具体测量题项如表 6 – 3 所示。

表 6 – 3　　　　　　　　　　公共服务测量题项

题项	来源
C1 高速公路、机场、高铁等外部交通可进入性好	《国家全域旅游示范区验收文件解读》
C2 古镇内部旅游交通完善	
C3 古镇的停车场等旅游交通配套设施完善	
C4 古镇的旅游厕所数量充足、干净卫生	
C5 古镇实现了免费 Wi-Fi 全覆盖	
C6 古镇的在线预订、网上支付等服务完善	

（4）资源与环境。

"绿水青山就是金山银山"指出自然资源可以转换为巨大的经济和社会
效应，生态旅游就是以自然资源为资源基础，但必须以自然和历史人文环境
的保护作为旅游开发的基本前提，才能促进旅游资源的永续利用和旅游业的
可持续发展（黄震方，2001）。古堰画乡的核心旅游吸引物是瓯江自然风光
和历史人文遗迹，资源与环境的优劣直接影响游客对景区的满意度评价。

根据《国家全域旅游示范区验收认定文件解读》资源与环境部分的要
求，要注重为旅游发展营造良好的生态环境，以发展旅游推动地方保护和
修复资源、改善和优化环境。本书将资源与环境影响因素确定为自然生
态、文化资源、空气质量、地表水环境、古镇建筑、古镇保护、古镇环

境、污水处理、垃圾处理 9 个方面。具体测量题项如表 6-4 所示。

表 6-4 资源与环境测量题项

题项	来源
D1 古镇的自然生态保护良好	《国家全域旅游示范区验收文件解读》
D2 古镇的文化资源保护良好	
D3 古镇的空气质量较好	
D4 古镇的地表水环境质量高	
D5 古镇建筑富有地方特点和乡土特色	
D6 古镇保护较好	
D7 古镇环境洁化绿化美化程度高	《国家全域旅游示范区验收文件解读》
D8 古镇的污水处理较好	
D9 古镇的垃圾处理较好	

（5）主客交往。

古镇既是当地居民的生活区又是游客的游览区，居民与游客必然会产生互动交往；同时，基于古镇旅游的特殊性，当地居民的风土人情也属于游客游览体验的一部分，居民的表现会影响游客的旅游体验，最终影响其目的地旅游满意度（李海娥，2015）。

张宏梅、陆林（2010）按照旅游地居民和游客的交往程度，将主客交往偏好划分为 3 个层次——适度交往、有限交往和密切交往。本书根据这三个标准设计主客交往的 3 个测量题项，适度交往程度对应本书的与居民进行互动；有限交往程度对应接收居民的帮助；密切交往程度对应与居民建立友谊。具体测量题项如表 6-5 所示。

表 6-5 主客交往测量题项

题项	来源
E1 我与居民进行互动	张宏梅、陆林（2010）
E2 我接受居民的帮助（如指路等）	
E3 我与居民建立友谊	

6.2　调查问卷的设计与实施

6.2.1　调查问卷的设计

古堰画乡旅游高质量发展影响因素调查问卷共分为三部分，第一、第二部分为问卷主体部分，调查游客对古堰画乡景区的重要性和满意度评价情况，围绕秩序与安全、供给体系、公共服务、资源与环境、主客交往五个方面对游客展开调查，共包括 5 个维度 33 个题项。其中公共服务、资源与环境、主客交往三个维度，本书基于主客双重视角设置题项。为方便作答和统计，采用李克特量表形式对各评价指标由游客根据自己的感受给出具体评判，设置 5 级量表（按照重要性或满意度由高到低分别赋予 5 ~ 1分），5 为很重要（很满意），4 为重要（满意），3 为中立，2 为不重要（不满意），1 为很不重要（很不满意）。第三部分为所调查游客的人口统计学特征，包含以下游客基本信息：性别、年龄、受教育程度、月收入、居住地。

6.2.2　调查问卷的回收

本书调查的对象是在浙江省丽水市碧湖古镇古堰画乡景区旅游的游客，共面向游客发放 150 份问卷。剔除填答不完整的、规律性填答等无效问卷后，有效问卷为 131 份，有效回收率为 87.33%（见表 6 - 6）。

表 6 - 6　　　　　　　　　　数据收集结果

项目		个案数	百分比（%）
个案	有效	131	87.33
	排除	19	12.67
	总计	150	100

6.3　旅游古镇游客满意度分析

类似于第 5 章旅游古镇居民满意度分析,运用 SPSS、Mplus 等软件对收集到的数据进行信度分析、效度分析、描述性统计、相关性分析、传统 IPA 分析和修正 IPA 分析。

6.3.1　人口统计学特征分析

描述性统计是对调查总体所有变量的有关数据进行统计性描述。本书通过编制频数分布表和绘制统计图,对被调查者的人口统计学特征进行分析和总结,主要目的是了解古堰画乡游客的构成情况(见表 6 - 7)。

表 6 - 7	人口统计学特征分析		
项目	描述	人数(N = 131)	百分比(%)
性别	男	73	55.73
	女	58	44.27
年龄	18 ~ 30 岁	36	27.48
	31 ~ 40 岁	33	25.19
	41 ~ 50 岁	15	11.45
	51 ~ 60 岁	19	14.50
	61 岁及以上	28	21.37
受教育程度	小学及以下	1	0.76
	初中	12	9.16
	高中/中专	22	16.79
	大专/高职	45	34.35
	本科及以上	51	38.93

续表

项目	描述	人数（N = 131）	百分比（%）
个人月平均收入	低于 2000 元	2	1.53
	2000 ~ 5000 元	34	25.95
	5001 ~ 8000 元	55	41.98
	8001 ~ 10000 元	13	9.92
	10001 元及以上	27	20.61
居住地	浙江	61	46.56
	上海	26	19.85
	江苏	9	6.87
	山东	9	6.87
	福建	7	5.34
	北京	6	4.58
	天津	4	3.05
	安徽	3	2.29
	江西	2	1.53
	陕西	2	1.53
	湖北	1	0.76
	吉林	1	0.76

（1）调查游客的性别比例分析。如图 6 - 1 所示，在 131 份有效问卷中，有 73 份由男性填写，58 份由女性填写。男性人数占比为总数的 55.73%，女性人数占比为 44.27%，两者大体相当。之所以出现男性比女性多的情况，推测为部分家庭、朋友等多人出游时，由男性作为代表填写问卷。

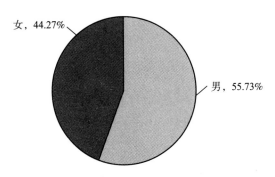

图 6 - 1　游客性别比例

（2）调查游客的年龄构成分析。从图 6 - 2 调查人群的年龄构成来看，古堰画乡游客中 18～30 岁、31～40 岁、61 岁及以上的人群占比较大，依次为 27.48%、25.19%、21.37%，18～40 岁的中青年人群一般财务独立、精力充沛，61 岁及以上的人群一般财务独立、时间充裕，是旅游活动的主要群体。本次调查不涉及未成年人，不能反映游客总体构成的年龄比。

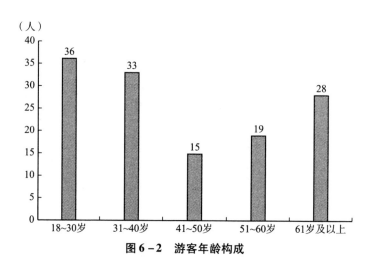

图 6 - 2　游客年龄构成

（3）调查游客的受教育程度分析。如图 6 - 3 所示，接受问卷调查的游客中大专/高职及以上学历游客占比为 73.28，其中本科及以上学历占到

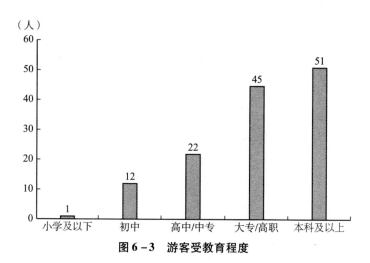

图 6 - 3　游客受教育程度

了 38.93%，说明古堰画乡旅游的主体是中高学历的人群，这类人群有一定的相关知识基础，可能相对倾向于参加文化类的旅游活动。小学、初中的人群占到了 10%，此类人群通常收入水平不高，出游频率相对较低，对于参加文化类的旅游活动意向较低。

（4）调查游客个人月收入状况分析。从图 6-4 来看，被调查的游客中中等收入（5001~8000 元）人群占比最大，为 41.98%，说明古堰画乡的游客主体是中等收入层次的人群，这部分人群收入比较稳定，具备经济实力，拥有一定可自由支配资金用于旅行。

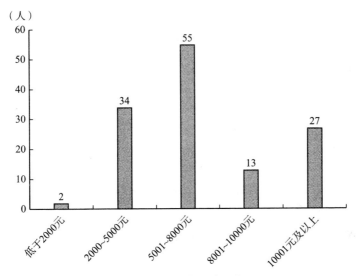

图 6-4　游客个人月收入状况

（5）调查游客居住地分析。从图 6-5 中的居住地统计可以看出，本省游客占比达 46.56%，外省游客中上海（19.85%）、江苏（6.87%）等周边地区人数较多，远距离省份游客人数较少，几乎没有西部省份游客。说明古堰画乡的主要游客群体是本省及周边地区人群，这类游客也是营销的重点人群，同时也说明中远距离省份游客开发潜力巨大。

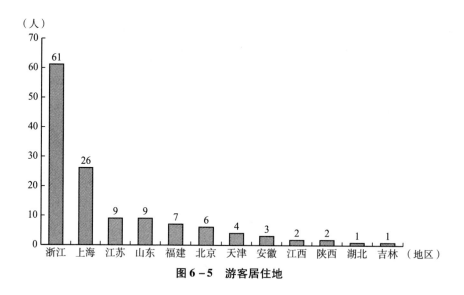

图 6 - 5　游客居住地

6.3.2　信度与效度分析

（1）信度分析。

在回收针对古镇游客的调研问卷后，为确保数据分析的可行性以及可靠性，应首先对数据进行信度检验。有关信度检验的具体设定同对古镇居民的调研部分。

运用 SPSS 对涉及重要性评价和满意度评价的 33 个项目进行内部一致性检验，得到秩序与安全、供给体系、公共服务、资源与环境、主客交往五个因子的重要性及满意度的 Cronbach's α 系数均大于 0.8，均通过信度检验。如表 6 - 8 所示，问卷各维度的一致性均较高，具有较高的信度。

表 6 - 8　　　　　　　　　各因子信度分析汇总

因子	重要性		满意度	
	Cronbach's α	项数	Cronbach's α	项数
秩序与安全	0.871	6	0.944	6
供给体系	0.892	9	0.953	9
公共服务	0.862	6	0.945	6
资源与环境	0.927	9	0.972	9
主客交往	0.902	3	0.956	3

（2）效度分析。

效度，主要用于测量数据的有效性。效度越高，即表示测量结果越能显示其所要测量的特征；反之，则效度越低。效度有内容效度、结构效度和准则效度三种。内容效度主要是测量问卷指标内容的适当性和相符性。准则效度通常是以一个公认有效的量表作为标准，考察当前量表与标准量表的测量结果的相关性。本书中的问卷题项，是利用文献分析法结合现有研究在验证可行性的基础上设计的，同时是在获得了具有研究背景的相关专家的指导意见后经过多次修改而完成的，能够确保问卷的内容效度。

结构效度是指测量结果体现出来的某种结构与测量值之间的对应程度，分为聚合效度和区分效度。首先进行 KMO 和 Bartlett 球形检验，KMO 取值范围为 0～1 之间，值越大说明变量间的相关性越强，越适合做因子分析。Bartlett 球形值对应的 P 值若小于 0.05，说明通过 Bartlett 球形检验，数据效度良好，适合做因子分析。

检验结果如表 6-9 所示，重要性和满意度评价的 KMO 值分别为 0.840 和 0.916，Bartlett 球形检验近似卡方值分别为 3062.596 和 5540.915，Sig. < 0.001，具有显著性，数据适合做因子分析。

表 6-9 KMO 和 Bartlett 球形检验

KMO 取样适切性量数	—	重要性	0.840
		满意度	0.916
Bartlett 球形检验	近似卡方	重要性	3062.596
		满意度	5540.915
	df	重要性	528
		满意度	528
	Sig.	重要性	0.000
		满意度	0.000

因为本书在设计问卷时已经通过文献回顾的方法或根据先验知识对因子结果进行了假设，下一步则可以直接进行验证性因子分析。验证性因子分析的相关设定同对古镇居民的调研部分。

与第 5 章中的做法类似，用 Mplus 软件测量重要性评价和满意度评价的聚合效度，结果见表 6 - 10 和表 6 - 11。

表 6 - 10　　　　　　　　重要性评价的收敛效度

因子	测量指标	Estimate	S. E.	P	SMC	CR	AVE
秩序与安全	古镇提供标准化服务	0.698	0.052	***	0.487	0.874	0.538
	古镇提供讲解、咨询等志愿者服务	0.691	0.053	***	0.477		
	古镇负责人处理线上、线下投诉及时、公正	0.822	0.038	***	0.676		
	古镇市场秩序良好，打击黑车、黑店现象	0.732	0.048	***	0.536		
	古镇文明旅游宣传良好	0.738	0.048	***	0.545		
	古镇旅游让我感到安全（治安/救援/保险等）	0.713	0.051	***	0.508		
供给体系	古镇品牌突出	0.520	0.069	***	0.270	0.897	0.495
	古镇拥有具有地方特色的餐饮品牌	0.773	0.041	***	0.598		
	古镇的旅游住宿可选择种类丰富（例如星级宾馆、连锁酒店、文化主题旅游饭店、民宿）	0.615	0.060	***	0.378		
	古镇的旅游住宿品质较好	0.677	0.053	***	0.458		
	古镇的演艺活动具有浓郁地方文化特色	0.803	0.037	***	0.645		
	古镇的常态化休闲娱乐活动丰富（例如康体疗养、夜游休闲、文化体验）	0.765	0.042	***	0.585		
	古镇的节事节庆活动具有浓郁地方特色且类型多样	0.760	0.043	***	0.578		
	古镇的系列农副土特产品、文创产品、实用产品体现地方特色	0.690	0.052	***	0.476		
	古镇的就餐环境整洁卫生、菜品明码标价	0.680	0.053	***	0.462		

续表

因子	测量指标	Estimate	S. E.	P	SMC	CR	AVE
公共服务	高速公路、机场、高铁等外部交通可进入性好	0.668	0.055	***	0.446	0.865	0.520
	古镇内部旅游交通完善	0.845	0.035	***	0.714		
	古镇的停车场等旅游交通配套设施完善	0.792	0.041	***	0.627		
	古镇的旅游厕所数量充足、干净卫生	0.601	0.062	***	0.361		
	古镇实现了免费 Wi-Fi 全覆盖	0.699	0.053	***	0.489		
	古镇的在线预订、网上支付等服务完善	0.693	0.053	***	0.480		
资源与环境	古镇的自然生态保护良好	0.802	0.037	***	0.643	0.927	0.587
	古镇的文化资源保护良好	0.803	0.037	***	0.645		
	古镇的空气质量较好	0.845	0.030	***	0.714		
	古镇的地表水环境质量高	0.724	0.045	***	0.524		
	古镇建筑富有地方特点和乡土特色	0.720	0.046	***	0.518		
	古镇保护较好	0.741	0.045	***	0.549		
	古镇环境洁化绿化美化程度高	0.714	0.047	***	0.510		
	古镇的污水处理较好	0.702	0.050	***	0.493		
	古镇的垃圾处理较好	0.830	0.032	***	0.689		
主客交往	我与居民进行互动	0.863	0.030	***	0.745	0.905	0.762
	我接受居民的帮助（如指路等）	0.796	0.037	***	0.634		
	我与居民建立友谊	0.953	0.024	***	0.908		

表 6－11 满意度评价收敛效度

因子	测量指标	Estimate	S. E.	P	SMC	CR	AVE
秩序与安全	古镇提供标准化服务	0.816	0.032	***	0.666	0.945	0.742
	古镇提供讲解、咨询等志愿者服务	0.848	0.028	***	0.719		
	古镇负责人处理线上、线下投诉及时、公正	0.921	0.017	***	0.848		
	古镇市场秩序良好，打击黑车、黑店现象	0.908	0.019	***	0.824		
	古镇文明旅游宣传良好	0.854	0.027	***	0.729		
	古镇旅游让我感到安全（治安/救援/保险等）	0.817	0.032	***	0.667		
供给体系	古镇品牌突出	0.752	0.041	***	0.566	0.953	0.692
	古镇拥有具有地方特色的餐饮品牌	0.772	0.038	***	0.596		
	古镇的旅游住宿可选择种类丰富（例如星级宾馆、连锁酒店、文化主题旅游饭店、民宿）	0.833	0.029	***	0.694		
	古镇的旅游住宿品质较好	0.841	0.028	***	0.707		
	古镇的演艺活动具有浓郁地方文化特色	0.847	0.028	***	0.717		
	古镇的常态化休闲娱乐活动丰富（例如康体疗养、夜游休闲、文化体验）	0.852	0.027	***	0.726		
	古镇的节事节庆活动具有浓郁地方特色且类型多样	0.860	0.026	***	0.740		
	古镇的系列农副土特产品、文创产品、实用产品体现地方特色	0.869	0.025	***	0.755		
	古镇的就餐环境整洁卫生、菜品明码标价	0.854	0.027	***	0.729		

续表

因子	测量指标	Estimate	S. E.	P	SMC	CR	AVE
公共服务	高速公路、机场、高铁等外部交通可进入性好	0.851	0.027	***	0.724	0.947	0.749
	古镇内部旅游交通完善	0.884	0.022	***	0.781		
	古镇的停车场等旅游交通配套设施完善	0.938	0.014	***	0.880		
	古镇的旅游厕所数量充足、干净卫生	0.866	0.025	***	0.750		
	古镇实现了免费 Wi-Fi 全覆盖	0.812	0.033	***	0.659		
	古镇的在线预订、网上支付等服务完善	0.836	0.029	***	0.699		
资源与环境	古镇的自然生态保护良好	0.899	0.019	***	0.808	0.972	0.795
	古镇的文化资源保护良好	0.910	0.017	***	0.828		
	古镇的空气质量较好	0.842	0.027	***	0.709		
	古镇的地表水环境质量高	0.873	0.022	***	0.762		
	古镇建筑富有地方特点和乡土特色	0.878	0.021	***	0.771		
	古镇保护较好	0.883	0.021	***	0.780		
	古镇环境洁化绿化美化程度高	0.931	0.013	***	0.867		
	古镇的污水处理较好	0.905	0.018	***	0.819		
	古镇的垃圾处理较好	0.903	0.018	***	0.815		
主客交往	我与居民进行互动	0.990	0.010	***	0.980	0.957	0.881
	我接受居民的帮助（如指路等）	0.898	0.019	***	0.806		
	我与居民建立友谊	0.926	0.015	***	0.857		

在重要性评价方面，秩序与安全、供给体系、公共服务、资源与环境、主客交往的组合信度 CR 值分别为 0.874、0.897、0.865、0.927、

0.905，均大于 0.8，平均方差萃取 AVE 值分别为 0.538、0.495（≈0.5）、0.520、0.587、0.762，均大于 0.5，说明具有良好的聚合效度。

在满意度评价方面，秩序与安全、供给体系、公共服务、资源与环境、主客交往的组合信度 CR 值分别为 0.945、0.953、0.947、0.972、0.957，均大于 0.9，平均方差萃取 AVE 值分别为 0.742、0.692、0.749、0.795、0.881，均大于 0.6，说明具有良好的聚合效度。

根据前文对区分效度的定义，如表 6 - 12 和表 6 - 13 所示，问卷结构基本符合标准。

表 6 - 12　　　　　　　　　　重要性区分效度

项目	秩序与安全	供给体系	公共服务	资源与环境	主客交往
秩序与安全	**0.704**				
供给体系	0.593	**0.739**			
公共服务	0.372	0.438	**0.721**		
资源与环境	0.652	0.471	0.512	**0.766**	
主客交往	0.330	0.429	0.256	0.217	**0.873**

注：对角线粗体字为 AVE 开根号值，下三角为维度之皮尔森相关。

表 6 - 13　　　　　　　　　　满意度区分效度

项目	秩序与安全	供给体系	公共服务	资源与环境	主客交往
秩序与安全	**0.861**				
供给体系	0.791	**0.832**			
公共服务	0.708	0.734	**0.865**		
资源与环境	0.721	0.731	0.721	**0.892**	
主客交往	0.625	0.727	0.511	0.613	**0.939**

注：对角线粗体字为 AVE 开根号值，下三角为维度之皮尔森相关。

6.3.3　居民自述重要性和满意度的相关分析

本书采用双尾相关分析对各选项的重要性和满意度评价之间的相关

性进行检验。表 6 - 14 显示了各评价指标中自述重要性的均值、满意度均值以及相关检验的结果。在 95% 的置信区间下，顾客的自述重要性和满意度的相关系数介于 - 0.029 ~ 0.612 之间，33 项评价指标中除"古镇的旅游厕所数量充足、干净卫生"与"古镇实现了免费 Wi-Fi 全覆盖"两项外，其余指标的重要性与满意度评价的相关系数显著，表明这些指标存在着统计学意义的相关。这说明如果使用，游客的满意度评价必定会影响其相应的重要性感知，因此，IPA 分析法的假设前提不能全部满足。

表 6 - 14　　　　　　　各指标的重要性与满意度之间的相关性检验

项目	测量指标	重要性	满意度	r 值	P 值
秩序与安全	古镇提供标准化服务	4.49	4.21	0.299	<0.01
	古镇提供讲解、咨询等志愿者服务	4.46	4.16	0.214	<0.05
	古镇负责人处理线上、线下投诉及时、公正	4.60	4.17	0.204	<0.05
	古镇市场秩序良好，打击黑车、黑店现象	4.66	4.19	0.316	<0.01
	古镇文明旅游宣传良好	4.61	4.28	0.422	<0.01
	古镇旅游让我感到安全（治安/救援/保险等）	4.71	4.37	0.363	<0.01
供给体系	古镇品牌突出	4.33	4.11	0.485	<0.01
	古镇拥有具有地方特色的餐饮品牌	4.34	4.10	0.370	<0.01
	古镇的旅游住宿可选择种类丰富（例如星级宾馆、连锁酒店、文化主题旅游饭店、民宿）	4.34	4.13	0.253	<0.01
	古镇的旅游住宿品质较好	4.47	4.11	0.301	<0.01
	古镇的演艺活动具有浓郁地方文化特色	4.40	4.08	0.259	<0.01
	古镇的常态化休闲娱乐活动丰富（例如康体疗养、夜游休闲、文化体验）	4.30	4.05	0.259	<0.01
	古镇的节事节庆活动具有浓郁地方特色且类型多样	4.39	4.09	0.347	<0.01
	古镇的系列农副土特产品、文创产品、实用产品体现地方特色	4.16	4.06	0.322	<0.01
	古镇的就餐环境整洁卫生、菜品明码标价	4.56	4.21	0.357	<0.01

续表

项目	测量指标	重要性	满意度	r 值	P 值
公共服务	高速公路、机场、高铁等外部交通可进入性好	4.37	4.23	0.346	<0.01
	古镇内部旅游交通完善	4.42	4.20	0.281	<0.01
	古镇的停车场等旅游交通配套设施完善	4.53	4.24	0.177	<0.05
	古镇的旅游厕所数量充足、干净卫生	4.55	4.57	-0.029	0.741
	古镇实现了免费 Wi-Fi 全覆盖	4.33	4.09	0.172	0.05
	古镇的在线预订、网上支付等服务完善	4.45	4.25	0.367	<0.01
资源与环境	古镇的自然生态保护良好	4.53	4.29	0.492	<0.01
	古镇的文化资源保护良好	4.57	4.28	0.431	<0.01
	古镇的空气质量较好	4.64	4.37	0.405	<0.01
	古镇的地表水环境质量高	4.63	4.29	0.307	<0.01
	古镇建筑富有地方特点和乡土特色	4.50	4.22	0.356	<0.01
	古镇保护较好	4.58	4.26	0.273	<0.01
	古镇环境洁化绿化美化程度高	4.54	4.29	0.373	<0.01
	古镇的污水处理较好	4.57	4.18	0.404	<0.01
	古镇的垃圾处理较好	4.60	4.24	0.495	<0.01
主客交往	我与居民进行互动	3.86	3.99	0.589	<0.01
	我接受居民的帮助（如指路等）	4.15	4.06	0.565	<0.01
	我与居民建立友谊	3.99	3.99	0.612	<0.01

6.3.4 游客满意度的传统 IPA 分析

运用 SPSS 和 Excel 软件，对问卷调查结果中 33 项评价指标的自述重要性与满意度两方面数据均值及满意度的差值进行对比，结果如表 6 - 15 和表 6 - 16 所示。

表 6 – 15 　　　　　各评价指标的自述重要性和满意度检验结果

因子	测量指标	重要性		满意度		均值之差
		均值	排名	均值	排名	
秩序与安全	古镇提供标准化服务	4.49	17	4.21	14	0.27
	古镇提供讲解、咨询等志愿者服务	4.46	19	4.16	21	0.30
	古镇负责人处理线上、线下投诉及时、公正	4.60	7	4.17	20	0.43
	古镇市场秩序良好，打击黑车、黑店现象	4.66	2	4.19	17	0.47
	古镇文明旅游宣传良好	4.61	5	4.28	6	0.33
	古镇旅游让我感到安全（治安/救援/保险等）	4.71	1	4.37	2	0.34
供给体系	古镇品牌突出	4.33	27	4.11	23	0.22
	古镇拥有具有地方特色的餐饮品牌	4.34	25	4.10	25	0.25
	古镇的旅游住宿可选择种类丰富（例如星级宾馆、连锁酒店、文化主题旅游饭店、民宿）	4.34	26	4.13	22	0.21
	古镇的旅游住宿品质较好	4.47	18	4.11	24	0.37
	古镇的演艺活动具有浓郁地方文化特色	4.40	22	4.08	28	0.31
	古镇的常态化休闲娱乐活动丰富（例如康体疗养、夜游休闲、文化体验）	4.30	29	4.05	31	0.25
	古镇的节事节庆活动具有浓郁地方特色且类型多样	4.39	23	4.09	26	0.30
	古镇的系列农副土特产品、文创产品、实用产品体现地方特色	4.16	30	4.06	29	0.10
	古镇的就餐环境整洁卫生、菜品明码标价	4.56	11	4.21	15	0.34
公共服务	高速公路、机场、高铁等外部交通可进入性好	4.37	24	4.23	12	0.14
	古镇内部旅游交通完善	4.42	21	4.20	16	0.22
	古镇的停车场等旅游交通配套设施完善	4.53	15	4.24	10	0.29
	古镇的旅游厕所数量充足、干净卫生	4.55	12	4.57	18	– 0.02
	古镇实现了免费 Wi-Fi 全覆盖	4.33	28	4.09	27	0.24
	古镇的在线预订、网上支付等服务完善	4.45	20	4.25	9	0.20

续表

因子	测量指标	重要性		满意度		均值之差
		均值	排名	均值	排名	
资源与环境	古镇的自然生态保护良好	4.53	14	4.29	3	0.24
	古镇的文化资源保护良好	4.57	9	4.28	7	0.29
	古镇的空气质量较好	4.64	3	4.37	1	0.27
	古镇的地表水环境质量高	4.63	4	4.29	4	0.34
	古镇建筑富有地方特点和乡土特色	4.50	16	4.22	13	0.28
	古镇保护较好	4.58	8	4.26	8	0.32
	古镇环境洁化绿化美化程度高	4.54	13	4.29	5	0.25
	古镇的污水处理较好	4.57	10	4.18	19	0.39
	古镇的垃圾处理较好	4.60	6	4.24	11	0.37
主客交往	我与居民进行互动	3.86	33	3.99	33	-0.12
	我接受居民的帮助（如指路等）	4.15	31	4.06	30	0.08
	我与居民建立友谊	3.99	32	3.99	32	-0.01

表 6-16　　　　　　　各因子自述重要性和满意度检验结果

因子	重要性		满意度		差值
	均值	排名	均值	排名	
秩序与安全	4.56	2	4.23	2	0.33
供给体系	4.37	4	4.11	4	0.26
公共服务	4.44	3	4.20	3	0.24
资源与环境	4.57	1	4.27	1	0.30
主客交往	4.00	5	4.01	5	-0.01

　　从游客对整体的重要性评价来看，33 项测量指标的重要性评价均值介于 3.86 ~ 4.71 之间，总体重要性的均值为 4.44，表明游客对古镇各个指标要求期望程度较高。从游客对单个因子的重要性评价来看，秩序与安全的重要性自述评价均值为 4.56，位列第 2；供给体系的重要性自述评价均值为 4.37，位列第 4；公共服务的重要性自述评价均值为

4.44，位列第 3；资源与环境的重要性自述评价均值约为 4.57，位列第 1；主客交往的重要性自述评价均值为 4.00，位列第 5。由上可知，游客对古镇资源与环境最为看重，认为主客交往最不重要。从游客对单个测量指标的重要性评价来看，其中，游客对"古镇旅游让我感到安全（治安/救援/保险等）"评价指标（均值 4.71）评分最高，对"我与居民进行互动"评价指标（均值 3.86）评分最低。

从游客对整体的满意度评价来看，33 项测量指标的满意度评价均值介于 3.98 ~ 4.37 之间，总体满意度的均值为 4.18，游客较为满意。从游客对单个因子的满意度评价来看，秩序与安全的满意度自述评价均值为 4.23，位列第 2；供给体系的满意度自述评价均值为 4.11，位列第 4；公共服务的满意度自述评价均值为 4.20，位列第 3；资源与环境的满意度自述评价均值约为 4.27，位列第 1；主客交往的满意度自述评价均值为 4.01，位列第 5。由上述数据可知，游客对古镇资源与环境最为满意，对主客交往最不满意。从游客对单个测量指标的满意度评价来看，其中，居民对"古镇的空气质量较好"评价指标（均值 4.37）评分最高，对"我与居民进行互动"评价指标（均值 3.99）评分最低。

通过将游客自述重要性和满意度评价的均值进行对比可知，总体重要性均值（4.44）大于总体满意度均值（4.18）。从 5 个因子的自述重要性和满意度评分来看，除主客交往外重要性均值都大于满意度均值。具体到每个测量题项，只有"旅游厕所数量充足、干净卫生""我与居民进行互动"及"我与居民建立友谊"的自述重要性均值与满意度均值之差为负数，其他均为正数。证明游客对绝大多数测量指标的满意度评价低于重要性评价，秩序与安全、供给体系、公共服务和资源与环境这四个方面还有很大的改进空间。

对古堰画乡满意度调查进行 IPA 分析，以 33 个指标的重要性总均值（4.44）为 x 轴，满意度总均值（4.18）为 y 轴，构建出四象限图，然后判断出 33 个指标数据在四象限图中的位置，可以直观地显示出游客对于古堰画乡的感知，各指标需要保持、改善的方面，针对性地提出对策建议，如图 6 - 6 所示。

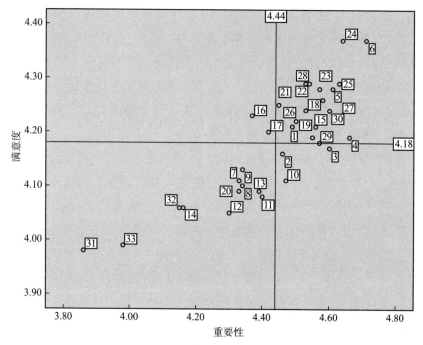

图6-6 传统IPA模型定位

注：数字分别对应影响指标的序号。1. 古镇提供标准化服务；2. 古镇提供讲解、咨询等志愿者服务；3. 古镇负责人处理线上、线下投诉及时、公正；4. 古镇市场秩序良好，打击黑车、黑店现象；5. 古镇文明旅游宣传良好；6. 古镇旅游让我感到安全（治安/救援/保险等）；7. 古镇品牌突出；8. 古镇拥有具有地方特色的餐饮品牌；9. 古镇的旅游住宿可选择种类丰富（例如星级宾馆、连锁酒店、文化主题旅游饭店、民宿）；10. 古镇的旅游住宿品质较好；11. 古镇的演艺活动具有浓郁地方文化特色；12. 古镇的常态化休闲娱乐活动丰富（例如康体疗养、夜游休闲、文化体验）；13. 古镇的节事节庆活动具有浓郁地方特色且类型多样；14. 古镇的系列农副土特产品、文创产品、实用产品体现地方特色；15. 古镇的就餐环境整洁卫生、菜品明码标价；16. 高速公路、机场、高铁等外部交通可进入性好；17. 古镇内部旅游交通完善；18. 古镇的停车场等旅游交通配套设施完善；19. 古镇的旅游厕所数量充足、干净卫生；20. 古镇实现了免费Wi-Fi全覆盖；21. 古镇的在线预订、网上支付等服务完善；22. 古镇的自然生态保护良好；23. 古镇的文化资源保护良好；24. 古镇的空气质量较好；25. 古镇的地表水环境质量高；26. 古镇建筑富有地方特点和乡土特色；27. 古镇保护较好；28. 古镇环境洁化绿化美化程度高；29. 古镇的污水处理较好；30. 古镇的垃圾处理较好；31. 我与居民进行互动；32. 我接受居民的帮助（如指路等）；33. 我与居民建立友谊。

（1）第一象限（优势保持区）——高重要性，高满意度。

第一象限中的各点表示满意度和重要性均高，共17个，分别为1"古镇提供标准化服务"、4"古镇市场秩序良好，打击黑车、黑店现象"、5"古镇文明旅游宣传良好、6"古镇旅游让我感到安全（治安/救援/保险等）"、15"古镇的就餐环境整洁卫生、菜品明码标价"、18"古镇的停车场等旅游交通配套设施完善"、19 "古镇的旅游厕所数量充足、干净卫生"、21 "古镇的在线预订、网上支付等服务完善"、22 "古镇的自然生态保护良好"、23 "古镇的文化资源保护良好"、24 "古镇的空气质量较好"、25 "古镇的地表水环境质量高"、26 "古镇建筑富有地方特点和乡土特色"、27 "古镇保护较好"、28 "古镇环境洁化绿化美化程度高"、29 "古镇的污水处理较好"、30 "古镇的垃圾处理较好",涉及秩序与安全、供给体系、公共服务、资源与环境 4 个因素。在游客感知中,重要性与满意度均较高,说明满足了游客的需求,景区旅游环境良好,但是同时还需要继续保持其优势,增强其核心竞争力。

(2) 第二象限(可能浪费区)——低重要性,高满意度。

第二象限中的各点表示满意度高但重要性低,共 2 个,分别为 16 "高速公路、机场、高铁等外部交通可进入性好"、17 "古镇内部旅游交通完善",只涉及公共服务 1 个因素。游客对古堰画乡内、外部交通满意度均较高,说明景区外部交通可进入性及内部交通完善性均较好,而对其重要性认知相对较低,因此景区不需再花费更多的时间和精力投入其中,维持现状即可。

(3) 第三象限(缓慢改进区)——低重要性,低满意度。

第三象限中的各点表示满意度和重要性均较低,共 11 个,分别为7 "古镇品牌突出"、8 "古镇拥有具有地方特色的餐饮品牌"、9 "古镇的旅游住宿可选择种类丰富"、11 "古镇的演艺活动具有浓郁地方文化特色"、12 "古镇的常态化休闲娱乐活动丰富(例如康体疗养、夜游休闲、文化体验)"、13 "古镇的节事节庆活动具有浓郁地方特色且类型多样"、14 "古镇的系列农副土特产品、文创产品、实用产品体现地方特色"、20 "古镇实现了免费 Wi-Fi 全覆盖"、31 "我与居民进行互动"、32 "我接受居民的帮助(如指路等)"、33 "我与居民建立友谊",涉及供给体系、公共服务、主客交往 3 个因素。游客对于重要性和满意度的感知均较低,表示游客在游览前认为不重要,体验后也较不满意,如古镇地方特色、与当地居民交往等,说明这些方面的指标存在着潜在的发展机会,景区需提高对这些方面的关注度,并投入时间、精力来改善,以应对不断变化的市场需求,提升自己的竞争力。

（4）第四象限（重点改进区）——高重要性，低满意度。

第四象限中的各点表示重要性高但满意度低，共 3 个，分别为 2 "古镇提供讲解、咨询等志愿者服务"、3 "古镇负责人处理线上、线下投诉及时、公正"、10 "古镇的旅游住宿品质较好"，涉及秩序与安全、供给体系 2 个因素。这些指标在游客游览前的心理期望是比较高的，但实际体验后满意度却较低，需要重点关注，有针对性地加强改善，以提升游客满意度。

本次研究问卷涉及的 33 个指标中，一多半位于第一象限，即在游客感知中，重要性与满意度均较高，主要集中在景区秩序与安全、资源与环境等方面。高重要性、低满意度的待改善部分，主要集中在志愿者服务、投诉处理、住宿品质上，为景区提升游客满意度的工作重点。

6.3.5　游客满意度的修正 IPA 分析

为了避免原 IPA 分析法变量间相互影响的弊端，本书研究按照台湾学者邓维兆提出的方法对 IPA 模型进行修正。第一步，分别对单个测量指标的满意度评价求自然对数，使之呈线性分布；第二步，将计算所得的满意度自然对数作为自变量、总体满意度作为因变量进行多元回归分析，分析计算得到偏相关系数，作为引申重要性。由于该系数消除了其他变量的干扰，反映了变量间的净相关，因此以引申偏相关系数为重要性，可以在分析表现的时候剔除满意度的影响，这满足了 IPA 分析方法的假设，因此修正后的 IPA 分析更有实际指导意义（见表 6－17）。

表 6－17　　　　　　　　　　　偏相关系数

因子	测量指标	偏相关系数	P 值
秩序与安全	古镇提供标准化服务	0.058	0.122
	古镇提供讲解、咨询等志愿者服务	0.014	0.714
	古镇负责人处理线上、线下投诉及时、公正	0.097	0.025
	古镇市场秩序良好，打击黑车、黑店现象	−0.059	0.140
	古镇文明旅游宣传良好	−0.027	0.482
	古镇旅游让我感到安全（治安/救援/保险等）	0.130	0.000

因子	测量指标	偏相关系数	P 值
供给体系	古镇品牌突出	−0.012	0.724
	古镇拥有具有地方特色的餐饮品牌	0.034	0.207
	古镇的旅游住宿可选择种类丰富（例如星级宾馆、连锁酒店、文化主题旅游饭店、民宿）	0.111	0.001
	古镇的旅游住宿品质较好	0.009	0.780
	古镇的演艺活动具有浓郁地方文化特色	−0.0031	0.452
	古镇的常态化休闲娱乐活动丰富（例如康体疗养、夜游休闲、文化体验）	0.139	0.001
	古镇的节事节庆活动具有浓郁地方特色且类型多样	0.060	0.096
	古镇的系列农副土特产品、文创产品、实用产品体现地方特色	−0.008	0.859
	古镇的就餐环境整洁卫生、菜品明码标价	0.071	0.072
公共服务	高速公路、机场、高铁等外部交通可进入性好	0.093	0.028
	古镇内部旅游交通完善	−0.015	0.664
	古镇的停车场等旅游交通配套设施完善	−0.087	0.044
	古镇的旅游厕所数量充足、干净卫生	0.295	0.000
	古镇实现了免费 Wi-Fi 全覆盖	0.059	0.072
	古镇的在线预订、网上支付等服务完善	−0.029	0.369
资源与环境	古镇的自然生态保护良好	0.037	0.513
	古镇的文化资源保护良好	−0.047	0.454
	古镇的空气质量较好	0.108	0.016
	古镇的地表水环境质量高	−0.057	0.257
	古镇建筑富有地方特点和乡土特色	0.040	0.424
	古镇保护较好	0.031	0.522
	古镇环境洁化绿化美化程度高	0.032	0.576
	古镇的污水处理较好	0.109	0.083
	古镇的垃圾处理较好	0.045	0.481

因子	测量指标	偏相关系数	P 值
主客交往	我与居民进行互动	0.079	0.152
	我接受居民的帮助（如指路等）	0.006	0.865
	我与居民建立友谊	0.063	0.131

表 6 – 18　　　　各评价指标的引申重要性和满意度检验结果

因子	测量指标	引申重要性		满意度	
		均值	排名	均值	排名
秩序与安全	古镇提供标准化服务	0.06	14	4.21	14
	古镇提供讲解、咨询等志愿者服务	0.01	21	4.16	21
	古镇负责人处理线上、线下投诉及时、公正	0.10	7	4.17	20
	古镇市场秩序良好，打击黑车、黑店现象	−0.06	32	4.19	17
	古镇文明旅游宣传良好	−0.03	28	4.28	6
	古镇旅游让我感到安全（治安/救援/保险等）	0.13	3	4.37	2
供给体系	古镇品牌突出	−0.01	26	4.11	23
	古镇拥有具有地方特色的餐饮品牌	0.03	18	4.10	25
	古镇的旅游住宿可选择种类丰富（例如星级宾馆、连锁酒店、文化主题旅游饭店、民宿）	0.11	4	4.13	22
	古镇的旅游住宿品质较好	0.01	22	4.11	24
	古镇的演艺活动具有浓郁地方文化特色	0.00	24	4.08	28
	古镇的常态化休闲娱乐活动丰富（例如康体疗养、夜游休闲、文化体验）	0.14	2	4.05	31
	古镇的节事节庆活动具有浓郁地方特色且类型多样	0.06	12	4.09	26
	古镇的系列农副土特产品、文创产品、实用产品体现地方特色	−0.01	25	4.06	29
	古镇的就餐环境整洁卫生、菜品明码标价	0.07	10	4.21	15

因子	测量指标	引申重要性		满意度	
		均值	排名	均值	排名
公共服务	高速公路、机场、高铁等外部交通可进入性好	0.09	8	4.23	12
	古镇内部旅游交通完善	−0.02	27	4.20	16
	古镇的停车场等旅游交通配套设施完善	−0.09	33	4.24	10
	古镇的旅游厕所数量充足、干净卫生	0.30	1	4.57	18
	古镇实现了免费 Wi-Fi 全覆盖	0.06	13	4.09	27
	古镇的在线预订、网上支付等服务完善	−0.03	29	4.25	9
资源与环境	古镇的自然生态保护良好	0.04	17	4.29	3
	古镇的文化资源保护良好	−0.05	30	4.28	7
	古镇的空气质量较好	0.11	6	4.37	1
	古镇的地表水环境质量高	−0.06	31	4.29	4
	古镇建筑富有地方特点和乡土特色	0.04	16	4.22	13
	古镇保护较好	0.03	20	4.26	8
	古镇环境洁化绿化美化程度高	0.03	19	4.29	5
	古镇的污水处理较好	0.11	5	4.18	19
	古镇的垃圾处理较好	0.05	15	4.24	11
主客交往	我与居民进行互动	0.08	9	3.99	33
	我接受居民的帮助（如指路等）	0.01	23	4.06	30
	我与居民建立友谊	0.06	11	3.99	32

对古堰画乡满意度调查进行修正 IPA 分析，以33个指标的引申重要性总均值（0.042）为 x 轴，满意度总均值（4.18）为 y 轴，构建出四象限图，然后判断出33个指标数据在四象限图中的位置，可以直观地显示出游客对于古堰画乡的感知，各指标需要保持、改善的方面，针对性地提出对策建议，如图6-7所示。

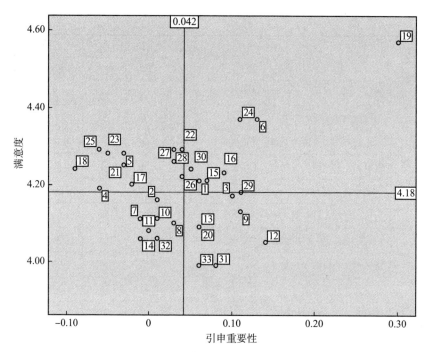

图 6 - 7　修正 IPA 模型定位

注：数字分别对应影响指标的序号。1. 古镇提供标准化服务；2. 古镇提供讲解、咨询等志愿者服务；3. 古镇负责人处理线上、线下投诉及时、公正；4. 古镇市场秩序良好，打击黑车、黑店现象；5. 古镇文明旅游宣传良好；6. 古镇旅游让我感到安全（治安/救援/保险等）；7. 古镇品牌突出；8. 古镇拥有具有地方特色的餐饮品牌；9. 古镇的旅游住宿可选择种类丰富（例如星级宾馆、连锁酒店、文化主题旅游饭店、民宿）；10. 古镇的旅游住宿品质较好；11. 古镇的演艺活动具有浓郁地方文化特色；12. 古镇的常态化休闲娱乐活动丰富（例如康体疗养、夜游休闲、文化体验）；13. 古镇的节事节庆活动具有浓郁地方特色且类型多样；14. 古镇的系列农副土特产品、文创产品、实用产品体现地方特色；15. 古镇的就餐环境整洁卫生、菜品明码标价；16. 高速公路、机场、高铁等外部交通可进入性好；17. 古镇内部旅游交通完善；18. 古镇的停车场等旅游交通配套设施完善；19. 古镇的旅游厕所数量充足、干净卫生；20. 古镇实现了免费 Wi-Fi 全覆盖；21. 古镇的在线预订、网上支付等服务完善；22. 古镇的自然生态保护良好；23. 古镇的文化资源保护良好；24. 古镇的空气质量较好；25. 古镇的地表水环境质量高；26. 古镇建筑富有地方特点和乡土特色；27. 古镇保护较好；28. 古镇环境洁化绿化美化程度高；29. 古镇的污水处理较好；30. 古镇的垃圾处理较好；31. 我与居民进行互动；32. 我接受居民的帮助（如指路等）；33. 我与居民建立友谊。

（1）第一象限（优势保持区）——高重要性，高满意度。

第一象限中的各点表示满意度和重要性均高，共 8 个。与传统 IPA 分析图相比，减少了 10 项，为 4 "古镇市场秩序良好，打击黑车、黑店现象"、5 "古镇文明旅游宣传良好、18 "古镇的停车场等旅游交通配套设施完善"、21 "古镇的在线预订、网上支付等服务完善"、22 "古镇的自然生态保护良好"、23"古镇的文化资源保护良好"、25"古镇的地表水环境质量高"、26"古镇建筑富有地方特点和乡土特色"、27"古镇保护较好"、28"古镇环境洁化绿化美化程度高";新增1项,为16"高速公路、机场、高铁等外部交通可进入性好"。其中1"古镇提供标准化服务"、6"古镇旅游让我感到安全(治安/救援/保险等)"、15"古镇的就餐环境整洁卫生,菜品明码标价"、19"古镇的旅游厕所数量充足、干净卫生"、24"古镇的空气质量较好"、29"古镇的污水处理较好"、30"古镇的垃圾处理较好"的分布与传统IPA分析结果一致。说明游客较为注重古堰画乡的服务、安全、空气、卫生等指标,景区都有较佳的表现,未来需要继续保持并进一步提升。

(2)第二象限(可能浪费区)——低重要性,高满意度。

第二象限中的各点表示满意度高但重要性低,共11个。与传统IPA分析图相比,减少1项,为16"高速公路、机场、高铁等外部交通可进入性好"。新增10项,为4"古镇市场秩序良好,打击黑车、黑店现象"、5"古镇文明旅游宣传良好、18"古镇的停车场等交通配套设施完善"、21"古镇的在线预订、网上支付等服务完善"、22"古镇的自然生态保护良好"、23"古镇的文化资源保护良好"、25"古镇的地表水环境质量高"、26"古镇建筑富有地方特点和乡土特色"、27"古镇保护较好"、28"古镇环境洁化绿化美化程度高"。其中17"古镇内部旅游交通完善"的分布与传统IPA分析结果一致。增加的10项均为传统IPA分析中分布在第一象限的指标,因重要性程度降低而成为可能浪费部分。目前情况下,游客对这些指标已较为满意,景区管理者不必投入过多。

(3)第三象限(缓慢改进区)——低重要性,低满意度。

第三象限中的各点表示满意度和重要性均较低,共7个。与传统IPA分析图相比,减少6项,为9"古镇的旅游住宿可选择种类丰富"、12"古镇的常态化休闲娱乐活动丰富"(例如康体疗养、夜游休闲、文化体验)、13"古镇的节事节庆活动具有浓郁地方特色且类型多样、20"古镇实现了免费Wi-Fi全覆盖"、31"我与居民进行互动"、33"我与居民建立友谊",新增2项,为2"古镇提供讲解、咨询等志愿者服务"、10"古镇的旅游住宿品质较好"。其中7"古镇的品牌突出"、

8"古镇拥有具有地方特色的餐饮品牌"、11"古镇的演艺活动具有浓郁地方文化特色且类型多样"、14"古镇的系列农副土特产品、文创产品、实用产品体现地方特色"、32"我接受居民的帮助"的分布与传统 IPA 分析结果一致。新增的两项均为传统 IPA 分析中分布在第四象限的指标，因重要性程度降低而成为优先顺序较低部分，虽然游客满意度较低，但游客感知的重要性也较低。

（4）第四象限（重点改进区）——高重要性，低满意度。

第四象限中的各点表示重要性高但满意度低，共 7 个。与传统 IPA 分析图相比，减少 2 项，为 2"古镇提供讲解、咨询等志愿者服务"、10"古镇的旅游住宿品质较好"，新增 6 项，为 9"古镇的旅游住宿可选择种类丰富"、12"古镇的常态化休闲娱乐活动丰富"（例如康体疗养、夜游休闲、文化体验）、13"古镇的节事节庆活动具有浓郁地方特色且类型多样"、20"古镇实现了免费 Wi-Fi 全覆盖"、31"我与居民进行互动"、33"我与居民建立友谊"。其中仅 3"古镇负责人处理线上、线下投诉及时、公正"的分布与传统 IPA 分析结果一致。新增的 6 项均为传统 IPA 分析中分布在第三象限的指标，因重要性程度增加而成为加强改善重点部分，游客感知重要性较高，但满意度却较低。其中 12"古镇的常态化休闲娱乐活动丰富（例如康体疗养、夜游休闲、文化体验）"重要性最高，但满意度低于平均水平，为古堰画乡最急需改善提升游客满意度的指标。修正后的 IPA 显示，景区重点需要加强改善的除了游客投诉问题外，还有住、娱等供给体系，免费 Wi-Fi 等公共服务，以及居民与游客的互动。

通过传统 IPA 图和修正 IPA 图的对比分析，本次研究问卷涉及的 33 个指标中，由于游客自述重要性与引申重要性的变化，导致许多指标在 IPA 模型定位图中发生了较大的变动，修正 IPA 图中第二象限的指标数多于传统 IPA 图，第一象限的指标数有所减少，说明市场秩序、旅游宣传、交通配套设施、线上服务、自然生态保护、文化资源保护、地表水环境、建筑特色、古镇保护保护、环境洁化绿化美化等不应给予过多的关注，避免资源浪费。修正 IPA 图中第四象限的指标数多于传统 IPA 图，第三象限的指标数有所减少，这一结果提示经营管理者除了关注投诉处理外，还应将重点发展对象转移到住宿种类、休闲娱乐活动数量、节事节庆活动地方特色与类型、免费 Wi-Fi、游客与居民进行互动等方面，古镇游客对这些方面的期望值高，但满意度低，应引起高度重视，将精力与资源向这些关键部分倾斜，有利于最大化地提升游客出游意愿、满意度，提高景区竞争力。

第 7 章
主客共享视域下旅游感知
与满意度的对比分析

本书研究通过系统梳理相关概念及理论支撑，并分析目前古镇旅游发展过程中存在的可能问题以及成功经验，在结合《国家全域旅游示范区验收文件解读》以及学界游客感知与满意度及居民感知与态度相关前沿研究成果的基础上，从游客以及居民的视角出发构建古镇旅游高质量发展的评价指标体系，其中资源与环境、公共服务、主客交往为主客共享的关键维度，本章将展开主客感知与满意度的对比分析，以此作为衡量古镇旅游高质量发展的指标。

7.1 主客共享视域下旅游感知对比分析

在旅游活动中，由于居民与游客两大利益相关者的背景、关注点等方面的不同，主客双方的旅游感知既有一致性又有差异性，居民与游客的旅游感知异同分析对古堰画乡旅游高质量发展具有重要参考价值。本书从居民和游客双重视角出发，将公共服务、资源与环境和主客交往三个维度的测量题项保持一致，以此进行居民和游客的旅游感知差异分析。

7.1.1 居民与游客旅游感知的一致性

如表 7 – 1 所示，从公共服务、资源与环境和主客交往三个因子整体来看，居民与游客关于资源与环境的旅游感知表现出一致性，引申重要性感知均排在第 3 位，但满意度评价都排在第 1 位。说明居民与游客对于古堰画乡资源与环境方面整体并不太重视，但景区在这方面表现较好，居民与游客较为满意。

表 7 - 1　　　　　　　　　　　各因子旅游感知对比

因子	居民		游客	
	引申重要性	满意度	引申重要性	满意度
公共服务	0.066	3.845	0.053	4.200
资源与环境	0.044	3.970	0.033	4.270
主客交往	0.067	3.850	0.049	4.013
总体	0.055	3.888	0.042	4.161

将具体的 18 项指标按得分排名依次划分为高（1~6）、中（7~12）、低（13~18）三档进行对比，旅游感知一致性分析如表 7 - 2 所示。

表 7 - 2　　　　　　　　　　　各评价指标旅游感知对比

因子	测量指标	居民				游客			
		引申重要性	排序	满意度	排序	引申重要性	排序	满意度	排序
公共服务	高速公路、机场、高铁等外部交通可进入性好	0.061	10	3.94	7	0.093	4	4.23	11
	古镇内部旅游交通完善	0.070	5	3.79	15	-0.015	14	4.20	13
	古镇的停车场等交通配套设施完善	0.067	6	3.85	14	-0.087	18	4.24	10
	古镇的旅游厕所数量充足、干净卫生	0.044	13	3.75	17	0.295	1	4.57	1
	古镇实现了免费 Wi-Fi 全覆盖	0.082	3	3.77	16	0.059	7	4.09	15
	古镇的在线预订、网上支付等服务完善	0.072	4	3.97	3	-0.029	15	4.25	8

续表

因子	测量指标	居民				游客			
		引申重要性	排序	满意度	排序	引申重要性	排序	满意度	排序
资源与环境	古镇的自然生态保护良好	0.097	2	3.92	10	0.037	10	4.29	3
	古镇的文化资源保护良好	-0.041	18	3.97	4	-0.047	16	4.28	6
	古镇的空气质量较好	0.056	11	4.2	1	0.108	3	4.37	2
	古镇的地表水环境质量高	0.036	15	4.03	2	-0.057	17	4.29	3
	古镇建筑富有地方特点和乡土特色	0.055	12	3.93	8	0.040	9	4.22	12
	古镇保护较好	0.063	8	3.88	13	0.031	12	4.26	7
	古镇环境洁化绿化美化程度高	0.036	14	3.9	11	0.032	11	4.29	3
	古镇的污水处理较好	0.035	16	3.95	6	0.109	2	4.18	14
	古镇的垃圾处理较好	0.062	9	3.95	5	0.045	8	4.24	9
主客交往	我与游客进行互动/我与居民进行互动	0.026	17	3.75	18	0.079	5	3.99	17
	我为游客提供帮助/我接受居民的帮助（如指路等）	0.064	7	3.88	12	0.006	13	4.06	16
	我与游客建立友谊/我与居民建立友谊	0.112	1	3.92	9	0.063	6	3.99	18

（1）公共服务。

居民与游客均对古堰画乡外部交通可进入性满意度中等（7、11），内部交通（15、13）与免费 Wi-Fi 覆盖情况（16、15）满意度较低，表明居民与游客对这些指标普遍满意度评价较低，景区经营管理者需引起重视。

（2）资源与环境。

居民与游客均对古堰画乡的文化资源保护（18、16）、地表水环境质量（15、17）较不看重，但比较满意，景区继续维持即可。对古镇保护情况

（8、12）、垃圾处理（9、8）重视程度居中，同时对空气质量非常满意（1、2），对建筑地方特色性重要性感知（12、9）和满意度评价（8、12）均居中。

（3）主客交往。

居民与游客均对主客互动满意度评价较低（18、17）。

7.1.2 居民与游客旅游感知的差异性

总体来看，游客对于公共服务、资源与环境、主客交往以及总体的引申重要性感知均低于居民，但满意度评价均高于居民，表明相对于游客，居民对日常生活的古镇期望值较高，但满意度欠佳。三个维度各项指标居民与游客的感知差异性对比如下。

（1）公共服务。一是外部交通可进入性，居民对外部交通需求较低，重要性和满意度的评价居中（10、7）；而游客需从外地进入古堰画乡景区，所以对该指标较为看重（4），但丽水目前尚无机场，铁路线路较少，对其可进入性满意度有所影响（11）。二是内部交通，主要涉及两个核心区域——大港头镇与堰头村之间的水路游船交通，游客对此的重要性感知与满意度评价均偏低（14、13）；居民认为内部交通的重要性较高（4），但满意度评价较低（15）。三是交通配套设施，这与居民日常生活息息相关，居民较为重视（6），由于设施完善度及受到与游客共同使用等影响，居民对该指标满意度偏低（14）；自驾到景区的游客只占一部分，所以对于乘坐公共交通进入景区的游客来说，停车场等旅游交通配套设施并不重要（18），且满意度评价居中（10）。四是旅游厕所，游客对于古堰画乡旅游厕所数量与卫生的重要性感知与满意度评价均排第一位；居民对此需求不同，认为该指标较不重要（13）且较不满意（17）。五是免费 Wi-Fi 覆盖，由于居民常年居住在古镇，而游客是外出临时游玩，两者对于景区免费 Wi-Fi 覆盖情况的重视程度不同，居民重视程度较高（3），而游客并非十分重视（7）。六是线上服务，前文对于居民的描述性统计分析显示，古镇居民参与当地旅游业发展的现象较普遍，在线预订与网上支付等服务可帮助他们为游客提供更便利的服务，故居民对于该指标的重要性感知及满意度评价均较高（4、3）；在线预订与网上支付等服务近些年才兴起，一部分人群尤其是年龄较大人群对此并未形成固定需求习惯，且还有线下服务选择，故游客对该指标不太重视（15），满意度也居中（8）。

（2）资源与环境。一是自然生态保护，自然生态环境的质量对居民来说尤为重要（2），但相对于期望，居民对该指标的满意度评价一般（10）；游客只是短暂游览，对古镇自然生态保护情况并不是非常重视（10），但由于瓯江的自然风情对于游客来说吸引力较大，且品质较高，故游客的满意度较高（3）。二是空气质量，古堰画乡地区空气质量达到国家Ⅰ类标准，游客对于景区空气质量的重要性感知与满意度评价均较高（3、2）；居民虽然对该指标也非常满意（1），但并非十分重视（11）。三是古镇保护，虽然居民与游客对于古镇保护情况都不太在意（8、12），但居民认为古镇保护不太好（13），游客也认为保护情况一般（7），因此景区经营管理者应加强对古镇保护方面的重视。四是古镇环境洁化绿化美化程度，居民认为该指标较不重要（14）且满意度评价一般（11），而游客对于古镇环境洁化绿化美化情况重视程度一般（11）但对此很满意（3），虽然居民与游客对于古镇环境都不太重视，但居民的满意度评价不太高，景区需深入了解居民对此不满意的具体问题，并有针对性地进行改进提升。五是污水处理，居民与游客关于古堰画乡污水处理情况的重要性感知与满意度评价恰好相反，居民认为该指标不重要（16）且比较满意（6），而游客认为该指标很重要（2）但较不满意（14）。六是垃圾处理，虽然居民与游客对于古镇垃圾处理情况都不太在意（9、8），但由于游客基本在户外行动，而居民有一部分时间是居家，所以关于垃圾处理情况两者满意度不同，居民较为满意（5）而游客评价一般（9）。

（3）主客交往。一是主客互动，由于古镇旅游的特殊性，居民的风土人情也属于游客游览体验的一部分，他们较期待与古镇居民进行互动（5），但从居民的角度并不期待与游客产生互动（17）。二是居民为游客提供帮助，居民关于自身为游客提供帮助方面的重要性感知与满意度评价均居中（7、21）；游客来到古堰画乡的目的是游玩，而景区各项设施较为完备，游客并不太期望居民为其提供帮助（13），同时对于这方面的满意度评价也较低（16）。三是主客建立友谊，虽然居民与游客都非常期待与对方建立友谊（6、7），但游客对此项表现并不满意（18），居民的满意度评价也仅居中（9）。

7.2 主客共享视域下旅游满意度对比分析

如图 7 - 1、图 7 - 2 和表 7 - 3 所示，对比居民与游客的修正 IPA 模型，根据四象限图各指标分布情况，对居民与游客关于古堰画乡的重要性—满意度进行对比分析。

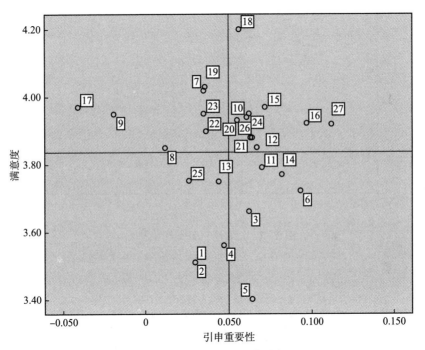

图 7 - 1　居民修正 IPA 模型定位

注：数字分别对应影响指标的序号。1. 古镇旅游的发展使本地就业机会增加；2. 古镇旅游的发展使我的家庭收入提高；3. 古镇旅游的发展使我的生活质量提高；4. 古镇旅游的发展使本地经济发展加速；5. 古镇旅游的扶贫富民方式多样；6. 古镇旅游的发展使我自身素质得到提高；7. 古镇旅游的发展使本地知名度提高；8. 古镇旅游的发展使本地人的思想观念进步；9. 古镇旅游的发展使本地保持良好的民风民俗；10. 高速公路、机场、高铁外部交通可进入性好；11. 古镇内部旅游交通完善；12. 古镇的停车场等旅游交通配套设施完善；13. 古镇的旅游厕所数量充足、干净卫生；14. 古镇实现了免费 Wi-Fi 全覆盖；15. 古镇的在线预订、网上支付等服务完善；16. 古镇的自然生态保护良好；17. 古镇的文化资源保护良好；18. 古镇的空气质量较高；19. 古镇的地表水环境质量高；20. 古镇建筑富有地方特色和乡土特色；21. 古镇保护较好；22. 古镇环境洁化绿化美化程度高；23. 古镇的污水处理较好；24. 古镇的垃圾处理较好；25. 我与游客进行互动；26. 我为游客提供帮助；28. 我与游客建立友谊。

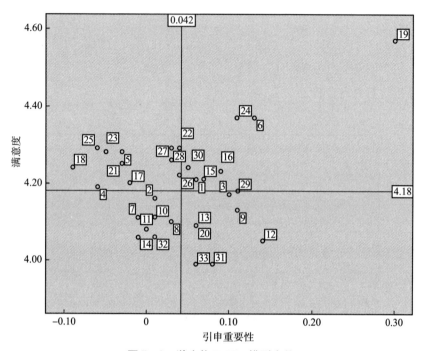

图 7 - 2 游客修正 IPA 模型定位

注：数字分别对应影响指标的序号。1. 古镇提供标准化服务；2. 古镇提供讲解、咨询等志愿者服务；3. 古镇负责人处理线上、线下投诉及时、公正；4. 古镇市场秩序良好，打击黑车、黑店现象；5. 古镇文明旅游宣传良好；6. 古镇旅游让我感到安全（治安/救援/保险等）；7. 古镇品牌突出；8. 古镇拥有具有地方特色的餐饮品牌；9. 古镇的旅游住宿可选择种类丰富（例如星级宾馆、连锁酒店、文化主题旅游饭店、民宿）；10. 古镇的旅游住宿品质较好；11. 古镇的演艺活动具有浓郁地方文化特色；12. 古镇的常态化休闲娱乐活动丰富（例如康体疗养、夜游休闲、文化体验）；13. 古镇的节事节庆活动具有浓郁地方特色且类型多样；14. 古镇的系列农副土特产品、文创产品、实用产品体现地方特色；15. 古镇的就餐环境整洁卫生、菜品明码标价；16. 高速公路、机场、高铁等外部交通可进入性好；17. 古镇内部旅游交通完善；18. 古镇的停车场等旅游交通配套设施完善；19. 古镇的旅游厕所数量充足、干净卫生；20. 古镇实现了免费 Wi-Fi 全覆盖；21. 古镇的在线预订、网上支付等服务完善；22. 古镇的自然生态保护良好；23. 古镇的文化资源保护良好；24. 古镇的空气质量较好；25. 古镇的地表水环境质量高；26. 古镇建筑富有地方特点和乡土特色；27. 古镇保护较好；28. 古镇环境洁化绿化美化程度高；29. 古镇的污水处理较好；30. 古镇的垃圾处理较好；31. 我与居民进行互动；32. 我接受居民的帮助（如指路等）；33. 我与居民建立友谊。

表7-3 居民和游客 IPA 分析结果对比

因子	指标	居民			游客		
		重要性	满意度	IPA象限	重要性	满意度	IPA象限
公共服务	高速公路、机构、高铁等外部交通可进入性好	0.061	3.94	1	0.093	4.23	1
	古镇内部旅游交通完善	0.070	3.79	4	-0.015	4.20	2
	古镇的停车场等交通配套设施完善	0.067	3.85	1	-0.087	4.24	2
	古镇的旅游厕所数量充足、干净卫生	0.044	3.75	3	0.295	4.57	1
	古镇实现了免费 Wi-Fi 全覆盖	0.082	3.77	4	0.059	4.09	4
	古镇的在线预订、网上支付等服务完善	0.072	3.97	1	-0.029	4.25	2
资源与环境	古镇的自然生态保护良好	0.097	3.92	1	0.037	4.29	2
	古镇的文化资源保护良好	-0.041	3.97	2	-0.047	4.28	2
	古镇的空气质量较好	0.056	4.2	1	0.108	4.37	1
	古镇的地表水环境质量高	0.036	4.03	2	-0.057	4.29	2
	古镇建筑富有地方特点和乡土特色	0.055	3.93	1	0.040	4.22	2
	古镇保护较好	0.063	3.88	1	0.031	4.26	2
	古镇环境洁化绿化美化程度高	0.036	3.9	2	0.032	4.29	2
	古镇的污水处理较好	0.035	3.95	2	0.109	4.18	1
	古镇的垃圾处理较好	0.062	3.95	1	0.045	4.24	1
主客交往	我与游客进行互动/我与居民进行互动	0.026	3.75	3	0.079	3.99	4
	我为游客提供帮助/我接受居民的帮助（如指路等）	0.064	3.88	1	0.006	4.06	3
	我与游客建立友谊/我与居民建立友谊	0.112	3.92	1	0.063	3.99	4

（1）第一象限（优势保持区）——高重要性，高满意度。

第一象限中的各点表示满意度和重要性均高，居民共 10 项，分别为"高速公路、机场、高铁等外部交通可进入性好""古镇的停车场等交通配套设施完善""古镇的线上预订、网上支付等服务完善""古镇的自然生态保护良好""古镇的空气质量较好""古镇建筑富有地方特点和乡土特色""古镇保护较好""古镇的垃圾处理较好""我为游客提供帮助""我与游客建立友谊"；游客共 5 项，分别为"高速公路、机场、高铁等外部交通可进入性好""古镇的旅游厕所数量充足、干净卫生""古镇的空气质量较好""古镇的污水处理较好""古镇的垃圾处理较好"。其中两者相同的指标为外部交通可进入性、空气质量、垃圾处理三项，说明居民与游客对这三项指标均较为重视且较为满意。

而居民位于第一象限的交通配套设施、线上服务、自然生态保护、建筑特色性、古镇保护 5 项指标，游客位于第二象限，即虽然同样对此表示满意，但游客认为重要程度比居民低。居民为游客提供帮助、主客建立友谊两项指标游客分别位于第三象限、第四象限，说明游客与居民关于提供帮助方面的认知正好相反，游客认为既不需要居民对其提供帮助，且关于这方面也并不满意；虽然同样认为与居民建立友谊较为重要，但对此满意度较低。游客位于第一象限的旅游厕所、污水处理 2 项指标，居民分别位于第三象限、第二象限，即居民与游客的认知正好相反，认为旅游厕所的数量、卫生既不重要也不满意；虽然同样认为污水处理较为满意，但并不认为该指标重要。

（2）第二象限（可能浪费区）——低重要性，高满意度。

第二象限中的各点表示满意度高但重要性低，居民共 4 项，分别为"古镇的文化资源保护良好""古镇的地表水环境质量高""古镇环境洁化绿化美化程度高""古镇的污水处理较好"；游客共 9 项，分别为"古镇内部旅游交通完善""古镇的停车场等交通配套设施完善""古镇的在线预订、网上支付等服务完善""古镇的自然生态保护良好""古镇的文化资源保护良好""古镇的地表水环境质量高""古镇建筑富有地方特点和乡土特色""古镇保护较好""古镇环境洁化绿化美化程度高"。其中两者相同的指标为文化资源保护、地表水环境、环境洁化绿化美化三项，说明居民与游客对这三项指标均较为满意但重视程度不高。

而居民位于第二象限的污水处理，游客位于第一象限，即虽然都对该指标较为满意，但游客对其重要性感知高于居民。游客位于第二象限的交通配套设施、线上服务、自然生态保护、建筑特色性、古镇保护5项，居民位于第一象限，即两大利益主体对此均表示满意，但游客更为看重；内部旅游交通居民位于第四象限，即正好与游客感知相反，认为该指标比较重要，但对此并不满意。

（3）第三象限（缓慢改进区）——低重要性，低满意度。

第三象限中的各点表示满意度和重要性均较低，居民共2项，分别为"古镇的旅游厕所数量充足、干净卫生""我与游客进行互动"；游客共1项，为"我接受居民的帮助（如指路等）"。居民与游客在第三象限无相同指标。

居民位于第三象限的旅游厕所、与游客互动2项，游客分别位于第四象限、第一象限，即居民和游客均对旅游厕所数量、卫生情况不太满意，但居民对此更为重视；居民与游客对于两者互动的认知正好相反，居民认为不重要且不满意，而游客认为重要且满意。游客位于第三象限的接受居民帮助，居民则位于第一象限，说明两者的认知同样相反，居民认为重要且满意，而游客认为不重要且不满意。

（4）第四象限（重点改进区）——高重要性，低满意度。

第四象限中的各点表示重要性高但满意度低，居民共2项，分别为"古镇内部旅游交通完善""古镇实现了免费Wi-Fi全覆盖"；游客共3项，分别为"古镇实现了免费Wi-Fi全覆盖""我与居民进行互动""我与居民建立友谊"。其中两者相同的指标为免费Wi-Fi，说明居民与游客对该指标均较重视且较为不满意，这是景区管理者最应当重点改善的方面。

居民位于第四象限的内部交通，游客位于第二象限，即居民认为重要且不满意，而游客认为不重要且满意。游客位于第四象限的与居民互动、与居民建立友谊2项，居民分别位于第三象限和第一象限，说明游客较看重与居民互动、与居民建立友谊，但对此并不满意，而居民虽然对与游客互动也不满意，但不看重，虽然同样认为双方建立友谊比较重要，但居民对此实际表现较为满意。

第 8 章
主客共享视域下古镇旅游高质量
发展的经验与挑战

在 IPA 四象限的基础上，本章从稳定"优势保持区"、调整"可能浪费区"、挖掘"缓慢改进区"、集中"重点改进区"的思路出发，提炼出促进古镇旅游高质量发展的对策建议。

8.1 居民视角下的古镇旅游高质量发展的经验与挑战

8.1.1 发扬"优势保持区"

位于 IPA 定位模型中第一象限"优势保持区"内的指标，表现为重要性期望高且满意度高，该象限内的指标包括"高速公路、机场、高铁等外部交通可进入性好""古镇的停车场等交通配套设施完善""古镇的线上预订和网上支付等服务完善""古镇的自然生态保护良好""古镇的空气质量较好""古镇建筑富有地方特色和乡土特色""古镇保护较好""古镇的垃圾处理较好""我为游客提供帮助""我与游客建立友谊"，集中表现在公共服务、资源与环境和主客交往三个方面。当地居民认为这类指标对于提升古镇旅游服务质量而言很重要，也说明居民对古镇在这些指标上的建设较满意。所以，古镇旅游在现有的基础上，应保持优势指标的创新发展，以促进古镇旅游的可持续发展。

（1）提高交通便利程度，保证古镇可进入性。

古堰画乡景区外部交通可进入性好，外来游客可通过自驾、高铁、航空等方式抵达丽水市后，借助自驾、出租车、公交等方式进入景区。2009年，丽水市开通直达古堰画乡的旅游直通车。丽水机场正在修建中，通航后将为居民和游客提供更大的便利。古镇居民对古镇外部交通建设较满意，目前已初步形成了四通八达的交通网络，这为古镇旅游提供了坚实的基础。

（2）完善配套交通设施，实现景区智能停车。

根据调研结果，居民对古堰画乡景区停车场等配套设施重视程度高且满意度高。根据规划要求，古镇已科学布置停车场，并在相关的绿地与公园中建设生态停车场。当前古镇停车场的建设基本满足游客和居民需求，景区应在保持当前优势的基础上建设智慧停车场，借助大数据分析，采用智慧停车软件，让游客在古镇任何地方都能通过手机获悉停车场信息，并根据智能服务助手，规划最佳的旅游休闲路线。此外，景区应在高峰期做好交通疏导工作，避免出现停车位紧张、交通拥堵等问题，此类问题不仅影响游客的旅游体验，还会引起古镇居民的不满。

（3）游客体验智慧出游，满足商户智慧经商。

古镇居民普遍对古堰画乡景区智慧化和信息化程度感到满意，古堰画乡景区已建有线上预订、线上支付等在线服务平台。在互联网高速发展的当下，景区应以提升游客智慧化出游体验和满足商户智慧化经商为出发点与落脚点，开发个性化和人性化的智慧旅游服务功能。如疫情期间，不少景区开通线上游览服务，借此大力宣传景区品牌。同时，古堰画乡景区应建立有效的信息发布平台，如景区官网和景区 App，利用自媒体平台实时发布旅游动态。此外，引进技术和人才以构建古镇旅游大数据系统是至关重要的，依托旅游信息数据库进行调查和分析，实现景区对游客需求的精准把握。

（4）保护古镇自然生态，还原古堰画乡之美。

调研结果显示，古镇居民对自然生态保护的重视度高和满意度高。守护好古镇生态环境，良好的生态环境是乡村旅游可持续发展的资源基础，也是旅游吸引力的主要来源。古镇旅游高质量发展的同时，也要始终坚持开发与保护并举，当前古镇注重对当地自然生态环境的保护，娱乐项目的建设没有改变原本的古镇风貌。随着旅游的开发和发展，景区管理者要始终保持此项竞争优势，不可违背初衷。当地政府和旅游开发部门在景区内新建项目时必须进行环境评估，保护景区生态平衡，实现美丽古镇建设与古镇旅游优质发展相统一。鼓励古镇居民积极实施环境保护行为，提高居民环保意识，使居民意识到高水平的生活质量是建立在良好的生态环境基础之上的。

（5）古镇空气质量优良，宜居宜住宜旅游。

古堰画乡景区空气质量达到国家 I 类标准，当地政府重视古镇空气治理和保护，空气清新、环境优美的古镇是居民赖以生存的家园，本地居民对环境感知较敏感。目前居民对古镇空气质量重视且感到满意，在景区发展中继续保持这一优势是很重要的，持续强化居民保护古镇生态环境的意识和责任感。在游客方面，旅游产业的开发导致游客量剧烈增加，然而游客的文明水平参差不齐，景区管理者应采取措施杜绝游客在古镇旅游的过程中出现乱扔垃圾等不良行为。从商户和企业的角度出发，他们可能在过度追求经济利益的同时，不合理存放和排放废气而忽视对古镇生态环境的保护，当地政府和景区管理者应建立一套完善的环保系统和处理机制，避免造成空气污染。

（6）保护古镇本土化建筑，建设特色和谐小镇。

居民对"建筑富有地方特色和乡土特色"满意度高于总体满意度，证明古堰画乡景区是一个自然人文融合的和谐环境，这也是吸引外来游客的基本要素；居民对"建筑富有地方特色和乡土特色"引申重要性高，说明古镇居民有全域旅游的理念，古镇旅游发展不仅需要景区建筑的建设，而且需要建设一个整体和谐发展的特色小镇。古镇辖区内古堰画乡景区建设与古镇风貌相协调，建筑风格保持一致，得到了游客和当地居民的一致好评。此外，一个长期的科学可行的规划是至关重要的，如未进行旅游开发的地块，如何保持原本的古镇风情，并将古镇打造成一个动静分离的生活区和旅游区相结合的特色旅游小镇，往往是景区管理层的规划重点和政府相关部门的工作重心。

（7）坚持"保护中开发，发展中保护"。

古镇的高质量发展无疑是发展和保护两股力量推动的结果，古堰画乡既有传统古镇的古风古韵，又拥有丰富的自然旅游资源。当前居民比较认可政府对古镇的保护工作，古堰画乡景区在开发的过程中没有打扰到居民原本的生活，注重保护居民原住地。在古镇的高质量发展过程中，要坚持"以发展促保护，用保护补发展"的形式，加强对古镇文化及古镇本身建筑的保护。当地政府相关部门和景区管理者应划定建设和控制范围，对范围内的古民居、古街等历史文化遗产，采取分类保护措施；做好古镇的全国重点文物保护单位的保护工作，不断推动非物质文化遗产开发与保护，使通济堰等非物质文化遗产成为特色旅游名片。另外，旅游规划部门要加强古镇保护意识培养的相关培训，并鼓励古镇居民和外来游客参与。

（8）解决垃圾污染问题，守护古镇良好生态。

垃圾处理不当会导致严重的景区环境污染，影响游客体验感和居民满意度。调研发现，居民对古镇垃圾处理的引申重要性和满意度均较高，说明日常生活产生的垃圾不会带来困扰。但是在游客流量大的时候会出现垃圾污染的现象，说明古镇地区垃圾处理能力比较有限。为解决这个难题，景区内要建设容纳量足够大的垃圾收集设施，以满足旅游旺季时客流量大的需要。此外，当地还未实行垃圾分类处理政策，政府相关部门和景区运营管理者应齐力引导居民和游客进行垃圾分类，以减轻景区垃圾处理的压力，还游客和居民一个美好且无污染的古镇。

（9）鼓励居民提供帮助，构建善意人文古镇。

古镇居民对"我为游客提供帮助"引申重要性高且满意，多数居民乐意为游客提供便利，高满意度建立在居民积极参与景区治理后最终形成的一种感受。当地政府和相关部门应引起重视，要不断激发居民的责任感和使命感，有效引导更多居民参与到古镇治理中。首先，树立居民的主人翁意识，古镇是居民们的家乡，他们是古镇的主人，古镇的发展和保护需要每一位居民的参与。其次，改善居民和游客之间的关系有利于提高居民的热情和服务质量，增加居民与游客之间的互动交往以提高居民对游客的信任度，才能主动为游客提供帮助，增加整体积极性。这不仅能提高游客和居民的满意度，还能建立古堰画乡景区"以人为本，服务至上"的旅游环境。

（10）与游客建立友谊，舍利不舍客。

古镇居民重视与游客建立友谊，这是更深层次的古镇居民和游客的交往形式。以古堰画乡景区民宿和家庭旅馆为例，当地居民与游客之间不只是暂时的、简单的经济来往，居民热情的服务态度，能够为游客带来家的感觉。当地居民在与游客来往的过程中，始终以欢迎的态度接纳外来游客来家乡做客，使游客感受到当地淳朴的民风。居民良好的服务质量和关切的态度不只提高了游客满意度，还促进了古镇居民收入的增长。当地政府需要采取强化措施，保持这一竞争优势，可举行"游客最喜爱的民宿"等评选活动并对获奖居民公开表扬，为全镇树立成功的典范，努力提升古镇在旅游者心目中的形象。

8.1.2 调整"可能浪费区"

位于 IPA 定位模型中第二象限"可能浪费区"内的指标，是指居民对其重要性期望低而满意度却高，说明古镇旅游对这部分指标在资源配置上需要调整。该象限内的指标包括"古镇旅游的发展使本地知名度提高""古镇旅游的发展使本地人的思想观念进步""古镇旅游的发展使本地保持良好的民风民俗""古镇的文化资源保护良好""古镇的地表水环境质量高""古镇环境洁化绿化美化程度高""古镇的污水处理较好"，集中在社会文化和资源与环境两方面。所以，古镇旅游管理者可从社会文化、资源与环境方面对资源进行重新整合，适当调整发展重心，避免资源浪费，合理优化资源的配置，提升服务质量。

（1）提高古镇知名度，培育特色旅游品牌。

居民的满意度与古镇旅游景区的知名度之间有着极为紧密的联系，如果景区知名度高，就能够吸引源源不断的游客，对于促进当地旅游经济的发展也将发挥巨大的作用，因此如何才能够进一步提高古镇知名度将是影响居民满意度的一个重要因素。首先，从当前古堰画乡景区游客来看，大多数的游客来自城市，他们更希望自己能够欣赏到不一样的古镇风情和民俗文化。随着画乡知名度的扩大，前来绘画、摄影的人越来越多，300 多家美术院校在此建立写生基地。[①] 景区还举办美术展等活动，扩大了古堰

---

① 丽水市政府门户网站. 古堰画乡小镇艺术季："画中游""夜来俏"［EB/OL］. http：//www. lishui. gov. cn/art/2021/10/19/art_1229218391_57327704. html. (2021 - 10 - 19).

画乡及丽水巴比松画派的影响力。针对这一点，政府应当通过主流媒体进一步加强旅游品牌宣传，将自己的品牌特色以及古典风味展现出来，吸引大众消费者的目光。其次，在景区发展过程中，政府部门也可以进一步通过网络或自媒体的方式对景区进行宣传，不断地提升游客对于古堰画乡的认识，古堰画乡不只是美术生和摄影师的天堂，也是休闲度假胜地。

（2）提高居民思想包容性，提升多元文化接纳度。

古镇旅游通过外来文化的引入影响当地居民，居民接受外来文化的熏陶对其产生向往，改变原本封建的思想观念，接纳多元文化。由于外来游客的增多，伴随着大量外来文化的涌入，当地社会文化体系的完善度能否迎合外来文化的冲击，就成了有效避免社会矛盾及文化冲突的一个前提条件。而在当前古镇的旅游开发过程中，旅游开发虽然在一定程度上能起到完善社会保障建设，促进内外文化交流与融合的作用，但由于过量的外来文化超出了当地承受能力范围，随之引发一系列的治安问题并阻碍了文化的交流与发展。在调研过程中发现部分居民对外来文化产生抵触心理，不认为"古镇发展旅游使本地人的思想观念进步"，反而起到相反的效果。

（3）保持古镇民风民俗，"活化"本地文化艺术。

古镇旅游的核心是艺术和文化，古堰画乡的"画乡"以"丽水巴比松画派"为中心，农耕水利文化的代表是通济堰。另外，还有独特的民族文化，如传统民居、民族服饰、传统的生产生活方式和用品等，这些都是重要的旅游吸引物。以传统民居的保护为例，传统民居是当地文化的一个重要表现形式，对于传统民居的保护、游客住宿需求以及居民收益等多因素间的矛盾，应该以保护传统民居为主，综合考虑游客需求和居民收益。积极培养年轻人对民俗文化的热爱之情，充分发挥古镇居民对民族民俗文化深入了解的优势，借助专业团队打造特色鲜明的旅游文化产品。还可以通过举办体现传统文化的民俗节庆活动和具有当地特色的文化节事活动，让游客在观赏节目的同时了解古镇的民俗文化，提升游客的代入感。

（4）保护古镇文化资源，建设特色文化景观。

文化是古镇的精髓所在，以文化资源熏陶古镇旅游氛围。古堰画乡历史文化底蕴深厚，各类历史遗迹在景区内星罗棋布，包括堰头村树龄超千年的古樟群、坪地古村落等，以及双龙庙会、翻龙泉、保定舞龙等非物质文化遗产。但是调研结果表明，本地居民对古镇文化资源重视程度和了解程度不高，古镇景区文化资源开发和宣传工作不到位。政府相关部门和景区管理者应该诚邀专家深入挖掘文化资源，从地域文化、民俗风情、地方特色等方面找寻文化的主题，培育出当地文化的特色产业，将文化有机融入到古镇旅游的发展中。此外，坚持古堰画乡景区"艺术之乡、浪漫之都、休闲胜地"主题，进一步丰富景区内部的文化景观建设，从建筑、植物等要素出发，在各个合适的节点和游步道上修缮、增加相应的文化景观，打造具有文化氛围的大环境。在此基础上创新文化旅游产品，将文化产业与旅游产品融合起来，才会使古镇更有生命力。

（5）守护高质量地表水，爱护当地"母亲河"瓯江。

古堰画乡的核心资源之一是瓯江，其为浙江省第二大江，也是丽水和温州人民共同的"母亲河"，属于国家五级旅游资源单体。瓯江两岸的河谷冲积平原和近河床地段的湿地枫杨林、古樟树群等，是古堰画乡的精华所在。古堰画乡是被瓯江隔开的两个村落古堰，古镇居民在瓯江上捕鱼，为游客提供欣赏江南水乡的景观，为画家、美术生和摄影师提供创作素材。当前景区地表水环境质量常年保持国家Ⅱ类水标准，水环境保护良好，居民对此满意度高。

（6）提高古镇经济收益，坚持绿色发展路径。

环境洁化绿化美化程度高是将古堰画乡打造为旅游胜地的重要指标，作为写生和摄影基地的山水小镇，外来游客对景区环境极为重视，欣赏古镇自然优美风光是游客进行古镇旅游的主要动机之一，直接影响游客的旅游体验；旅游地居民对环境的重视程度同样重要，关系到他们的生产生活环境。因此，发展古镇旅游促进农户增收的同时，必须要保证古镇旅游的环境质量，保护好乡村旅游地的自然风光与民俗文化。政府与旅游开发部门应当制定一个科学合理的旅游开发规划，对古堰画乡景区进行合理布局，重点考虑古镇的游客人数、环境承受能力和生态旅游的品质，提高居民生活质量，促进古镇旅游高质量可持续发展。

（7）高效治理古镇污水，合理开发沿河景观。

随着古堰画乡景区的发展，景区农家乐、民宿等的建设为污水处理带来新的挑战，用水量增大，导致污水排放量增大，污染古镇生态环境。古镇景区污水处理系统不完善，影响居民的日常用水和生活环境。当地政府应重视污水处理问题，保护当地农耕水利文化；学习其他旅游地污水治理的成功经验，科学高效地处理生活污水和厕所污水、景区开发和经营中产生的污水等，引入新的理念和技术解决这一难题；景区应设有直接排污水管道，污水排放达到全域旅游新标准，设置宣传标识提醒旅游者注意不得将垃圾丢入溪流、湖泊中，水上游乐设施的使用以不污染水源为前提。

8.1.3 巩固"缓慢改进区"

处于 IPA 定位模型第三象限"缓慢改进区"内的评价指标，主要特点是古镇居民的重要性期望值低且满意度也低，也就是说，当地居民对这些方面的指标关注度不高。但是，居民对这些指标的重要性感知可能会随着生活状况、情感态度等逐渐发生变化，逐渐地提高对这些指标的期望。这一象限内的指标包括"古镇旅游的发展使本地就业机会增加""古镇旅游的发展使我的家庭收入提高""古镇旅游的发展使本地经济发展加速""古镇的旅游厕所数量充足且干净卫生""我与游客进行互动"。所以，将以上指标列为古镇旅游缓慢改进的发展指标，以期为古镇旅游的长远发展夯实基础。

（1）增加旅游就业机会，鼓励居民自主创业。

旅游高质量发展为旅游地居民带来就业机会和实现自主创业，实现碧湖镇和大港头镇经济转型升级。古镇居民对旅游业带来的就业机会增加的满意度不高，可能存在以下问题：政府出台政策鼓励旅游投资和旅游创业，但在实施过程中没有起到主导和监督的作用，如政策宣传工作不深入群众、当地居民对创业缺乏信心且害怕创业失败、创业过程中遇到的难题没有得到及时解决、缺乏政府正确的指导和培训等，都是居民参与古镇旅游发展的绊脚石。

古镇旅游资源丰富，特色旅游资源还有待挖掘和开发，应利用当地特色资源对旅游产品进行品牌设计、深入开发和差异化经营，促进农民增收。基于全产业链视角下分析，古堰画乡打造了美术写生基地、创作基地和商品油画生产基地，油画产值高，已有不少创客以及近百家企业签约入驻，还需要拉长和拓宽旅游产业链，实施"走出去"和"引进来"战略，吸引更有实力的企业加入投资古镇旅游业的队伍中来，为居民带来丰富的就业机会。

（2）增加居民家庭收入，提高旅游收入占比。

调研结果表明，旅游地居民对经济生活的满意度低于期望值，来自旅游业的收入在居民家庭总收入中的占比普遍不高。古堰画乡发展旅游使原本依靠农业养家的农民投身到依托旅游产业的行列，但当前景区旅游的发展并不能满足他们提高家庭收入的愿望，原因可能是当地居民真正的参与度并不高，人们也没有直接从旅游业当中获取利益。此外，古镇居民不看重旅游发展带来的家庭收入增加，可能是因为多数居民没有看到旅游发展给他们带来的经济生活上的改观，家庭经济收入的主要来源不是依靠旅游业。同时，古镇旅游的发展会对居民造成一些如生活费用的增加、日常生活方式的改变等不利影响，要在居民收入与支出中寻求良性平衡，要求古镇旅游经济的进一步发展。

（3）加速古镇经济发展，提高旅游经营效益。

古镇旅游产业经济效益不足有以下几点原因：首先旅游产业链条不完善，缺乏投资营商环境，产业化水平低。古堰画乡旅游管理者在旅游产业管理的执行力上有缺陷，且旅游业在两个镇的总收入中占比相对较小。古堰画乡景区 2014 年创成国家 4A 级景区，当地政府对旅游开发的重视程度也是在近些年才慢慢有所提高；其次旅游专业人士短缺，在人才的储备、管理及培养上都相对落后。古镇景区相关管理人员及工作人员普遍年龄偏大，景区培训制度不完善，管理者虽经验充足但缺乏整体规划观念、创新意识，业务水平无法得到提高。当地政府应重点打造旅游产业集群，高水平建设宾馆等旅游设施，开发特色旅游商品，不断寻找旅游卖点和热点，增强产业竞争力。按照市场经济规律运作是旅游业发展的必由之路，古镇旅游管理者应意识到以市场为导向，以企业为主体，提升旅游产业化水平，加速当地经济发展。

（4）做好旅游厕所建设，保证干净卫生水准。

完善的基础设施是古镇景区旅游发展的前提，抓好"厕所革命"，满足"数量充足、干净卫生"这一最基本的要求。严格按照全域旅游标准建设古镇厕所，古堰画乡景区环卫设施应坚持数量、质量升级，提升古镇旅游发展保障能力。古镇居民对厕所建设不满意，切实关乎居民日常生活，影响居民生活质量感知，制约古镇旅游进一步发展。游客流量大时，景区厕所不能满足游客和居民需要，更难以维持厕所的干净卫生。当地政府应将全域厕所建设工作置于规划的重要位置，持续改进以提高居民满意度。旅游环境与居民的生活环境密切相关，生活环境因旅游的发展越来越好，古镇居民对外来游客的友好度就越来越高。值得注意的是，厕所卫生需要居民与游客共同维护，政府需要号召全员参与治理厕所卫生，倡导文明旅游，形成良好的卫生习惯。

（5）消除游客居民隔阂，提高主客互动频率。

古镇居民不重视与游客之间的关系，大部分原因是文化差异造成了居民与游客之间的隔阂。游客量的剧增及外来人员的文化水平参差不齐导致了外来文化与古镇文化之间的不断摩擦，产生了一系列新的社会问题。还有一部分原因是当地居民对外来游客有一定的排斥心理，不重视与游客的互动。旅游产业开发会加重旅游地居民的排外情绪。大量流动人口的增加，可能会激发与当地居民的矛盾，特别是在旅游地接待能力偏低的情况下，当游客人数的增加、密度的加大、超过当地接待游客的承受能力时，将会对当地居民的生活产生影响。当这种影响累积到一定程度时，当地居民的态度将从热情友好的积极情绪向冷漠怨恨的消极情绪发展，这将不利于旅游产业的可持续发展。

8.1.4 攻克"重点改进区"

处于 IPA 定位模型第四象限"重点改进区"的指标，主要特点为高重要性但满意度低，对古镇高质量发展中居民满意度影响最大。这一象限内的指标包括"古镇旅游的发展使我的生活质量提高""古镇旅游扶贫富民方式多样""古镇旅游的发展使我自身素质提高""古镇内部旅游交通完善""古镇实现了免费 Wi-Fi 全覆盖"，引申重要性值均高于其平均水平，满意度值均低于平均水平。应将此类指标视为古镇旅游服务质量提升的关键性指标，集中力量全力攻克"重点改进区"。

（1）加大政府财政支持力度，提高居民生活质量。

碧湖镇和大港头镇居民对自己生活质量的满意度感知低于预期，且低于平均水平。当前古镇居民对生活质量不满，容易产生负面情绪和负面评价，对古镇旅游的可持续发展不利，提高古镇居民生活满意度是重中之重。旅游业的商户和农民都易受旅游淡旺季的影响，淡季时游客量的减少很容易反映在他们的经济收入和各方面福利的变化上，加上缺乏政府针对性的财政支持，古堰画乡景区及周边的民宿、特产商店、特色餐饮等微型企业难以维持生存，居民基本生活难以得到有效的保障；旺季时游客量增加，经济收入增加，直接导致居民生活质量和幸福感提高。存在的弊端是，旅游微型企业的经营者及从业者家庭经济收入不稳定，年收入并不理想，当前的生活状况与他们认为值得或应得的生活状况还有差距。

（2）丰富旅游扶贫方式，创新旅游富民路径。

旅游开发作为扶贫富民的新渠道，旅游地政府应充分发挥主导作用，带动碧湖镇和大港头镇全镇干部和居民参与，深度设计古镇全域旅游建设和高质量发展规划，大力推进旅游业和农业等融合发展，创新旅游发展模式，吸引外资企业到古镇投资发展旅游业。当前，古堰画乡已经实现景区"由点连成片"，还需要更科学的高标准规划，更精准的古镇发展旅游定位。旅游发展治理没有实现全员参与，离景区远的居民没有参与到旅游景区的开发和治理中，已经参与到旅游项目的居民的态度也不可观，实际上他们并没有较高的参与能力。古镇旅游发展中农民创业类型简单，需要深入探索和融合创新，鼓励农民创业的政策落地有待加速。目前丽水市古堰画乡开发建设管理委员会开发的旅游扶贫项目并没有真正精准地识别出扶贫目标人群，想要解决这个问题最有效的办法就是明确精准对象，例如整个旅游项目不同地区的居民获利不一样，靠景区近的获利高，而离景区远的则获利少。此外，要想真正实现旅游扶贫富民，需要提高当地居民在旅游治理中的发言权，当地政府需要尊重聆听居民意见，提高居民参与积极性。

（3）提高古镇居民素质，培养其旅游创业能力。

调研发现古堰画乡景区及周边经商户和从业者多为本地居民，他们在与景区的合作过程中或在经营农家乐、餐馆、民宿等的过程中，大多遵循的是实践中总结的规律经验，文化程度普遍偏低，缺乏经济管理类的专业知识和创业基础知识，经营管理理念弱，缺乏对旅游服务业经营的整体规划和服务意识，发展前景容易受到限制。农户应该主动地学习相关的成功经验，以更好的状态参与当地旅游发展。政府在推进古镇旅游发展的过程中，应做好对商户和从业者的培训管理及引导工作，通过培训促进其技能升级和服务升级，如开设培训课程，对农户定期进行语言、饮食文化、经营理念、销售服务、规范化接待等方面的基础培训和旅游技能培训。通过专业培训、加大政府扶持力度以及自主学习成功的旅游项目经营模式和经验方法等激励措施，使农户尽快融入到当地旅游的发展中，从而提升旅游服务质量，提高居民的综合素质。

（4）完善旅游内部交通，促进旅游积极感知。

景区内部旅游交通对古镇旅游的发展非常重要，直接关系到居民的生活环境。古堰画乡景区实际的交通状况不尽如人意，景区内部道路并不宽敞，古堰和画乡两个景区之间只能渡船来往。随着游客量的不断增加，特别是在小长假期间，景区时常出现内部交通秩序混乱的局面，制约景区的发展，影响当地居民日常出行。当地政府和旅游部门务必重点关注古镇内部旅游交通建设，合理控制交通流量，完善旅游交通设施，为古镇树立一个良好的形象。景区应逐步推进内部旅游服务设施的交通引导标识建设，完善交通条件指示牌、导览牌等，形成布局合理、体系健全、标识规范、实用清晰的交通引导标识体系。景区内部交通以旅游观光车为主，景区周边要控制自驾车出入，以防造成交通拥堵。

（5）普及 4G、5G 移动网络，实现 Wi-Fi 全面覆盖。

在智能终端普及的今天，为满足游客和古镇居民对移动网络的依赖，打造智慧化和信息化景区，古镇移动通信网络建设和景区实现 Wi-Fi 全覆盖是非常必要的。当前古堰画乡景区没有设置景区 Wi-Fi，各商户均设置了无线网络，他们对景区软件信息服务最不满意的是网络信号差，不便于商户利用网络为游客提供购物便利，游客在扫码支付时可能会因为网络问题而导致支付失败。而且景区 Wi-Fi 没有实现全覆盖，景区内较偏僻地区无法连接无线网。同时，当景区客流量大或气候不佳时，对景区无线网覆盖带来了很大的挑战。对此，当地应引入高技术人才加强网络建设，结合碧湖镇和大港头镇的特征完善无线设施管理系统，实现景区无线网络全覆盖，为游客提供方便快捷的网络服务和信息服务，古镇移动通信网络建设能为当地居民提供很大的便利，满足人们日常生活需求。

8.2 游客视角下的古镇旅游高质量发展的经验与挑战

8.2.1 稳定"优势保持区"

位于 IPA 定位模型中第一象限"优势保持区"内的指标，其满意度高，重要性也高，处于该象限内的指标包括"古镇旅游让我感到安全（治疗/救援/保险等）""古镇的空气质量较好""古镇的垃圾处理较好""高速公路、机场、高铁等外部交通可进入性好""古镇的就餐环境整洁卫生、菜品明码标价""古镇提供标准化服务"等 6 项。其中"古镇的污水处理较好"在第一象限和第四象限中间，也放在第一象限来说。总体而言，"优势保持区"的各项指标集于空气质量、旅游安全氛围和市场监管良好三个方面，游客既认为这些指标对旅游体验十分重要，又十分认可古镇在这些指标上的表现。这一定程度上说明古镇管理者十分重视空气质量保护、旅游安全氛围营造以及市场监管等方面的工作，并取得了良好的效果。因此，从丽水市碧湖古镇的旅游发展经验中可以得出，古镇旅游必须立足原有发展根基，在此基础上，保持稳定的状态以及良好的竞争优势，重点保持在空气质量、安全氛围以及市场监管方面的良好优势，从而稳步提高游客的满意度，促进古镇旅游的可持续发展。

（1）保持空气质量优势，满足游客绿色需求。

良好的空气质量是古堰画乡发展旅游的根本所在，也是吸引游客到来的重要原因之一。古镇所在的城市丽水市在自动监测站中环境空气质量 AIO 优良率处于全国领先位置。当地政府针对影响空气质量的行为出台联合防治政策，针对空气中的汽车尾气推广节能减排型车辆，并倡导低碳出行意识，监管当地居民焚烧秸秆枯草等行为；加强影响空气质量的宣传教育，健全对空气污染的预防能力和识别空气污染的行为。景区方通过采取相关措施鼓励游客"低碳旅游"，通过多方努力更好地维护古镇空气质量。

（2）营造安全旅游氛围，扎实安全管理工作。

调研发现，安全感知是游客对古堰画乡景区满意度最重要的影响因素之一，加强安全旅游氛围的营造是游客最关心的问题。明确景区安全管理的权责分配，对由于自然灾害引起的安全问题要加强维护并总结经验，景区的管理人员和服务人员要学习意外来临时的逃生技巧，开展演练并聘请专业人士对景区工作人员进行教育培训。对到访的游客可以通过宣传片和导游讲解的形式，传播逃生方法、灾害处理等知识。对于饮食安全方面的问题，以政府为主导，设立专门的检查机构定期对食品卫生安全和消防安全做好督导检查工作。景区工作人员严格执行景区安全管理条例，如消防设施要保证在有效的生产期内、医疗室人员配备充足、救护通道顺畅等。景区管理者还可以多借鉴其他旅游目的地的经验，建立完善的安全管理体系以保证游客的安全。

（3）加强垃圾分类处理，减少古镇垃圾污染。

调研结果显示，游客对古镇景区垃圾处理的满意度和重要性都比较高，重要的原因是景区垃圾处理能力较强且实行垃圾回收再利用，目前仍需要继续保持并加强。在游客方面，应加大游客对垃圾分类和垃圾处理的宣传工作，了解随意乱丢垃圾对自然环境的危害，通过普及宣传片教会游客正确地进行垃圾分类，以便于垃圾回收再利用。在景区方面，增加垃圾桶的数量，解决垃圾桶分布不均衡的问题，并保持垃圾每日清运，以免有垃圾成堆现象，鼓励游客和本地居民使用环保材料代替塑料制品，减少垃圾的污染。

（4）完善外部交通系统，合理控制游客流量。

古堰画乡景区外部交通上可进入性好，游客到达古堰画乡可以通过飞机、高铁、汽运等交通方式，直接到达古镇旅游地所在城市丽水市，政府专门开通了连接丽水市到古堰画乡的直通车，解决了游客"最后一公里"的旅游难题，在此基础上政府还可以通过智慧旅游方式通过互联网数据平台、人工智能识别和大数据分流技术，让每一个到达该地区的游客能够实时接收到交通路况、天气情况、停车场地、剩余车位所在位置、沿途景点、最近路线等信息，并通过人工智能识别对各个城市到来的游客进行统一的数据引流，相同路线或方向相同的远距离游客可以引流到比较远的景区停车场，防止景区内的道路拥堵问题，并在智能的交通图上，形成动态的信息图，让游客感受到景区提供的细致入微的出行服务。

（5）保证菜品标价透明，加强市场监管力度。

在古镇旅游过程中，景区的餐饮企业要根据游客对餐饮产品的需求程度和认知水准来确定菜品的价格，在定价上要符合市场上的食材价格标准和对游客承担能力的估算，对景区内的餐厅出现价格定得虚高或者餐单出现的菜名与实际相差甚远的情况，古镇景区内的市场监管者要及时整顿处理，避免出现"景区天价便饭"的现象。同时，旅游旺季时由于同行业的恶意竞争出现的以次充好、以牟取暴利为目的的餐饮现象也离不开市场监管者的调研和考察，应以确保游客餐饮知情权与公平交易、大众消费为准则，制定一个薄利多销、科学合理的餐饮产品价格。

（6）提升旅游服务体验，提升古镇旅游吸引力。

服务水平的高低是游客旅游体验的关键，旅游中的服务包括食、住、行、游、购、娱。其中在饮食上要提供给游客标准的服务，让游客能够吃得舒心；在住宿方面，要为游客提供温馨舒适的住宿条件和贴心周到的服务，让游客能够住得放心；在景区游玩时，通过高水平的导游服务和景区讲解员的配套服务，能够合理地处理突发事件，化解时间和人员上安排的冲突矛盾，让游客能玩得安心；而娱乐方面，可以开发特有的民俗特色的旅游产品，比如古堰画乡举办的旅游活动，其以畲族独有的文化为主线，通过四个篇章，即凤鸣朝阳、凤引九雏、鸳俦凤侣、龙翔凤舞为特色视角展现民族精神和文化的创意生活，让游客能游得开心。以上这些都是旅游服务衍生出的产品，做好这些服务，才能更好地激活游客对古镇旅游的满意度，提升古镇在游客心目中的地位。

（7）加强污水处理监管，规范污水处理流程。

古堰画乡景区的水乡风情是吸引游客的重要景观，污水处理问题也备受游客关注。外来游客可能带来的污水是日常生活污水和厕所污水。针对此现象，古镇应设置污水处理厂，聘请专业的污水处理人才并引进技术；景区还可以利用二次用水，重复使用日常生活用水，避免造成水资源的浪费。例如可将游客在酒店住宿时，使用酒店生活用水后产生的污水，输送到厕所冲洗时的用水池中，减少酒店用水总量，并对最终流出的污水进行科学处理，减少化学洗涤剂成分，达到统一标准再进行排放，禁止将未经过处理的污水，随意排放到河流、湖泊中造成水资源的污染，对违反规章制度的酒店可以依法进行处理，予以罚款或者其他法律处分等，对厕所污水的利用，可以进行阳光的发酵，对周围的农作物进行施农家肥，其他不能合理利用的可以进入污水处理厂，统一处理排放。

8.2.2 调整"可能浪费区"

位于 IPA 定位模型中第二象限"可能浪费区"内的指标，是指游客对其重要性期望低而满意度却高的指标，包括"古镇的自然生态保护良好""古镇保护较好""古镇环境洁化绿化美化程度高""古镇建筑富有地方特点和乡土特色""古镇内部旅游交通完善""古镇文明旅游宣传良好""古镇文化资源保护良好""古镇的在线预订、网上支付等服务完善""古镇的地表水环境质量高""古镇的停车场等旅游交通配套设施完善""古镇市场秩序良好，打击黑车、黑店现象"11 项。各项满意度评价具有一定的差异，获得游客满意度最高的为"古镇的自然生态保护良好""古镇环境洁化绿化美化程度高""古镇的地表水环境质量高"这 3 项，满意度得分均值为 4.29，说明游客对古堰画乡的自然生态环境比较满意。而获取游客满意度最低的为"古镇市场秩序良好，打击黑车、黑店现象"，这项指标的满意度得分均值为 4.19，说明游客对其负面评价居多。根据相关性分析结果可以概括来说，集中在自然生态环境和社会文化以及市场监管三个方面。因此，从丽水市碧湖古镇的旅游发展经验中可以看出，古镇旅游必须立足原有的发展根基，在此基础上，适度调整态势，提升劣势方面的比较优势，从而稳步提升游客的满意度，促进古镇旅游的可持续发展。

（1）保护古镇生态环境，促进旅游可持续发展。

优质的生态环境对古镇的发展起到促进作用，也是吸引游客前来的必备条件。对于生态环境的维护，古镇旅游管理部门需要动员游客积极参与，鼓励游客进行绿色旅游，减少破坏古镇生态环境的行为。此外，旅游管理部门还需要兼顾生态资源的承载力，建立游客流量的动态监测机制，在古镇生态资源承载力的范围内合理进行旅游开发，为游客提供旅游生态环境保障，也为居民的日常生活环境提供保障，促进古镇旅游的可持续发展。保护生态环境可以从两方面入手，一方面是培养生态环境的保护意识，保护植被的多样性，及时进行地表水环境质量检测；另一方面可以以生态环境开发的路径为立脚点，开发"绿色生态游""绿色生态餐""绿色生态行"，提高环境洁化、绿化、美化程度，进一步更好地还原古镇优美的生态环境，全面提升绿色保护的能力和提升绿色开发的水平。

在古镇生态环境的保护上，当地政府部门与环保部门要加强合作，长期针对到访的游客、当地居民、企业等进行生态环境保护知识宣传和生态法律法规教育，明确保护生态环境是古镇发展旅游的重点工作，鼓励游客积极实施环境保护行为，提高生态保护意识，出台环境和资源的保护措施，确保游客与自然生态环境的和谐相处。在古镇生态环境的保护中，植被的多样性与完整性发挥着举足轻重的作用。因此，各古镇管理者在旅游开发过程中应坚持植被多样性的原则，将植被融入古镇的生态工程建设中，并在古镇自然景观林打造的过程中减少农药、化肥的使用，坚持保护古镇自然生态环境，从生态保护、生态宣传、生态种植三个方面打造高质量古镇自然生态环境，提高游客对自然生态环境的感知。而在古镇生态环境的保护下，要对地表水环境的质量进行定期测量、时时检测，由于地表水环境质量关系到日常饮用水的安全、健康问题，因而当地旅游对地表水资源环境测量也要重视起来，地表水资源的测量和水污染处理要制定出符合标准的检测范围，政府要加强对古镇旅游酒店、餐饮、景区游玩地区水资源测量，并建立自来水管道设施，保证当地居民用水和游客生活用水的安全、健康；而对于会造成地表水污染的行为，政府要依法进行处理，健全古镇内水资源检测系统，通过对古镇旅游各地供水资源的质量检测，对不合格地表水要进行快速处理，防止由于地表水环境污染危害游客和当地居民的身体健康。政府还要坚持长期监管制度，从国家、地方到社区管理单位都要形成一套完善的体制和长效机制，保证地表水饮用安全卫生。还要监控周围环境的污染情况，对周边企业进行不定期检查，对有随意排放污水行为的企业进行罚款整顿，并让罚款的企业出资带头去处理被污染的水源。

全面落实古镇生态环境开发的理念，将"绿色生态游"作为古镇旅游开发的特色，统筹实施一些有利于古镇绿色发展的产业行动，加快培育新的经济增长点，争取把"生态碗"转变成"金饭碗"，加快培育新的绿色发展路线，不断把生态优势转化为经济优势、发展优势。并在原生生态特色打造的同时，要避免出现人工化明显、工艺粗糙、以次充好的问题，尽可能地把古镇"原汁原味"的特色展现给游客，打造出富有竞争优势的精品古镇游。在自然生态保护的条件下还可以开发生态农业资源，打造"绿色生态餐"，种植一些野生蘑菇、野菜等组织采摘活动，由于其独特性和神秘感会对游客有很大的吸引力，并可以在采摘的过程中设计出旅游路线，将采摘野菜作为一个旅游项目开发，还可以结合餐饮行业的发展，变成各种原生态菜品，作为吸引生态游客的重要补充部分。打造"绿色生态行"品牌，鼓励自驾游的游客坚持环保驾车、文明驾车，而当地居民可以尽量乘坐公共汽车、地铁等公共交通工具，减少污染、提高能效、节约能源，在古堰画乡景区内游客可以采取步行或骑自行车等交通方式，既能领略大自然的自然风光又能为保护生态环境尽一份力量。

（2）加强文旅融合发展，带动旅游文化传承。

促进文化与旅游交互开发，在古镇风俗文化的承接中加入旅游的发展理念，让文化深入到古镇旅游中。在古堰画乡的调查中发现，游客对文旅融合的关注点也更多集中于"古镇的文化资源保护良好""古镇文明旅游宣传良好"以及"古镇建筑富有地方特色和乡土特色"，这是传承文化、旅游活化、带动发展的传承点，是旅游体验后获得的一种情感状态，有利于游客感受当地文化氛围。因此，形成古堰画乡景区自身特色并加强文旅融合发展，是供给侧结构性改革带动旅游文化传承、促进古镇旅游健康平稳发展的必经之路。

在文旅融合方面，首先要保护文化资源、创新旅游产品。在古镇旅游中，文化资源是其重要的组成部分，针对古镇文化资源的利用，可以在保护的基础上，设立相应的法律保护条例，明确保护古镇文化资源的主要方面和次要方面，加强当地居民对文化资源的保护，并对前来古镇旅游的游客宣传到位，让游客认识到文化资源保护的重要性和深远意义。同时在保护文化资源时可以设立文化 IP 品牌，IP 是近年来旅游比较热门的话题，IP 可以关注文化资源本身的内容，既可以是一种故事中形式的延伸，也可以是当地人物中比较有深远影响的代表人物，还可以是数字动漫中的主题形象，可以围绕人物的日常生活设计出一系列与古堰画乡旅游相关的品牌 IP，将吃、住、行、游、购、娱旅游 6 要素蕴含在其中，以文化要素为核心外延拓展，形成完整的产业链，让古镇的文化资源"火"起来。

其次，需要拓宽旅游市场、精准宣传到位。可以通过政府、企业和社会中各阶层的力量，全方位地宣传古堰画乡的旅游，让每一个从业人员通过自己的社交媒体渠道扩大宣传力度，让人人都参与到古镇旅游的宣传当中，而当地的政府部门要联合当地的大企业参与到旅游的宣传中去，利用新媒体技术，如微信公众号、企业微信、微博、景区的官网、旅游合作方企业 App 等，可以通过漫画、短视频、幽默诙谐的小故事，多渠道、多方式、多角度宣传；开拓 OTA 营销平台，针对古堰画乡的宣传策略，针对不同的渠道制订个性化投放方案，针对亲子市场和研学市场可以借助价格上的优惠加大宣传的力度。借助艺术节等活动树立鲜明的品牌形象，比如 2020 年在上海大世界举办的古堰画乡小镇艺术节发布活动，凭借着"摄影之乡"和"油画发祥地"的美誉吸引了世界各地热爱艺术的朋友前来感受画乡的魅力。

最后，营造古风古建筑、打造特色古镇。从游客的调查视角上来看，建筑的古风古色对游客具有一定的吸引力，但游客对其满意度却比较低，说明古镇的整体风格随着现在建筑元素的冲击失去了原真性特色，也可能是因为历史的冲刷建筑变得腐烂不堪维修不及时，古堰画乡旅游部门应该组织专业人才进行修护，对一些具有古风特色的建筑要坚持"新建旧貌"原则，最大限度地还原建筑的颜色、风格等，在总体风格上要和原本的建筑风格保持一致，在游客方面要加大对古建筑的保护宣传力度，特别是安全的问题，在景区的古建筑旁要设置"禁止明火"的警示标识，防止发生火灾，减少对建筑的破坏。针对比较珍贵的古建筑，要限制游客人数，建立隔离装置、设置警示牌以及围栏防止游客的触摸，并在古镇四周安装专业监控录像设备，方便发生意外事故时，管理人员能及时处理且便于公安机关调查取证，促使游客更好地保护古镇的古建筑。

（3）完善基础配套设施，提高内部通达水平。

从游客感知角度来看，四通八达的便利交通，对旅游资源的开发可以起到促进作用，加快古堰画乡旅游发展的步伐，比如古堰画乡的莲都区在优化内部交通网络的举措中，将碧湖区块的交通主干道进行提质升级，打通内部的交通梗阻，又推出了农村公路提质升级，畅通了城乡"毛细血管"，推出了"等级公路、通客运班车"，着力打造城乡交通一体化发展的"莲都样板"。在此基础上还应进一步出台有利于游客流通的政策方案，修建专门的旅游大巴专用通道，对于特殊群体，内部交通要设置残疾人无障碍通道，古镇的游客服务中心可以给残疾人配备相应的贴心服务，如轮椅和导盲犬等。并应深度分析游客的需求，发展多业态化的旅游产品，减少游客的集聚度。在停车场停放车辆时，可以通过智慧交通分流，对进入古镇的车流科学地分配停车场，避免对某一停车场的扎堆使用，造成停车场资源的浪费。

（4）引入 5G 先进技术，促进智慧旅游发展。

根据调查的结果，游客普遍对网络这一项的满意程度不高，说明古镇中运用智慧化旅游和网络平台预订还不够完善，景区要加强这方面的建设，建立的网站要比较醒目、突出，便于游客找到，同时简化注册及登录程序，还要定期关注古镇的旅游网站上出现的有关景点门票、酒店住宿和一些其他服务的客服回答是否及时。总体来说，应在 5G 网络时代让游客更加便捷快速地完成网上预订，开发出健全完善的旅游网站平台，才能更好地满足游客的需求。

（5）加强市场监管，打击"黑恶"现象。

严厉打击"黑车""黑店""黑导"现象，这将影响游客对古镇旅游的整体印象，游客对古堰画乡的这些方面是不满意的，政府要把扫除旅游行业的黑恶势力的工作做好，就要加强对相关行业的监督与检查，并要与公安机关相互配合，对触犯到法律的行为要依法进行处置，并发动群众的力量和结合电视媒体宣传坚决铲除旅游中的黑恶势力。还可以采取匿名举报的方法，游客可以向相关部门打电话寻求帮助和救助。

8.2.3 挖掘"缓慢改进区"

处于 IPA 定位模型中的第三象限内的指标，属于游客的满意度低且重要性也低，目前来看说明这些指标不是游客的重要关注点，但随着游客的年龄的变化、收入水平的不同、在生活阅历方面的改变、旅游经验的丰富，以及情感生活的变化等，其会对这一象限中的指标有不同的期望。这一象限的指标包括"古镇提供讲解、咨询等志愿者服务""古镇品牌突出""古镇的旅游住宿品质较好""古镇的演艺活动具有浓郁地方文化特色""古镇拥有具有地方特色的餐饮品牌""古镇的系列农副土特产品、文创产品、实用产品体现地方特色""我接受居民的帮助（如指路等）"等 7 项指标，所以，积极拓展第三象限的指标，将挖掘地方特色产品为发展方向，以此为更好、更长远地发展古堰画乡的旅游业奠定坚实的基础。

（1）开展"志愿者"服务，打造文明古镇。

通过调查分析得知，景区在打造古镇旅游志愿者服务方面有所欠缺，游客对这一方面的满意度不高但其重要性很高，应该积极发展旅游志愿者服务项目。针对这一情况，目前古堰画乡通过政府引导、行业带动和企业参与等方式，积极拓展志愿者的服务范围，并与志愿者的招募、培训和需求相匹配，在志愿者方面实施规范化、网络化的管理模式，并对要上岗的志愿者提供岗前培训，围绕古堰画乡旅游出现的一些问题提升志愿者的应急能力，并提供一些必要的资金和政策的支持，保证志愿者服务的可持续性。

（2）打造古镇特色文旅 IP，提高古镇品牌知名度。

在问卷分析中发现游客对古堰画乡旅游品牌的建设满意度和重要性认知都是比较低的，但是古堰画乡旅游品牌的建设对其未来的发展非常重要。在旅游行业中有众多旅游产品可供游客选择，要想脱颖而出就要突出古堰画乡的旅游品牌，古堰画乡可以推出系列文明活动，扩销和宣传景区品牌。在打造品牌之路上，引进特色业态，拆除杂、乱、差的标识标牌，并聘请规划、艺术、乡创方面的精英专家为古堰画乡品牌的打造出谋划策。古镇品牌的打造也离不开文化的依托，所以在古堰画乡打造品牌的过程中要把古堰画乡的文化和旅游融入到一起，盘活古堰画乡的传统文化资源，挖掘本地的特色文化要素、文化符号以及其精神价值，通过打造嘹亮品牌，带动周边城市经济的发展和影响力，让旅游产业实现质的飞跃。

（3）提高古镇住宿品质，保证游客住宿体验。

古堰画乡景区在住宿条件上为了提升游客的满意度，需要完善住宿软硬件设施，规范景区内的住宿市场，要改变传统的经营模式，把古堰画乡的文化内涵与住宿产品融入到一起，形成特有的住宿条件，应与其他竞争者有差异，并且住宿条件要符合国家的标准，打造干净、卫生的住宿环境，而对于住宿中使用的洗浴用品，要严格按照客房清洁标准，与正规洗浴用品厂家合作。坚持"政府主导、市场培育"，打造精品住宿条件，邀请当地居民的加入，打造"人人是旅游的主体、居民游客一家亲"的发展模式。在住宿的选择上可以根据游客的需求，提供多样式住宿服务，从住宿资源开发、维护到经营管理严格按照古堰画乡政府行政管理部分对住宿市场秩序的要求，更好地提升游客住宿体验。

（4）丰富旅游互动项目，提高主客互动深度。

调查分析发现接受居民的帮助在游客的满意度中比较低，说明由于文化的差异，游客与当地居民不愿意过多交流，或者彼此不熟悉没有互动的欲望，可以通过宣传民俗文化让游客更多地了解当地的历史，或通过夜游演艺中游客的参与拉近其与当地居民的距离。还可以通过成立共同兴趣爱好小组以及组织各类文体娱乐活动，增加游客与当地居民的接触机会，围绕共同的话题安排趣味游戏活动，比如在古堰画乡景区可以举行传统节日的主题活动，通过共同的文化活动拉近主客间距离，为他们搭建沟通的平台。

（5）传承古镇文化基因，寻求文旅创新发展。

一是充分挖掘土特产品。土特产品代表古堰画乡的地方特色，将土特产与旅游活动相结合可以从品牌化生产入手，设计出土特产的品牌标识及极具特点的外包装，并提供完善的售前、售中、售后服务。在品牌的标识上要设计出有地方特色的商标，通过申请专利享有法律的保护，防止其他地区恶意使用，影响本地区土特产的健康有序发展；在外包装上，要融入地方民俗文化和人文风情，设计出干净健康的包装外形，既能让游客自己使用也可以当作礼物送给他人；在销售服务上完善售前、售中和售后服务，售前加强与游客的沟通，售中耐心向游客介绍产品并解答游客提出的问题，售后包括处理投诉、传授使用方法等，让古堰画乡的土特产品能走进市场，受到游客的喜欢。

二是文创产品的创新。从调查分析中可以发现游客对文创产品的关注度不是很高，说明当地的政府对文创产品的宣传和重视程度不够，导致文创产品的推出和宣传效果不好。目前对于古堰画乡景区的文创产品，应该勇于打破淡旺季的局限，增添富有古镇历史文化的元素，并融合现代元素，使景区文创产品更加具有生命力。在生产上可以利用大机器生产和培养传承人的方式，使得传统文化得以延续；在销售上可以利用互联网技术，多平台、多渠道、线上线下相结合，扩大对古镇旅游文创产品的传播和宣传，吸引更多游客的关注，形成良性循环。

三是结合特色文化推进旅游热。在古堰画乡推出系列活动，让游客能在传统文化中体验到古堰画乡的民俗文化；推出"年货大体验"活动，包括年糕、年糖、泡豆腐等特色传统美食，让游客体验到"舌尖上的古堰画乡"；还可以通过网络直播、电视媒体的方式，拉动相关企业投资，开发有趣的全民参与活动，吸引游客的到来。

8.2.4　集中"重点改进区"

处于 IPA 定位模型的第四象限"重点改进区"的指标，主要的特点是游客满意度低但重要性高，说明古堰画乡对这部分指标在资源配置与合理发展中失之偏颇，所以，古堰画乡要想提高游客的满意度，需要集中力量、重点整治，在重点改进区合理优化资源配置。这一象限内的指标包括"古镇负责人处理线上、线下投诉及时、公正""古镇的节事节庆活动具有浓郁地方特色且类型多样""古镇的旅游住宿可选择种类丰富（例如星级宾馆、连锁酒店、文化主题旅游饭店、民宿）""古镇实现了免费 Wi-Fi 全覆盖""古镇的常态化休闲娱乐活动丰富（例如康体疗养、夜游休闲、文化体验）""我与居民建立友谊""我与居民进行互动"7 项，可以分为投诉处理类、网络建设类以及当地居民态度类三方面，需要古堰画乡经营管理者以此类指标为攻克的难点，集中力量重点解决相关问题。

（1）实现网络全覆盖，推进旅游智慧化。

"出门游，请导游"是一般大众游客的传统出行方式，"出门行、二维码支付"是很多游客日常生活的必备支付方式，由于互联网时代的来临、智慧化和信息化旅游的推进，为能够更好地满足游客需求，景区需要提供在线支付、网上订票、餐饮住宿等信息和智慧化旅游方式。古堰画乡由当地政府牵头，联合地方移动网络部门在人员密集的地方安装移动网络塔，实现网络信号强和上网无阻碍，通过网络建设给景区内的商家安装便捷的无线网络，让游客能在享受古镇旅游带来的愉悦心情时还能感受到古镇Wi-Fi 全覆盖带来的便利。

（2）促进游客深度参与，维护主客和谐关系。

由调研结果发现，游客对与当地居民的友好往来重视性不高，满意度也不高，这是由他们自身的生活背景不同和文化差异性造成的。在古堰画乡景区，当地政府可以通过举办以居民家庭为中心的文化活动，提高游客的参与率，拉近本地居民和外来游客的距离；还能以文化传播为途径，让游客讲述自己家乡独特的人或事，评选出"最美家乡"，以游客家乡为出发点，鼓励游客与本地居民建立友谊，达到和谐共处的目标。

（3）加强投诉机制管控，维护旅游市场秩序。

通过分析数据可以发现游客认为景区处理投诉问题是很重要的，但满意度较低。首先景区管理中要实行权责分明，对于游客投诉待处理的问题，第一负责人应做好相关记录并及时给予解答，对解决不了的问题逐层上报处理，避免出现"踢皮球"的现象；其次要建立应急处理制度和设置旅游警察，重大突发事故的处理是至关重要的，发生突发事故时立刻执行应急管理办法和安排救援队伍；最后，建立健全投诉处理的网络平台机制，让更多的游客了解到景区的投诉处理渠道，能够及时关注自己所发表的问题和处理进展，让投诉处理变得更加公平、公正、公开。

（4）强化住宿个性体验，提高游客满意水平。

玩得开心、吃得放心、住得舒心，是游客出游的三大主要需求。随着游客消费能力的提高，古堰画乡应对住宿产品进行升级，根据游客的不同需求提供不同的住宿条件，并为家庭游客提供亲子酒店，追求品质的同时更展现景区的多元化设计，比如星级酒店提供"一价全包"模式，对进入酒店的游客，除了提供夜晚住宿外，还承载着美食、艺术欣赏、娱乐、购物等休闲需求；对住在亲子酒店的游客，提供特色的亲子活动；精品民宿设计了网红打卡地，如富有古典神秘色彩的旋转楼梯、坐拥海景的无边泳池等。此外，景区各酒店的配套服务也能更好地满足游客需求，如新颖的美食料理和本地特色美食等。

第 **9** 章
主客共享视域下古镇旅游高质量发展的对策建议

在明确主客共享视域下古镇旅游高质量发展的经验与挑战的基础上，笔者结合产业链理论、利益相关者理论、体验经济理论、公共参与理论、社会交换理论以及可持续发展理论等相关理论知识提出系列对策建议，以期为古镇旅游高质量发展提出具体的方法论。

9.1 共享视域下的古镇旅游高质量发展对策建议

9.1.1 完善古镇旅游产业链，做大盘活产业"蛋糕"

当前我国古镇旅游发展尚未完全成熟，市场潜力巨大。将古镇旅游"蛋糕"做大盘活是带动我国古镇旅游产业发展的必经之路。只有将古镇旅游这一"蛋糕"做大盘活，才有可能更好地实现古镇旅游开发与发展。而要达成此目的，从供给侧角度来说则必须要优化古镇旅游发展的资源供给，关注古镇旅游发展的技术、产品与服务创新，发展古镇旅游中的产业集群，调整古镇旅游发展中的产业结构，加快古镇中各个相关产业融合进程以及发挥各个古镇发展旅游产业的长板效应。

（1）优化古镇旅游发展的资源供给。

有效投入要素、优化资源配置、充分利用和开发资源是促使古镇旅游发展质量提升的途径。古镇旅游是多行业、多产业的集合，涵盖了不同类型、丰富多样的吸引物、活动及项目，经营业务和范围也极广，同时还涉及民俗、古迹等不可再生的核心资源的保护问题。因此，要实现古镇旅游的高质量发展必须投入大量人力、物力和财力等要素。为了实现提升古镇旅游经济效益，推动古镇旅游发展，扩大古镇优势的目标，古镇旅游必须要优化资源供给，通过促进资源的合理分配、利用和开发，从而不断提高古镇旅游产业供给水平。

古镇旅游产业发展是以其当地承载的核心文化资源供给为基础的，为推动古镇旅游产业发展，必须要了解本古镇的要素供给水平，并在此基础上，有所侧重地加大各类资源投入。对于古镇旅游高质量发展而言，其各类资源要素的供给和分配水平实际上反映了当地古镇旅游产业在旅游服务中的实际供给能力。这有助于明确古镇旅游高质量发展的内部优劣势，以及更好地在全国甚至世界范围内进行古镇旅游市场的定位。因此，为进一步在市场上获取足够的竞争力和发展优势，我国各地古镇旅游发展必须要用国际的发展眼光，对接国际标准，并对标古镇旅游产业示范区域，不断挖掘可供开发的人文资源，如历史积淀、文化积淀、民俗民风等。在此基础上，有所侧重地加大经济投入，注重公共投入，并积极联合社会各级，获取社会支持等。

与此同时，也要高度重视古镇旅游资源的有效利用率及实际产出，不能停留在"只顾投入、空喊口号"的阶段。这要求在提升古镇旅游要素供给时，必须要坚持"效率导向"，并且不能无限制地投入要素，要在有限的古镇旅游资源要素投入池中进行"深耕"，从而实现各类古镇旅游资源的有效利用。当前，古镇在旅游产业的发展过程中虽然投入了非常多且十分丰富的古镇旅游资源要素，古镇数量扩张较快，许多人造古镇、仿古小镇纷纷兴起，原有的知名古镇发展也看似欣欣向荣。然而它们大多存在同质化、商业化情况严重，文化属性和精神内核开发不足等问题。由此将造成大量资源，例如土地、劳动力和文化资源的浪费，进而导致古镇旅游资源供给效率不高的问题，不利于古镇旅游产业完善和高质量发展。且从长期来看，还将威胁到古镇旅游产业的可持续发展。所以，古镇旅游的发展不能盲目地、粗放地投入大量资源，更不能片面追求"越多越好""数量至上"，不能对古镇建成后的旅游产出、效率、效益及质量等更为重要和长期的评价指标不管不顾。而是需要集中各项古镇发展旅游产业的资源要素，最大限度地创造出更多有效的古镇旅游资源投入和供给，避免古镇旅游资源要素错位，以及由这种错位所造成的供给有效率降低等问题，由此实现从简单粗放式的古镇旅游资源要素投入转向集约式古镇旅游资源要素投入。此外，优化古镇旅游资源供给的本质其实就是改善其供给质量，因此古镇旅游发展还应当坚持内涵式发展道路。由此调整古镇旅游资源要素配置结构，激发古镇旅游资源的活力，在文旅融合背景下，在古镇旅游发展中促进文化与旅游资源的深度整合。进一步地，为推动和实现古镇旅游内涵式发展，构建其内涵式发展模式，古镇旅游发展过程中应当积极树立"追求精品"意识，致力于开发和提供更高质量、更精细化和更具文化内核的古镇旅游产品与服务，由此不断升华古镇旅游的品质、价值和精神内涵，使古镇旅游产品与服务更符合居民和游客的消费升级需求，提升古镇旅游的吸引力和创造力。

（2）关注古镇旅游发展的技术、产品与服务创新。

古镇旅游虽然是依托于深厚的历史文化底蕴、较好的乡镇面貌而被重点开发其景区功能，并为游客提供旅游服务的商业集镇，具有完整风貌、深厚文化、鲜明特色、浓郁民俗等特点。但在现代社会，古镇旅游作为旅游的一部分，也不能脱离旅游业是现代服务业发展的重要环节和组成部分的大背景。因此，对古镇旅游的产品和服务进行设计、开发、建设、发展、重组和升级也都无法离开技术的创新与发展。例如游客进行古镇体验时就可以用到虚拟现实技术，在进行纪念品设计的过程中也可以运用 3D 打印技术，而在为游客提供服务的过程中也可以使用人工智能技术等。除此之外，在古镇旅游发展过程中也离不开其他支撑性技术，这些技术不仅可以支持旅游业的发展，还有助于提高当地居民的生活水平，提高其生活幸福感，由此提高居民对于当地发展旅游业的支持率。故古镇技术水平提升不仅有助于提升资源利用效率、提供创新型服务，还有助于推动古镇旅游进行产品创新，以此推动高质量发展。

技术是创新的第一动力，将会成为引领古镇旅游高质量发展的不竭动力与源泉。但是现在古镇旅游的发展仍然存在创新不足的问题，因此在古镇旅游发展过程中必须要推进产品创新与技术创新。具体而言，古镇旅游应当首先将技术创新作为"引擎"，时刻将其放在重要的战略指导方向上。同时要以产品创新和服务创新为目的，培育古镇旅游产业的创新能力，推动古镇旅游业从资源、资本依赖向科技创新、产品吸引驱动发展，在保护传统文化资源和民俗资源的基础上，利用新兴的技术提升吸引力。

当前，古镇旅游发展虽然处于快速的增长扩张过程中，但是仍然难以避免地存在着旅游体验项目单一化、简单化，支持性设施设备发展落后等问题，这在很大程度上降低了古镇旅游的生产和发展效率，降低了资源转化率。而技术的进步、创新以及在产业中的应用是产业转型升级的重要动力，对于古镇旅游而言，其内核虽然是传统文化和民俗文化，但是如何利用新兴技术，如何使古镇旅游不落后于时代，仍然有待思考。尤其是在"智慧旅游"背景下，充分利用技术的古镇旅游项目将具有一定的领先优势，这对于古镇旅游的长期持续发展非常重要。同时，旅游产业的发展也是技术应用的重要渠道，是科技变现的形式和重要载体。我国的古镇旅游若想进一步提升发展质量，改善旅游产品生产效率、促进古镇旅游提供精益化服务，必须要借助一些新兴技术的力量，因此古镇旅游需要积极推动市场中领先技术的转化，例如充分利用大数据、人工智能、云计算等高新科学技术手段扩张和拓展古镇旅游附加值的增值渠道、延长古镇旅游产品和服务创新的价值链。除此之外，随着新兴技术的进步以及在旅游业中应用的深入，古镇旅游产业以及与古镇旅游产业相关的交通运输业、通信业、基础设施等都会在不同程度上发生一定的革新和变化，故这又将倒逼古镇旅游发展中的整体技术水平提高，由此推动古镇旅游高质量发展。

另外，在古镇旅游产业成长初期，当地原本历史文化资源的丰度和品味度不可避免地占据了绝对优势地位。但是随着古镇旅游的发展和成长，各种类型的旅游企业不断涌入古镇中，游客的消费需求也不断地发生着变化，市场的诡谲变化要求古镇旅游在发展过程中必须时刻保持创新能力。故古镇在发展旅游的过程中不仅可以通过引入、研发先进的科技设备及创新型产品弥补历史文化资源的不足，甚至还能采用高新技术将其他地域的相关历史文化进行迁移、发展和升级。尤其是对于资源非优区而言，其古镇旅游发展迫切需要引入高新技术并进行创新产品设计以解决文化资源与市场需求不匹配的问题。可以说，科技与产品创新是推动古镇旅游"质"和"量"发展的筹码，由此古镇旅游在发展过程中应当正确地认识到科技与产品创新的重要地位，从而积极部署，实施科技、产品和服务创新战略规划以不断预测和满足市场需求。通过不断引入高新科技并积极鼓励古镇进行自主产品创新以提升古镇旅游发展水平，并利用新技术应对灵活多变、开放的市场环境，满足市场需求并在激烈的市场竞争中获得一席之地。另外，创新发展不可能一蹴而就，故在推进古镇旅游技术、产品和服务进步时，当地政府、相关部门和企业必须要做好长期规划，从而支持古镇在不断的发展进步过程中优化改进技术水平。

（3）发展古镇旅游中的产业集群。

产业集群是指在特定区域中，具有竞争与合作关系，且在地理上集中，有交互关联性的企业、专业化供应商、服务供应商、金融机构、相关产业的厂商及其他相关机构等组成的群体。产业集群也是影响古镇旅游高质量发展的重要因素，以往传统的古镇旅游产业发展，主要是拼要素、拼资源、拼政策、拼宣传，更多的是单打独斗的发展模式，这种发展模式是不可持续的、是效率低下的。通过集群化的发展模式能够有效地提升古镇旅游企业发展水平，实现区域内规模经济水平和范围经济水平的提高，因此应当成为提升古镇旅游高质量发展的主流趋势。所以，加强古镇旅游区域协调发展是实现古镇旅游快速发展的必经之路和必然选择。除国内周庄、西塘、乌镇等知名古镇外，大部分新兴旅游古镇的文化旅游资源存量并不丰富，且古镇发展旅游产业的起步较晚、经验不足，以观赏为主。其旅游产业大多处于发展初期，所能提供的旅游产品也较为单一。要想实现我国古镇旅游的高质量发展，就必须突破目前古镇旅游产业发展高度依赖基础资源分布的局势。具体而言要充分利用各种经济、社会和文化资源，在专家智库和政府的指引下确定古镇旅游集聚发展的方向和规模，以及后续具体的实现措施等，同时充分利用各个古镇的相对优势和突出特色，整合古镇旅游资源，推动我国古镇旅游从各自为政或小规模聚集点向着集聚方向发展，从而充分发挥规模效应，实现我国古镇旅游产业的蓬勃发展。要实现这一目标，必须坚持资源导向与市场导向"两条腿"走路的集聚发展方向，突破文化旅游资源的空间分布不均困境。可以通过定期制定合理的古镇旅游集聚发展规划，定期制定并审查、修正短期目标的方式进行，从而最终实现将国内古镇旅游发展区域划分为几大古镇集聚区，形成聚集区内部互相支持、互为补充，外部各有千秋、各具特色的长远发展格局。

短期目标的制定和修改过程中需要注意：短期内，应当允许部分古镇先发展起来，即重点发展各大区域内资源相对充裕地区的古镇旅游目的地。然后以先进带动后进，即以现有的发展较好的古镇旅游目的地形成小规模聚集点，在这些小规模聚集点中将其古镇的支持性产业进行整合，并进一步带动古镇的其他产业发展。同时充分利用和开发当地的旅游资源，发挥先发古镇的资源优势对其古镇旅游产品进行转型升级，成为古镇旅游发展的表率和标杆，不断吸纳和整合其周围的其他小型古镇或可发展古镇旅游的乡镇，充分挖掘当地的历史文化或民俗资源，并进行功能划分，从而扩大其发展规模，将其影响力扩大到更大范围。同时应当注重培育、开发和发展古镇旅游发展的高级资源要素，实现各个古镇及各个小型集聚区的资源整合，由此提升各大区域古镇旅游的总体发展质量。这些高级资源要素包括历史文化要素、资本要素、人力要素、有效的规章制度及市场规则、龙头企业以及良好的竞合氛围等。

中长期则必须在古镇旅游发展的市场导向下，以古镇旅游产业链为纽带，积极强化各古镇及古镇旅游产业之间的内在关联性，从上下游不断完善和延伸古镇旅游产业链条，不断提升古镇发展旅游产业的附加价值和盈利能力。目前我国古镇旅游发展的产业基础还比较薄弱，产业链不够完整，古镇旅游企业大多都尚处于发展初期，古镇旅游的收入主要还源于游客的餐饮消费、门票、土特产品购买等初级消费。综上所述，延伸产业的上下游、实现纵深发展、提高附加价值、增加营收也是扩大产业规模、实现集聚效应、推动古镇旅游高质量发展的重要途径。

同时，要实现古镇旅游的集群发展，还需要做到：首先，加强各大古镇旅游集聚区域内部的协调统筹规划，推动区域内各古镇齐心协力、共谋发展。许多区域内部的系列古镇属于在地理上山水相连、民族相融、人文相通的关系，因此在各个区域内部的古镇就应该按照"共同发展、优势互补、共享成果"的原则发展古镇旅游业，积极突破行政区域的桎梏，互通互融，相互促进发展。这种区域内部的协调合作有利于形成团结统一的古镇旅游大市场，实现古镇旅游资源的配置效率提升。地理距离较近的古镇要通过古镇旅游的要素资源联合、整合和融合的方式，促进古镇旅游资源要素的自由有序流动，从而提高古镇旅游资源的空间配置效率和转化率。同时各古镇之间可以通过召开各类座谈会议等共享发展经验，积极识别、发展和培育出忠诚的客户群体，由此构建利益共享、风险同担的古镇旅游产业价值链，从而更高效地推动古镇旅游产业价值链的上下游延伸、突破和完善，从而实现我国古镇旅游更有效率、更可持续、更高质量甚至是更加公平的发展。

更加具体的操作是：首先，可以使各地域古镇旅游主体之间实现优势互补和合作发展，使各地域古镇旅游优势能够得到充分发挥，从而形成市场经济导向下的古镇旅游产业技术合作机制，同时还有利于促进各个古镇旅游资源的保护性开发，有助于文化保护、传承和宣传发展等。其次，优化区域内部古镇的互助体系，从而实现各古镇互利共赢。各古镇应当秉承"携手同行、共建共享"的理念，通过开发古镇旅游的信息共享途径，并畅通各个古镇之间的沟通渠道，由此建立起多层次、宽领域、全方位的古镇旅游交流合作体系。例如通过积极举办各类古镇旅游沙龙、会议、合作共享平台等，以此实现古镇之间的积极对接和深入交流，通过这些渠道和方式方法共享古镇旅游的发展经验和实践操作。在此过程中将旅游发展态势较好的古镇的领先经验分享给其他古镇，为其提供参考借鉴，凝聚起协调发展的强大合力，实现资源共享、力量整合。通过积极交流、借谋发展，推动区域内部的古镇协调共同进步，共同谱写古镇旅游区域协调发展新篇章。再次，制定合理有序、公正廉明的古镇旅游发展监管机制，实现古镇旅游合力共治。古镇旅游区域协调发展是一项非常庞大且复杂的系统工程，其目的是古镇旅游高质量发展，核心是古镇旅游协调发展，不论是高质量还是协调发展，其重点和难点都聚焦于区际关系的处理。所以，古镇旅游集聚发展需要处理好各古镇旅游发展合作与竞争、公平与效率、政府与市场、开放与保护等方面的关系。例如为了提供制度保障，促进区域内部协调、有序、和谐的古镇旅游发展，保证古镇旅游产业产品质量，各区域内部应当强化古镇旅游的合力共治，同时提升古镇旅游的监管水平，规范古镇旅游的监管议事，提高各古镇在旅游发展中的联动效率。由此需要着力设立权威、高效且全面覆盖的古镇旅游监督体系，并进一步制定出严格的具有古镇旅游特点的古镇旅游质量评价标准，从而能够推进和落实古镇旅游产品与服务品质的监督细则，增强古镇旅游区域联动发展工作决策的科学化、制度化和民主化，提高古镇旅游区域协调发展的工作监管效率。最后，为了推进各个区域的古镇旅游都能实现高质量的发展，应当尽力避免各古镇之间的同质化发展弊害，即实施差异化、个性化的发展战略。除了区域内团结协作外，区域间则要尽可能地实行差异化、区别化的发展策略，以增强市场活力，满足不同游客的差异化需求。具体而言，各个古镇要找准自己独特的旅游发展优势和吸引力，树立起差异化、特色化和精准化的高质量发展思路，通过打造独属于自己的品牌、强化自己古镇的特色等方式实现古镇旅游的品质化、特色化以及合理化发展，最终发展相互根植于当地的、有乡土乡情的、具有各地域的特点和优势的古镇旅游产业。这种各区域间的自身特色和差异化发展模式需要因地制宜地进行探索，才能发现和实现具有差异性的古镇旅游创新性发展路径。与此同时，由于各个区域内的古镇的位置和文化资源具有相似性，也可携起手来集聚性地建设旅游产业，发挥规模效应，并在规模效应之下另辟蹊径、大胆创新，积极探索差异化、主题化的发展新路径。将自身特色融入产业里，突出文化、民族、地域特性，让我国古镇旅游产业在创新中突破，在改革中发展，实现区域整体规模化发展和区域内部差异化发展。

（4）调整古镇旅游发展中的产业结构。

产业结构在古镇旅游高质量发展过程中充当着资源转换器的功能，区域内的人力、物力和财力等资源通过合理的产业结构可自动实现优化配置，是加快古镇旅游高质量发展的本质要求。古镇在发展旅游产业的过程中需要通过一系列的资源配置与流动、市场吸引与交换以及技术、产品和服务的互补，形成一个多产业集合的复杂而庞大的有机整体。因此，古镇旅游发展过程中各个旅游相关部门之间的联系越紧密，就越可能实现古镇旅游结构合理化，也越有利于推动古镇旅游高质量发展。此外，要调整古镇旅游产业结构，还必须全方位布局、延伸古镇旅游产业链，推动古镇旅游发展过程中的产业结构升级。

要调整古镇旅游的产业结构，首先就要平衡古镇旅游发展中的各个要素。古镇旅游与其他旅游业一样都包含食、住、行、游、购、娱六大要素。其中食、住、行、游为基本要素，而购、娱两大要素则为主要的产业提高要素。从古镇旅游发展的现有状况来看，目前依然处于"产业基本要素占比较大，而提高要素稍显欠缺"的境况中。然而实际上，古镇旅游要想在总体上实现高速、高水平和高质量发展，娱乐和购物等需求弹性较大的要素和指标也需要达到较高水平，这也是主要的创收路径。对此，古镇在发展旅游产业的过程中应着力提升娱乐和购物要素的比重，适当开发具有地方特色的古镇旅游纪念品以及更丰富的娱乐活动，进一步实现古镇旅游产业结构的合理化。进一步地，一个真正合理的产业结构需要满足各个层次目标群体的需求，故古镇旅游发展的各个部门需要做到，在发展旅游的过程中既要面向大众旅游市场，也要面向个性化、精准定制的旅游市场去进行旅游产品的研发和旅游项目的设计。此外，由于古镇旅游发展的社会资源较为有限，但其在古镇旅游发展的不同部门的联动过程中又起着十分重要的作用，因此古镇旅游在其古镇内部的旅游产业结构调整和优化的过程中需结合古镇旅游发展的现状以及未来长远的发展目标，综合考虑首先将古镇旅游发展资源投入到哪些部门才能实现古镇旅游发展的供求相对平衡、资源配置的相对合理与有效，以及如何才能实现古镇旅游发展与当地经济发展速度和水平的高度适配，由此最终才能实现古镇旅游发展的产业结构协调化、合理化。

同时，以古镇旅游运营为核心，延伸古镇旅游产业链。古镇旅游本身涉及旅游、交通、餐饮等诸多领域，同时一个古镇的建设与修葺离不开机械与建筑，古镇中的旅游演艺离不开服装设计等，因此，古镇旅游的发展应当是一个非常庞大的产业链条。而我国古镇旅游发展却尚未形成完整的产业链。延伸古镇旅游产业链、提升产业附加价值是实现我国古镇旅游产业高质量发展的重要路径。古镇旅游产业应转变观光体验的原始旅游发展思路，积极联合其他相关衍生行业，形成产业链全方位、一体化的产业布局，拓展市场前景和利润空间。

（5）加快古镇中各个相关产业融合进程。

产业融合最初涉及产品融合、市场融合、技术融合等多个方面，是文化产业、科技产业与其他产业之间不断跨界融合的过程，产业融合一方面代表市场消费者的需求，另一方面代表产业未来发展的趋势。古镇旅游本身就是文化与旅游产业融合的结果，同时它还可以根据当地的文化属性和地理条件与其他产业进行进一步融合，前景十分广阔。古镇旅游与其他产业融合实现双赢，不仅有利于古镇旅游发展迈向崭新台阶，还可为其他产业（如制造业、体育业等）提供更优质的发展机会。这既是优化文化产业与旅游产业结构的内生动力和内在特征的表现，又是需求市场驱动的结果和文化产业与旅游产业价值链延伸的大好机会。

由于产业融合的前提是各个产业之间的相互关联性，因此古镇旅游与其他产业的融合过程需要从各个产业的自身性质、发展内容、特质以及核心内涵等层面出发，综合考虑它们与文化及旅游产业之间深层次的内在联系。一方面由于各个产业之间的内在关联性本质上是在市场经济发展的过程中受需求力量刺激逐步产生的，各个产业之间往往是双向互惠和互相依存的关系，或多或少都会有一定的关联，因此可以通过联合经营的方式，双方或多方借力发展，取长补短，将优势发挥到极致。另一方面产业之间的相互关联性并不意味着各个产业之间是完全的十足或相似，顾客在各个产业之间有着体验的不同对比，这种差异性是各个产业具有区分的基础，也是产业融合能够得以实现的重要因素。正是这种差异性，使得产业间的融合发展能够互有借鉴、互有补足，为产业发展提供了更多可能性。由此，产业融合才可能提升古镇旅游的独特的市场价值及在市场中的综合竞争力。

要实现古镇旅游发展中的产业融合，还需要科学的地方古镇旅游规划为其保驾护航。地方发展规划是从全局出发的，往往考量了地方的长期发展并综合了各方利益，编制过程中考量了市场的发展需求以及整体的供给现状，因此科学合理的地方规划运营对于古镇旅游高质量发展至关重要。详细的地方发展规划可以帮助古镇旅游利用统筹全局的眼光对其应当与何种产业进行深度融合发展进行充分理性、细致、科学且客观的审视，由此可使古镇旅游企业在融合发展的过程中少走弯路。在以往的古镇旅游发展过程中，政府对其产业创新的政策扶持力度相对偏弱，与其他相关产业进行融合绝非易事。这主要是由于古镇旅游与其他产业进行融合会涉及非常庞大的资金链，并触及盘根错节的利益关系，因此如果能在当地政府出台的地方发展规划的支持和扶持下，有所选择地与相关产业进行融合将更加容易，也更加具有优势，这种优势在古镇旅游产业融合发展的税收、土地与基础设施费用等方面的体现更为明显。除此之外，地方总体发展规划的施行可协助古镇旅游强势推出产业融合，同时也能够为其他相关产业的发展创造出更多更有利的机会。综上所述，以地方古镇旅游产业发展规划为指导，综合多个部门制定科学合理的规章条例，可为地方古镇旅游与其他相关产业的融合发展寻找新的契机。

（6）发挥各个古镇发展旅游产业的长板效应。

虽然目前我国整体的古镇旅游发展的产业链尚未完全成熟，现如今仍然处于发展阶段，游客对于古镇旅游的需求也还未完全释放出来。与成熟的古镇旅游市场相比，在产品与服务专业化、古镇旅游普及度和游客的渗透率等方面还存在着很大的差距。但随着文旅融合进程的加快，特色小镇建设如火如荼地开展，中国古镇旅游也开始进入发展的快车道。在快速发展过程中，各个古镇应该清晰且正确地认识并挖掘出自己发展旅游产业的主要优势和长处，由此可以通过发挥这种主要优势和长处实现"长板效应"，走出独具特色的古镇旅游发展道路。具体而言，长板效应是一种提倡特色凸显的创新战略，要求打破思维定式，找准自己的特殊优势。只有在关键点、要害处发力，把长板拉长，才能在古镇旅游快速发展的浪潮中形成自身不可替代的优势和特殊竞争力。

具体而言，古镇旅游的开发方和规划者应当立足全局，以宽广的视野规划古镇旅游的发展方向，以创新的思路进行古镇旅游的产品和服务改进，实现全要素、全地区以及全产业链的谋划，在主要优势和长处上多下工夫。对古镇本身的旅游产业发展进行全面规划，把主要优势和长处做得更优，把强点和特色做得更强和更具特色，从而才能够赢得更为广阔的市场发展空间。同时，要设法筑牢古镇发展旅游产业的发展保障，实现古镇旅游的快速、健康且长远的发展。交通业、住宿业等与古镇发展旅游产业息息相关的产业是古镇旅游的基础保障。各古镇旅游目的地政府应当加大对古镇旅游的帮扶力度，例如通过扶持旅游业、文化业、娱乐业等相关产业发展，培养相关产业的社会管理组织，由此科学地提高古镇旅游的管理水平；同时也可以通过上文提及的开展多元化的投融资模式，畅通投融资渠道，开发具有创新性、多样性的古镇旅游产品，优化古镇旅游产品结构，促进文化产业、旅游产业与其他相关产业的耦合和融合；制定古镇旅游产业发展和支持政策，不断增强古镇的经营能力，完善古镇发展旅游产业的保障体系建设等一系列策略发展我国各地古镇的长板，为我国古镇旅游的快速高质量发展保驾护航。

9.1.2 树立高口碑品牌形象，加强旅游营销宣传

一方面，随着旅游市场的蓬勃发展，越来越多的旅游目的地积极开发各类旅游产品；另一方面，古镇旅游资源也逐渐趋于同质化，如何找出与当前旅游市场具有差异化的部分，并进行放大，树立古镇独特品牌形象，成为古镇旅游宣传的关键点。然而，"酒香也怕巷子深"，目前部分古镇旅游宣传不到位，且基本停留在传统营销宣传方式上，影响了古镇知名度的提升，进而影响游客量的增加。

（1）突出古镇旅游独特品牌，开发特色旅游产品。

在竞争日益激烈的古镇旅游市场中，塑造一个特色鲜明的品牌形象是古镇旅游目的地提升在市场上的竞争力的关键要素，而一个具有市场吸引力和感召力的古镇旅游品牌形象会为其带来不可估量的巨大的市场前景。因此，古镇与其他旅游产品最大的差异在于文化，包括自身历史背景以及各类非物质文化遗产，因此将古镇文化方面的独特性进行放大，形成秀丽风景＋古建筑＋独特历史＋非物质文化遗产的古镇品牌形象，才能更好地区别于周边旅游目的地，在激烈的竞争中脱颖而出，提升成为周边游客出游选择的概率。古镇旅游在发展过程中应当首先了解清楚当地发展旅游产业的基础条件，包括但不限于当地的综合情况，如地理区位、交通区位和经济区位；地理状况，如地形地貌、气候水文、资源条件；社会经济状况，如当地基础设施的基本建设情况、社会保障情况、经济发展情况等；以及当地的人文环境。其中尤其是当地的人文环境和资源尤其重要，需要清晰地调查、分析与评价出当地旅游资源的类型、数量及质量，由此选定当地最有可能打造的品牌形象。在此基础上进一步进行市场分析，筛选出最有利和最有潜力的市场需求，挑选出最契合当地的文化资源和当地居民

的生活状态，以及相对游客量可能比较大的市场需求，然后敲定自身的品牌形象，为古镇旅游发展定下基本基调，进而进行古镇旅游开发。

（2）定期维护传统宣传渠道。

在宣传促销方面，传统的宣传方式不能丢弃，区旅游局要编制旅游宣传手册、拍摄旅游风光片；设计、制作古镇旅游品牌系列促销口号的文字与图案；积极准备与印刷促销材料并研究、确认、联系细分市场的广告媒介，为确定的广告媒介准备材料并在确认的广告媒介上发布广告，例如在古镇所属行政区及其周围市广播电台投放广播广告，提高知名度。同时要保持和联络好与古镇旅游相关的公共关系，要及时准备相关材料，与公关媒体积极联系。古镇旅游管理方可以成立专门的渠道拓展小组，利用电话拜访的形式与核心市场的大中型旅行社建立感情连接并进行维系，利用登门促销的形式对各目标市场的旅行社进行宣传推广，推介该地的旅游形象，详细介绍古镇旅游目的地的特色以及在食、住、行、游、购、娱等方面的优惠政策。也要注意与综合、专业的门户网站建立联系，向潜在的消费者发送电子邮件广告，并在综合、专业的门户网站发布多媒体广告。加强与目标市场的各类旅行社的合作，同时还包括一些更为直接的方式，如在广场地段进行宣传、分发宣传册等。还可在旅游大巴内投放宣传手册，供游客欣赏消遣。同时推出公共汽车车体广告以及车站招贴栏广告。

（3）开发新型宣传途径，多种手段组合营销。

当今社会处在互联网时代，相对于纸质媒介，人们获取信息的方式逐步转向了电子产品移动端，而相对于传统的营销宣传方式，新媒体营销由于影响范围更广、传播速度更快、游客转化率更高，已经成为当今营销与传播的一大主流方式。利用各类新媒体营销宣传，成功提升景区知名度、增加游客量的案例比比皆是，对古镇营销宣传有着重要的借鉴意义。

一是加强官方网站、微博、微信、抖音等新媒体官方账号的维护。网络平台的技术加持为古镇宣传提供了助力，新媒体打开了旅游传播的渠道，抖音、快手、微博、微信等宣传路径拥有庞大的受众群体，使古镇为更多人所熟知，直播等新型的销售方式也为景区产品"走出去"提供了新的可能。由于自由行人群数量占比越来越大，此类游客在出游前习惯通过网络等渠道查阅景区相关信息资料与游玩攻略，而景区官方的网站、微博、微信、抖音等媒体账号，能够最权威、最直观地为客户提供景区一手信息，避免信息获取不畅对游客出行游览造成负面影响。同时要保持"亲民"形象，加强官方账号与游客的互动，解答游客疑问，扩大影响力，使之成为景区良好的宣传窗口。运用新媒体平台实现与游客的在线交流，建立互动社区，利用论坛、在线咨询与投诉、征文活动等形式增强在线的互动交流，及时了解游客需求，提供优质服务，满足游客个性化需求。以及可以以古镇的旅游景点和土特产为依托，通过网络技术平台，打造一个古镇居民和土特产生产者、游客和消费者之间互动的平台。利用动画形式，展现古镇自然风景、文化景观以及当地少数民族民俗风情。

二是提高 OTA 广告、产品投放力度。借助旅游网站的庞大流量，精准投放广告，扩大景区知名度。加强与 OTA 深度合作，增加产品投放，使游客可通过 OTA 便利预订古镇门票等，实现游客"一站式购物"，增强游客出行便利性。同时发挥线上渠道的便利优势，对吃、住、行、游、购、娱进行打包销售处理，加强各部分的合作关系。

三是在影视剧、综艺节目等电视媒体中进行植入宣传。近年来，通过影视剧、综艺节目带来旅游效应的目的地众多，影视剧、综艺节目的影响力广泛，直接将大批量观众转化为目的地游客，各旅游目的地也纷纷主动寻求与电视媒体合作，以争取到更多的展现、宣传机会，双方各取所长，各有所得，最终实现两者的双赢。古镇优美的风景、深厚的文化底蕴、特色的传统文化，具有一定特殊性与竞争优势，选择好合适的合作媒体，可以最大化地达到新营销方式的收益效果。

四是与新媒体社交平台关键意见领袖（Key Opinion Leader，KOL）合作。邀请微博、微信公众号、短视频平台等社交平台的旅游、摄影等各领域 KOL 对古镇进行宣传，利用名人效应带来的庞大流量，扩大对古镇的宣传范围，实现对 KOL 粉丝的引流。同时，其专业、高质量的文章、图片、视频，也成为古镇高质量的宣传素材，需对其加以妥善利用，将营销宣传价值最大化。搭建旅游达人打卡平台，通过短视频平台、微博等媒介举办旅游达人共同发声的活动，结合线下打卡、线上视频传播的方式，多视角展现古镇旅游景区新的风貌，加大古镇旅游景区的宣传工作，吸引各地旅游者前往打卡，提升景区知名度和关注度。

（4）实施价格营销。

古镇可在原有价格政策的基础上，针对特殊旅游时间段（主要指黄金周、重大节庆日等）采用低价策略，包括直接降价、赠送门票、捆绑优惠等。同时加强与周边景区的营销合作，推出跨境套票系列和相应的票务优惠政策。不同类型的旅游产品应灵活定价，如对一般观光旅游产品，可采取低价格以吸引更多的客源；对于特种旅游产品，可采取高价策略以提高产品品位。根据旅游的淡旺季，实施分段价格策略，淡季降低价格或奖励销售以吸引更多客源，而旺季提高价格控制游客容量以保护生态环境和文化资源。同时实施差异化定价，对不同的旅游渠道和旅游群体实行不同的价格政策。

9.2 居民视角下的古镇旅游高质量发展对策建议

居民作为古镇旅游发展过程中的重要主体，虽然并非严格意义上的"员工"，但在全域旅游视域下却扮演着非常重要的"员工"与"兼职营销员"等角色。因此，为了在保护中开发古镇旅游的独特文化、遗产，促使古镇建设起反映当地居民共同价值观的、真实的目的地品牌，实现古镇旅游的长期持续发展，必须充分调动当地居民的积极性和能动性。

具体而言，当居民对古镇内涵的了解程度较高、认为古镇旅游发展与他们相关，以及居民自身的价值体系与古镇旅游发展的价值体系高度一致时，有助于激发其强烈的提高古镇旅游绩效的内部动机，从而提高古镇旅游服务的可靠性。而要实现这种高度一致性，则需要从增强古镇居民对古镇旅游发展的相关知识、感知责任、感知相关性、感知价值契合度、感知重要性、感知意义等方向出发。通过提升居民对于古镇旅游的认可度、认同感和自豪感，使其积极参与到古镇旅游建设中。

9.2.1 科学管理古镇居民，提高居民参与感

在发展古镇旅游的过程中要处理好古镇和居民的关系，不能割裂开

来，需要协调发展。具体而言需要重视居民的态度和行为，强调知行合一。因此需要对古镇居民进行科学管理，并积极鼓励和提高居民的参与水平。在此可以参考古镇旅游发展中极具代表性的西递村（约 300 户，1000 多名居民）①，其旅游开发工作主要由当地社区（如村委会）主导和资助，居民参与旅游经营的程度较高，该旅游古村落即是通过培养居民的员工态度和行为的路径，提高了居民的支持态度。

具体而言，在古镇居民管理过程中可以通过以下五种方式进行：

（1）成立专门的旅游管理组织，由专业人员管控，同时吸纳当地居民作为正式人员。

以古堰画乡为例，其成立了专门的旅游管理组织，由专业人员管控，同时吸纳当地居民作为工作人员，对其进行培训和考察，最终正式上岗，成为导游、接引、安保人员及票务人员等，这些居民同时拥有景区工作人员和当地居民两重身份，在保证服务标准性的同时，还带着对当地的乡土记忆和热情，将特色化融入服务过程中，从而提高了古镇旅游发展质量。另外，这些成为正式员工的居民通过其祖祖辈辈扎根于此的人脉对那些作为非正式员工的居民起到了潜移默化的影响作用。

（2）向当地居民普及旅游知识，提高其认知能力。

旅游存在着消费与生产同时发生这一特殊属性，游客与服务提供者共同贯穿于旅游的整个过程，而在古镇旅游中，居民虽然并未正式受聘于某家旅游服务公司，因此可能也未受到专业培训，但仍然是一种特殊的"员工"。正是由于其尚未受过专业培训，其对旅游发展及其服务理念、规则和行为等的理解都相对浅薄，因此在与游客接触的过程中均是按照朴素的本我的价值观念进行，由此可能做出与古镇发展理念及古镇倡导价值不符的行为，不利于传播古镇的发展理念与深厚的历史文化。因此，在对居民进行管理的过程中，管理者应当首先对古镇中部分从事旅游业的居民定期组织技能培训，涉及仪容仪表、社交礼仪、行业相关技能（问讯、点餐、结账）等，以及定期为居民设计相关培训项目，为居民传授情绪管理技巧，提高居民的语言、面部表达以及肢体语言等情绪传递水平，从而能站

---

① 锦绣中华之西递村 [J]. 资源与人居环境，2014（5）：82.

在游客视角处理内心负面情绪，多以"真挚"情绪传递策略进行真挚、热情的服务，一方面可以帮助居民提高自身的经营水平，减少工作失误；另一方面可以提高其工作效率，从而更好地为游客服务，提高居民—游客互动质量，由此推动古镇旅游高质量发展。除此之外还可以在政府的领导下，激励当地居民积极主动地参与古镇旅游，以"政府推动、居民自愿"原则进行试点，如当地居民开办民宿或者文化主题酒店，政府可以通过财政奖励和管理培训对当地居民进行帮助指导，从而刺激古镇居民发展旅游项目的欲望。此外，明确主体地位，加大合作，政府以改善公共环境为基础条件，征求当地居民的意见，对支持发展旅游的当地居民提供适当的政策优惠，调动居民参与旅游项目的积极性。当地居民的积极参与能够为旅游发展注入资金与活力，而居民的创业创收也将提升自身满意度，双方相互促进。因此，古镇旅游可以参考古堰画乡经验，通过举办培训班、优秀示范户带动的方式，把知识简单化、直观化，强化村民经营意识、服务意识以及发展意识，把古镇良好的生态、多彩的文化、淳朴的民风变成富民产业。

（3）普及发展旅游的益处，提升居民参与兴趣。

普及发展旅游并加深居民对于发展旅游业能够为当地带来巨大收益的客观现实的认识。例如古堰画乡的旅游管理组织就通过一系列宣传活动提升了居民对发展旅游行业的兴趣并普及发展旅游对于当地及居民自身的好处。另外，古镇提供的服务与产品的内涵、质量与功能必须与内部的宣传保持一致，从而避免游客因觉得自己受到了欺骗而产生负面情绪，并将这种负面情绪通过居民—游客互动传递到居民身上，由此使得居民对古镇发展旅游产业产生不满情绪，进而演变出不利于古镇旅游发展的态度和行为。

（4）丰富古镇内部的沟通渠道和模式，促进各主体间的信息流通。

不能采用原有的单一的或单向的沟通渠道和模式。这种方式虽然短期内有助于提升效率，但从长期来看却无法得知居民内心深处的想法，无法提升居民的参与水平，无法保证居民对信息的准确理解，更有可能打击居民的积极性。因此需要重视和创新、丰富和更新沟通模式与渠道，提高信息流通的速度和效率。例如引入精准沟通模式、互动式沟通模式等。在这个过程中需要包括古镇所在地的上级政府、相关旅游部门、旅游企业、居民等利益主体相互协商、合作，搭建利于各主体的自上而下的传播渠道（主要致力于将上层决策准确地传达到居民手中）、自下而上的传播渠道（将古镇居民的看法及时反馈到上层决策视野中）和非正式的公开交流传播渠道（例如微博等社交媒体）三种信息传播渠道。除此之外还要注重采取如培训、网站、内刊、会议、庆典、评优评先、文化活动等方式畅通沟通渠道。

9.2.2 培养价值一致行为，打造地方认同感

价值一致性可以促进个人和群体之间有效沟通并发展信任关系。由于个体通常希望以真实的方式表达自己，当居民的价值观与古镇旅游品牌价值一致时，其会感觉更加自然和舒适。此时，居民感知到自己与古镇是密切联系的，他们会对古镇产生更强烈的认同感，从而更有可能支持旅游活动的开展。因此，当居民感知到自己的价值观与古镇旅游宣传高度一致时，他们更有可能对当地旅游发展形成积极的态度。在古镇旅游的高质量发展中，居民对传递古镇旅游品牌肩负着重要责任，但品牌、文化等本身是抽象的、无形的，其含义需要通过居民的言行去有形化。因此引导居民做出与古镇旅游理念一致的行为是实现古镇旅游高质量发展的目标，也是衡量古镇旅游发展质量的重要标准。居民呈现出的支持行为会影响游客对古镇内涵和文化的感知，是仅仅依赖于大众媒体宣传所无法实现的。要培养这样的一致感知行为则可以参考前面提及的尽可能保有原住民、将古镇旅游高质量发展建立在居民的共同价值之上等措施进行实现。

首先，在古镇旅游高质量发展过程中，为了提高这种一致性，就要尽可能保有原住民。原住民对于当地有着强烈的乡土情感，与当地有着天然的情感连接和强烈的认同感。因此在建设开发过程中首先不能外迁原住民，同时要为当地居民提供更多的就业机会和创业机会，使其不必背井离乡便可谋得基本的生活资本和更多的经济利益，进一步保有和强化这种情感和认同。

其次，当地古镇旅游的发展需要建立在居民的共同价值之上，才能具有独特性，从而使目的地鲜明地"活"起来。因此在致力于发展高质量古

镇旅游之前，相关部门首先要找准古镇旅游的定位，制定详细规划。上级领导部门所传导的理念，以及其对古镇当地的知识、文化、背景和定位的了解等，都对古镇居民与古镇旅游发展的价值一致性水平有十分重要的影响，对古镇旅游发展价值的传递与传导者的态度、传导内容和传导理念等息息相关。这就需要古镇上级管理部门与当地居民进行长期持续且深入到位的沟通，挖掘出古镇独具特色的文化内核。具体而言，应当进行实地调研，从居民的共同价值中凝练出当地旅游品牌价值。而这其中，最能增加居民认同感和价值一致性的，则是对于当地传统文化，尤其是民俗文化的挖掘。这种源远流长且溶于当地人生活的文化价值，更便于当地居民理解和参与，也更易于提升其认同感。

最后，在招商引资以及吸引外来人口的过程中不能只注重经济效益，要有所偏重地吸引与古镇价值一致的商户和外来人口在当地定居。应当号召并吸引看好古镇未来发展并与古镇倡导价值一致，或认可当地文化的外来人口、商户在当地定居，以其对与自身前后生活条件的对比及强烈的个人兴趣自然萌发并提高居民与古镇的感知价值一致性，进一步参与到古镇旅游高质量建设与发展过程中。

以古堰画乡为例，当地政府旅游组织在建立旅游品牌价值伊始，便对当地居民情况进行了深入调查，了解到当地居民多世代居住于此，认为当地气候宜人、环境舒适，适合居住和休闲，同时认为当地拥有深厚的历史和文化艺术底蕴，从而提出了与此适宜的"艺术之乡 浪漫之都 休闲胜地"品牌。而古堰画乡居民多为祖辈生活于当地的原住民，对于当地有着强烈的乡土情感，在当地未发展旅游行业前，当地居民以务农或外出务工为主。古堰画乡大力发展旅游后，一方面为当地居民提供了更多的就业机会，使其不必背井离乡便可谋得基本的生活资本；另一方面为当地居民提供了更多的创业机会，使其获得更多的经济利益，从而保留了当地的原住民。古堰画乡的部分外来居民多为看好古堰画乡未来发展且本就从事旅游相关行业工作的人员，在古堰画乡政府和相关旅游管理组织的号召下前往当地定居，从而确保了古堰画乡居民与当地发展旅游天然拥有较高的一致性。

9.2.3 健全利益分配制度，提升居民话语权

古镇旅游在快速发展的状态下，必定会给当地带来经济效益的增加。应平衡好利益共同体之间的利润分配，更好地带动古镇旅游的经济效益，更快地提高古镇的收入，以高收入作为发展目标，提升当地居民的满意度和幸福感。政府应当针对资金的投入和利益分配出台相关的政策，明确利益分配落实到位，明确相关部门、旅游开发商、旅游者、当地居民之间的利益关系。政府以中立的姿态、公开公正的态度，公示各利益的权责和分配的份额，减少利益群体之间的冲突，对贫富差距较大的当地居民，政府要出台相应的政策进行帮扶，调动当地居民参与古镇旅游景区建设的积极性，随着当地居民的旅游收入的提高，也有利于拓宽当地居民收入增加的渠道，激发群众的内在动力。

同时，提升当地居民在社区的话语权，推动古镇集体产权制度的改革。对古镇的生态资源、历史遗迹、林地、湖泊等旅游资源，居民具有分配权和收益权；当古镇发展旅游涉及当地居民的个人利益时，居民有知情权和话语权。应通过宣传、教育等多种方式，加强当地居民对旅游资源价值的了解，充分号召当地居民参与到旅游发展中，调动其自主性和能动性，使当地居民成为推动古镇旅游景区发展不可或缺的力量。

尤其要关注弱势群体的发言权，可以通过思想政治教育及提供相应的培训，引导这类群体能够在旅游发展中积极参与，并尊重这类群体居民的意见。

9.3 游客视角下的古镇旅游高质量发展对策建议

9.3.1 提供高品质旅游服务，打造贴心服务理念

为提升游客的满意度与重游意愿，要求景区为游客提供高品质的旅游

服务。而景区工作人员位于服务游客的一线，与游客直接接触，其言行代表着景区乃至整个旅游目的地的形象，工作人员的服务质量直接影响着游客对景区的满意度，这就要求景区为游客提供高品质的旅游服务，以提升游客的满意度与重游意愿，由此需要重点关注服务水平，具体可以从以下几方面着手。

（1）提升旅游服务标准化水平。

旅游服务标准化有利于目的地最大限度地获得旅游服务效益，便于管理，提高服务质量，塑造品牌形象。由政府制定相关规章制度，构建旅游服务标准体系，确保旅游服务标准化的可操作性，对各利益主体进行有效监管。颁布景区服务标准和规范，健全旅游服务质量投诉制度，主管部门调查核实后将处理情况上报并告知投诉者；景区服务人员采用企业化管理，根据相关规定和合同要求，对区内商贸、餐宿、游乐项目从业人员进行管理，确保服务质量；制定奖惩办法，定期举办培训班，鼓励从业人员不断提高服务水平。

（2）完善管理制度，加强员工培训。

"没有规矩不成方圆"，完善的管理制度有利于景区建立健全高效、有序的工作运行机制，提高其管理水平，增加经济效益。完善的管理制度要做到条款合理、操作简便、权责明晰、赏罚分明、有章可循，以制度来管理，以制度来规范，使景区各项工作制度化、规范化。

通过时间灵活化、形式多样化的各类员工培训，以提升工作人员的综合素质，包括为游客服务的综合能力，以及相关旅游知识、古镇知识等综合知识，员工服务水平与相关知识水平的提升，可以帮助其更好地为游客提供高品质服务，提高游客满意度。要把服务做细、做深，以游客为中心，加大对游客的关注度，例如为游客准备一些具有当地特色的关爱礼包；通过游客满意度的评价回馈，给予高满意度的优秀员工和部门奖励；引进更多专业优秀人才等，最终达到景区整体服务质量的提升。

（3）倡导文明古镇旅游。

倡导文明古镇旅游可以通过开展文明古镇旅游宣传引导主题活动和古镇旅游行业文明单位创建活动，强化古镇旅游目的地的领队、导游和古镇旅游一线服务人员文明古镇旅游宣传引导职责，倡导古镇旅游者学习和遵守国际通行的礼仪，培养社会民众的环保意识和人文品质。聘请有关专家根据古镇旅游发展的基本理论，以"贴近实际，新颖实用"为原则，为古镇旅游服务业量身定制培训方案，或选派骨干人员进行短期专业研修。以导游为例，应当按照"就业前培训，换岗前培训，上岗后再培训"的原则，围绕"导游的职责与服务程序、沟通与讲解技能、危机预防与处理、职业道德与服务礼仪"等内容，采用理论讲解、实地调研、主题研讨等方式进行专业化培训，组建一支专业化、固定化、长期性、高素质的古镇特色导游团队，让游客充分体会古镇旅游服务人员的文化素养。

9.3.2 妥善引导旅游者参与，促进和谐价值共创

（1）提高游客感知价值与地方认同感。

游客或潜在旅游者期望自己能够通过旅游获得更多的非金钱利益价值，追求感官体验和精神享受，尤其是在古镇旅游过程中，其更加追求精神上的愉悦和满足。当然同时期望能够在这一过程中获得一些直接的金钱利益，即降低旅游成本。游客体验到的价值不仅与古镇建设水平、文化资源等本身有关，而且是通过与当地社区、居民及员工的互动产生的。

古镇的旅游管理人员可以通过提升企业及企业员工的服务能力，完善服务过程和操作程序，确定潜在的发展目标，并优化他们的角色和资源贡献。对于如何为游客或潜在旅游者创造最佳价值这一问题，双方的相互理解是至关重要的。因此，古镇旅游目的地应当制定平台和程序以便就合作目标进行对话，促进查明误解，并避免制定不必要或不可取的解决办法。尤其基于旅游的异地性，旅游者与当地居民间很有可能会存在价值冲突，且这一冲突是难以避免的，但旅游目的地和游客或潜在旅游者可以利用这种冲突，作为一个文化交流和帮助游客体验异地性的机会，由此阐明各方的假设和期望，进一步满足游客需求。具体而言，在这一过程中，首先要坚持以游客需求为导向，从而精准匹配游客（或潜在游客）的需求，进行个性化服务，提升游客的整体体验价值。事实上，大众旅游经历了长期发展，至今游客的旅游需求已经从简单的观光体验转变成了更为深层次的沉浸式体验需求。因此，游客对于古镇旅游产品和服务的要求也不再是单一

地呈现出观光、观赏价值或枯燥的学习价值，而是转变为了对旅游过程中更为综合性的体验价值的要求。这种体验价值可以更具体地表现为对于古镇旅游中从业者的服务态度、服务效率和服务精准度等的要求。由此，古镇旅游发展过程中，不仅要针对游客对服务和产品的要求进行改造和升级，还需要进一步深挖当地文化资源，吸引游客积极学习、吸纳当地文化，同时可以积极征询游客意见，将游客纳入古镇的服务流程和产品设计环节中，通过这种举措，可以提升游客的认同感和归属感，从而使游客更好地参与到古镇的旅游发展过程中，推动古镇实现高质量发展。

（2）发挥游客的兼职员工角色，积极促进古镇价值共创。

旅游者可以与古镇居民一起，共同参与到古镇旅游的长期持续高质量发展过程中，尤其是在古镇旅游服务中，旅游者甚至可以被视作兼职员工参与古镇旅游服务的价值创造。旅游者参与的古镇旅游价值创造实际上贯穿于古镇发展旅游产业的整个过程中，因此需要将价值共创理论引入古镇旅游长期持续高质量发展建设中。事实上，在古镇旅游建设中积极引导旅游者参与价值共创，有利于打破古镇旅游发展中的发展"瓶颈"——供需双方信息不对称。旅游者可以通过共创平台或虚拟旅游的方式长期持续高质量地参与到古镇旅游发展中。通过这种渠道，旅游者既可以与当地旅游组织以及居民进行直接且有效的沟通，又可以推动古镇有针对性地为旅游者提供更具文化韵味，更能满足旅游者需求的服务和产品，这既有效地缩短了旅游者在进行旅游决策过程中所需要耗费的信息搜寻成本，又大大降低了古镇进行市场调研和需求分析所需要耗费的时间、精力和金钱，从而实现功能互补。同时，因为能够得到旅游者不断及时有效的反馈与对策建议，在一定程度上推动了各种基本价值活动中古镇旅游服务和产品生产者与供给方内部的互动，且这种旅游者加入价值创造和产品生产的行为，在事实上加快了古镇旅游发展的信息互通和共享，因而有助于促进古镇旅游新价值的挖掘和生成。因此，各古镇应当积极与营销服务商寻求合作，通过旅游者在线上分享的信息，将古镇更为精准地推介到更加偏好古镇旅游的旅游者的视野中。这类旅游者进入古镇旅游市场，将会愿意做出更为积极的反馈，也会更加愿意参与古镇旅游价值共创，由此间接推动古镇旅游长期持续高质量发展。

（3）加强线上旅游社群建设，增强游客粘性。

信息搜索是旅行决策过程的一个相关方面。在做出旅行决策之前，大多数游客会在社交网络上搜索关于目的地的在线信息和评论。事实上，现代社会中，社交网络是旅行前决策与旅行结束后口碑传播的重要渠道。一般来说，由于旅行的异地性，游客的出行决策以及后续的建言献策会受到社交网络的影响。鉴于其重要性，古镇旅游发展必须要注重对于旅游社群中社交网络的建设和维护。在旅游社群建设中，游客粘性是一个具有高相关性的概念，它是引导游客积极参与古镇旅游建设，为古镇旅游高质量发展建言献策的重要途径和方式。从这个意义上说，游客参与是在线品牌旅游社群讨论的一个中心主题，因为游客参与古镇建设和发展是一种现象，描述了品牌、参与者及其合作体验的特定互动的本质。

社群建设首先依赖于游客（或潜在游客）的输入、转化与输出。内容的输入包括已经出行的游客在向大众寻求认可、寻求关注等需求的刺激作用下，向旅游社群提供的有形和无形的资源，例如路线规划、心得分享，以及对目的地发展的相关建议等；或潜在游客出于寻找资源的需求而输入的相关词条，有助于旅游目的地进一步完善自身给出的信息和资料，从而进一步帮助潜在游客做出出游决策。在这种前提和背景下，游客（或潜在游客）的能力（知识技能、学习能力以及情绪智力等）、个人特征（性别、年龄以及家庭状况）和社会地位等都会对其产生影响。在旅游社群中，内容生产者（如已出行的游客、旅游目的地官方宣传组织、摄影师等专业人员）生产了大量丰富且质量较高的旅游内容及知识，这些内容和知识是旅游社群的核心吸引力和竞争力，潜在旅游者则是被这些高价值内容所吸引，由此产生一些浏览行为和旅游出游动机并最终转化为购买行为，并且与内容生产者（如已出行的游客、旅游目的地官方宣传组织、摄影师等专业人员）进行互动（如关注、评论、转发等），进一步激励这些内容生产者进行持续的创作和产出。同时需要意识到，内容消费者在游玩后，或在别的场景中，也可能同时是内容的生产者。而内容的转化则是指旅游社群所在平台可以基于大数据技术将游客（或潜在游客）的旅游行为（购物行为、旅行偏好和踪迹、消费行为、评论点赞转发）等记录下来，并进一步转化成为内部的核心数据，这些数据不仅仅可以为平台创造收益，还可以帮助旅游目的地有针对性地提升自身的产品和服务。内容输出则是平台可以利用转化出来的数据进一步地去挖掘潜在游客需求，并在此基础上寻求新的发展方向，调整发展策略，提出新的价值主张，引导市场方向。

因此古镇旅游发展必须要加强旅游社群建设，增强旅游社群的粘性和活跃度。这种旅游社群一方面可以背靠成熟的在线旅游组织；另一方面也可以进行行业联合，建立更具针对性的中国古镇旅游社群。在这个过程中，首先需要注意简化内容生产者的内容上传程序，并降低输入内容的难度，降低内容分享门槛，鼓励内容生产者积极进行内容创作。其次，挖掘游客（或潜在游客）的深层需求，提升旅游社群功能价值。为了在日益激烈的竞争中获得优势，企业不能只是满足游客（或潜在游客）的需求，更需要挖掘游客（或潜在游客）深层次的需求，甚至通过内容营销引导游客（或潜在游客）产生不同场景下的消费兴趣。一方面，企业可以依照游客（或潜在游客）的使用和消费特点调整旅游社群内容，提高平台的易用性和便利性；另一方面，可以以不同场景（短视频、微博、综艺节目、生活旅游社群等）为入口，通过这些平台的话题或者活动引导游客（或潜在游客）产生新的旅游需求，并将其引入旅游社群。

通过对内容生产者输入的评论、游记等进行语义拆解，并进一步组合形成专业的、结构化的旅游攻略板块。在这个过程中，旅游社群还需要时刻关注潜在旅游者的浏览、购买和出行记录，定期形成清晰的游客（或潜在游客）画像，关注市场变化，同时也为其推送更精准的旅游产品和攻略。这也便于旅游社群对游客（或潜在游客）在社群中的互动特征和需求进行深入分析，从而更好地引导游客（或潜在游客）积极参与互动，增强旅游社群活跃度和旅游社群粘性，营造更为良好的旅游社群氛围。具体而言，可以多维度、多方法地提升游客（或潜在游客）能够在旅游社群中获取的情感价值，引导游客（或潜在游客）长期、持续、活跃地参与其中。目前绝大多数在线旅游社群中的游客（或潜在游客）参与内容都主要聚焦于对旅游过程中的食、住、行、游、购、娱等方面的分享和交流，其旅游目的地以及旅游社群本身的关注较小，即游客（或潜在游客）与旅游社群之间并未能够建立起长期的良性、动态、可持续发展的关系。为解决这一问题，弥补这方面的不足，旅游社群首先可以在游客（或潜在游客）参与内容方面进行一些拓展，例如将一些社会热点话题（尤其与旅游目的地息息相关的话题）引入到旅游社群的话题讨论中，为游客（或潜在游客）提供更多、更有兴趣地参与社群互动以及发表自身观点的机会。同时，在旅游目的地中积极发起和组织线下活动吸引游客（或潜在游客）参与也是消除旅游社群和游客（或潜在游客）的陌生感、拉近双方情感距离、强化游客（或潜在游客）对旅游社群的认同感的一种非常有效的途径。综上所述，游客（或潜在游客）是在线旅游社群的发展核心，游客（或潜在游客）互动则是旅游社群运转和活跃的关键因素，而坚持围绕核心发展，维持旅游社群的活跃度，提高游客粘性，是引导旅游者进一步进行古镇旅游、参与古镇建设、提高价值共创能力的有效途径。

首先，在线旅游社群的管理者需要采取一系列措施减少游客（或潜在游客）在在线旅游社群互动过程中的社会懈怠和知识隐藏，以满足成员的感知功能利益和感知公正感。旅游社群管理者应该培养一种共享和互惠的文化（如通过使用精神和物质奖励增加成员分享的动机），并实施一定的纪律和惩罚措施（如通过设置知识和信息共享的最低频率），从而减少社会懈怠和知识隐藏。其次，过多的沟通会降低在线旅游社群成员的公平感，在线旅游社群的管理者应当注意过犹不及的问题。因此管理者应该使用更多的工具（如动态信息过滤机制）在适当的时间向旅游社群成员提供适当的旅行信息。这样的工具可以帮助会员节省时间和精力来筛选超负荷的评论，而不是一味贪多图快，最后影响游客（或潜在游客）的感官。最后，为了增加在线旅游社群中成员的人际利益感知，建议在线旅游社群管理者使用有针对性的措施来减少成员的不信任感，抑制不当行为，并缓解冲突。例如在每一在线信息发布前应进行内容生产者的信息真实性核查，以保证其发布的旅游指南和游记的质量。为了抑制成员之间的不当行为，需要在旅游社群中建立清晰、严格的行为准则和高效的监督和反馈制度，并加以执行。而在解决在线旅游社群成员之间的冲突时，旅游社群管理者应该是一个公正的第三方，而不应该失之偏颇。

第 10 章
古镇旅游高质量发展的保障体系建设

实现文化的保护、利用、活化和传承是实现古镇旅游的高质量发展的基本前提，因此必须加强古镇旅游保护性开发的保障体系建设，包括保护性开发的协同治理机制以及保护性开发的理念、方法和技术。同时，古镇旅游的高质量发展还依托于当地的资金保障、人才保障、生态资源与旅游资源保障、设施设备保障以及安全保障等。

10.1　构建古镇保护性开发的协同治理机制

实现古镇保护性开发需要政府、行业协会、居民等协同治理三元主体间的互动运作形态。

10.1.1　政府完善相应法律法规立法

政府不仅是文旅深度融合以及古镇保护性开发的重要构成部分，更是协同治理结构的关键主体，在推进文旅深度融合以及古镇的保护性开发过程中不可或缺。政府需要从深度融合古镇的保护性开发的健康运行角度提出政府促进文旅深度融合的策略。从政府、行业协会、居民等协同治理多元主体间的互动运作形态中明晰可能的"市场失灵"，厘清政府在体系中的角色定位与作用边界，审视现有文旅深度融合以及古镇的保护性开发的政策制度及其绩效，提高协同治理政策体系的完整性；识别亚消费种群的异质性需求及规模，进行动力调控和顶层设计以引导关联深度融合进驻，提升文旅深度融合以及古镇的保护性开发中的产品供给质量，优化系统演进路径；从行业支持、人力资源、创新创意研发、信息化与新技术等外部环境要素的协同运作中识别治理短板，提升文旅深度融合以及古镇的保护性开发的整体支持效度。具体而言，古镇旅游开发涉及对当地的历史文化、民风民俗、名胜古迹等方面的修复、保护、传承和活化，其中各个方面都错综复杂。从更为综合的层面来说，古镇的保护性开发计划的政策重点在很大程度上是由市政府中积累了大量权力的国家行为体指导的。地方政府强有力的政策团体不仅关心遗产保护，也强烈关注和促进与旅游相关的经济发展。由于政府的独特地位，政府更能看到古镇保护和发展旅游之间的相互利益，而对古镇遗产资源的保护可以更好地提高古镇以及当地政府的形象并促进旅游的发展，这些经济利益可以证明昂贵的古镇遗产保护工作是合理的。因此国家的干预对于古镇的遗产保护和与旅游相关的文化遗产经济发展是非常重要且相对更为全面和科学合理的，需要对古镇旅游中的不同行动者的权力进行关系计划治理。国家需要充分发挥其在这一治理中的权力去维持古镇保护的合法性，并限制有权势和有影响力的其他群体在古镇旅游开发过程中的霸权程度。同时国家和地方政府也需要从政治经济学的角度在广泛的经济和政治趋势的背景下，对古镇的保护和旅游开发的相对优先次序进行考量，特别是在国家对于景区发展日益放开自主性的背景下，更需要划清底线。因此首先政府应当划定古镇旅游开发的底线，对于一些特殊事项做出直接性立法，加强对于古镇内部的包括文物、遗迹建筑以及民风民俗、传统技艺等非物质文化遗产的保护力度。同时地方政府也需要结合当地特色做出针对性的政策性指导和扶持，结合古镇自身特点和文化生态，补充国家立法，出台符合古镇情况的法律法规、政策等，充分发挥对于古镇旅游的属地保护优势。

10.1.2　成立保护性开发行业协会

社会系统是最高层次也是最为复杂的系统，从主要的方面看，社会群体是构成社会系统的主要成分。社会群体是由若干社会成员通过一定的社会关系，并按照某种互动方式进行共同活动的人类基本社会结合体。当前的社会问题是多重社会因素作用的结果，尤其是社会群体的矛盾和其他社会矛盾纠缠在一起，彼此交错渗透，又衍生出一系列矛盾，从而增加了社会系统的复杂性和解决这些矛盾的难度。由于古镇的保护性开发在注重保护的同时也非常注重旅游发展和经济回报的重要性，因此在古镇实际的旅游发展过程中，政府无法事无巨细地解决保护性开发中的社会问题。政府势必会将权力下放，不能直接参与到所有计划中，因此必须成立古镇管理委员会与旅游委员会等行业协会。鉴于大学学者的专业性，他们可以被吸纳进古镇管理委员会与旅游委员会或者至少担任有偿顾问的角色。同时古镇管理委员会与旅游委员会还可以承担公众咨询功能，帮助连接居民，选择公众喜欢的方案进行保护性开发，最大限度地减少矛盾。可以鼓励社会自治组织的建立，这一过程往往是在群体中人的"自我意识"作用下得以完成的，使得群体系统在其演化进程中总要不断调整自身的结构及与外界的关系，以使之更加适应古镇的保护性开发环境。这种社会组织还需要进一步演进使其从属于一个更大的自组织，这种自组织过程的主体包括两个方面，一是该过程中的任何一个参与者，二是参与者所构成的新的系统（产生新的群体），离开了这两者便无法进行社会演进。而在这种社会演进过程中有助于古镇的保护性开发的行业协会的底层架构就已经形成了。值得注意的是这种行业协会的结构、状态、特性、行为、功能等会随时间的推移而发生变化；是动态进化的，进化中有渐变和突变，非平衡态成为常态；当跨越某个关键期，行业协会的发展过程将不可逆，只会越来越趋向复杂化；同时行业协会的成分（或初始条件）的轻微扰动或分岔，便有可能造成整体社会系统巨大的波动。因此在过程中也应当注意这些问题的解决。

10.1.3　实现居民自发性共同治理

现存的古镇修护和保护多是在中央政府的支持下，通过建立保护区，限制资源过度使用和旅游业发展等方式进行古镇的修复和保护，实际上是一种自上而下的干预，是一种强制性的保护理念。这些措施是基于"只要有人的参与就会有古镇被破坏"的倾向的古老假设。但实际上，对于当地社区和居民而言，尤其是对于当地氏族（由于古镇一般发展历史悠久、地缘较为封闭，容易产生氏族或近似氏族的概念）而言，古镇的保护是具有强大而深远意义的，因此构建古镇氏族共同管理或社区保护的微观政治生态是一条非常可行的道路。虽然当地居民与政府官员或非政府组织在对古镇的认识，以及在修复和保护古镇的动机上存在显著差异，甚至在某些古镇中，还存在着社区和政府之间的关系紧张，以及整个社区内部存在权力冲突等问题，但实际情况是，出于受到经济激励、对授权的渴望、对民主的追求、对自己属于古镇的骄傲以及对于古镇的认同感和主人翁意识等，许多古镇居民已经参与甚至采取了正式的保护措施。尤其是当地氏族将保护古镇看作是通过保护以景观为基础的文化遗产来加强当地居民对于古镇文化认同感的一种手段，并企图以此来恢复氏族或者说宗族对当地居民的传统监护角色，由此来加强氏族的习惯权威结构。因此，在部分强调宗族观念的区域，政府可以考虑引导当地氏族，为其古镇保护提供财政和技术支持，实现居民共治。

同时古镇居民作为古镇保护性开发生产的命脉，其幸福感是激发古镇居民主动积极参与旅游生产的内在驱动力，为实现中国古镇保护性开发全域化、特色化、精品化提供了永不枯竭的动力源泉。全域旅游、特色小镇以及文旅融合等政策带动了古镇的保护性开发和发展，改善了古镇居民的生活质量并提升了幸福感，同时幸福感也作为古镇居民的驱动力，反过来刺激古镇居民积极主动参与旅游生产。因此，古镇保护性开发发展与古镇居民幸福水平具有循环反馈的联动关系。进一步促进古镇保护性开发与古镇居民幸福的协同影响，发挥古镇居民幸福感在全域旅游中的助推作用，帮助中国古镇保护性开发的提档升级，为古镇保护性开发和发展提供生产活力与要素保障。古镇保护性开发与古镇居民幸福感的发展路径存在三个特点：动态性、非线性以及反馈性。首先古镇居民的幸福感并非是静止不变的，在古镇保护性开发与发展的不同阶段，村民的幸福感存在较大差异。其次，古镇保护性开发发展与古镇居民幸福之间不是简单的线性演化关系，是非线性发展的。随着古镇保护性开发的深入发展，居民的幸福感会受到多种内部与外部因素的影响，因此古镇居民的幸福感并不总是随着旅游发展而增长，也有可能会出现停滞或者下降等问题，对古镇保护性开发产生不利影响。最后，古镇保护性开发与古镇居民幸福之间存在着因果反馈关系，一方面古镇保护性开发可以有效提升村民的幸福感；另一方面当村民的幸福感得以增强，便会反过来激发村民参与古镇保护性开发发展的积极性，进一步促进古镇的保护性开发。因此，在全域旅游、特色小镇以及文旅融合背景下，必须深入揭示古镇保护性开发与提升古镇居民幸福感之间复杂的内生关系，以及随时间序列演化的路径关系，进而选择最优的提升路径与策略，这不仅仅是促进古镇保护性开发全域化、特色化、精品化的有效途径，也是古镇保护性开发和发展的重要保障。

10.2　提供古镇保护性开发的理念、方法与技术支撑

这主要是从古镇的修复和保护出发。在整个古镇范围内存在着众多古建筑、字画、遗迹等，这些都源于古镇自身，源于其原生自然环境，源于长期的历史信息和文化等的积淀，源于当地长期的民风民俗，都将被纳入古镇的修复和保护范围中。总体来说，在整个古镇各方面的修复和保护以及旅游开发的过程当中都应当全程秉持"保护兼修复"的原则，以此促进古镇能够在保护性开发中不断延续当地独特的民族、历史和民族文化。而在这一过程中，科学利用和改进理念、方法与技术是提升古镇修复与保护效率及效果的重要途径，同时也是其必不可少的工具。

10.2.1　更新古镇修护和保护的理念

现存的古镇不仅是历史文化发展的产物，还是我国上下五千年历史文明的一种活化石，而对其进行保护性开发，则是一种积极的延续形式。因此，针对古镇性质以及古镇中不同类型的历史遗迹和文化载体因地制宜地采用具有针对性的、不同的修复技术，制定科学的修复和保护步骤进行修复显得非常重要。事实上，古镇的修复和保护工作，并不仅仅是简单地禁止开发或者机械性的技术性修复和保护，而是需要在保持古镇当地风貌的基础上，结合其发展进程和未来发展需要，选择最适当的修复保护技术，

同时实现古镇修复和保护与技术之间的平衡，在古镇修护、保护和发展的标准下进行。必要的、新的古镇修护和保护理念与方法的匮乏，不仅会影响古镇修护和保护技术体系的发展，还会降低古镇的修复和保护效率，因此，需要不断创新和完善古镇修护与保护的理念和方法。在古镇修护和保护过程中先梳理其目的是更好地传承、活化和弘扬当地的传统历史和民俗文化。因此在古镇修复保护过程中不应当以复古和还原为最高目标，而应将其视为最低要求。应当在修护和保护过程中加强古镇的完整性，增强古镇生命力。为此应当意识到传统技术与新兴技术各有优劣。传统的技艺不仅仅是修护技术之一，它们同时也是我国重要的非物质文化遗产，在应用它们的过程中，其实也是对传统文化的另一种保护。这些传统的精湛工艺以及其本身的理念、方式和方法，因其传统性，在事实上更加符合古镇的复原需求。因此古镇的修复和保护如果以传统技艺为主要手段，能够更加尽善尽美，从理论上来说是复原古镇最好的突破点。但事实上，传统工艺同时也具有效率低下、不合时宜甚至是某些核心技术失传等缺点，在古镇的修复和保护工作中，如果一味依赖于传统技术，也无法取得最佳效果。故必须同时融合现代技术，尤其是一些高精尖技术，而对于这些现代技术，则更不能落后。总体而言，古镇的修复和保护必须结合古镇的发展历程、历史文化背景、损坏程度以及未来可能的发展方向，应当因地制宜地采用具有针对性、不同的修复技术理念，将现代科技手段结合传统技艺应用其中。

10.2.2　健全古镇修护和保护方法

在兼顾效率、效果和前景的前提下最大限度地实现古镇的修复和保护，需要不断升级古镇修护和保护的方法。具体而言，在古镇的修复和保护中可以先采用电镜微扫描等修复检测技术了解古镇结构和损坏程度，给出科学检测结果，为修复技术的选择和修复材料的筛选提出针对性办法。在这一过程中，大大减少了不必要的人力、物力和财力消耗。从而能够真正保障古镇的修复和保护效果。同时在古镇修复保护流程方面要进行科学设置。由于古镇的发展类型，古镇所需要修复的遗迹的材质、年代、相关历史文化信息，其本身采用的工艺和现有的艺术价值以及目前的被破坏程度都有所不同，因此在修复技术以及后续的保护方式方法的选择上，需要有一个科学合理的流程以确保能够与目标修复古镇进行最大程度的匹配。第一，需要确立详尽的调研计划。在对古镇基本书面信息和历史资料进行充分了解的基础上，实事求是地对古镇进行一些深入的实地调研，在进行调研前应当明确调研的目标、过程和流程，在过程中及结束后要对古镇的修复和保护价值以及目前情况等进行一个科学、详尽、彻底的分析，从而能够更加准确地判断出古镇目前的真实情况，并能够为后续的修复和保护工作提供足够的基础数据支撑。第二，要制定科学、合理的古镇修复保护方案。具体而言，这种科学合理性表现在参与方案制定的人员的技能、知识的充足，方案制定流程的合理等。在这个过程中，方案的每一步都应当致力于实现恢复古镇的自身属性这一目标，同时在这一过程中，必须要着重结合古镇的实地调查情况，从而选择最为合适的方案和技术。最为关键的是，由于许多古镇的历史文化资源、遗址遗迹等都是不可再生资源，因此，所有的方案关键点都应该有备选，将修复过程中产生二次伤害的可能性降到最低。第三，在古镇的修复和保护中必须注重文本编写和记录。而这种文本编写和记录应当明确古镇修复和保护的基本原则及最终目标，并且在方案制定过程中提出详细的修复步骤并分层级记录各类建议，以免在后续实施过程中出现任何事故或者意外，影响古镇的修复和保护效果，甚至产生二次伤害。具体而言，在进行文本编写和记录之前需要先敲定编写方法，在编写过程中则需要根据客观情况反复斟酌以敲定最终的修复方案。而对于无法确定的问题，则可以先行搁置，或者进行局部研究，在反复斟酌以后再敲定，而不能贸然实施。由此为后续的古镇修复和保护工作提供足够科学且充分的指导，在这种指导下才能使古镇的修复和保护工作更具科学性和可行性。

10.2.3　提升古镇修护和保护的技术

由于古镇的修复保护技术最初可能并非为了古物修复而生，且有可能涉及历史考古、灾害防治、环境监控、古镇信息展现等多个领域的技术，因此在古镇修复保护中，首先，关于有形载体，技术修复人员应当了解各种修复材料，包括其性能、优缺点以及多用于修复何种文物，并不断与其相关产业联系，实时关注材料发展近况，提出对策建议并提升利用水平；除了现有的修复材料外，对于古镇的修复和保护，相关的技术人员还需要重视、参与甚至主导新修复技术的研究，从而提高古镇的修复和保护效率，进而提升古镇修复的整体水平。其次，在现代化社会，应用计算机信息技术，实现古镇修复和保护电子化、信息化是古镇修护和保护非常重要的途径与方法。因此要将各大古镇的破坏、修复和保护情况电子化，建立古镇修复和保护数据库，详细记录各古镇的修复和保护过程，以便于其他古镇修复和保护时进行查询和参考。具体而言，相关技术人员能够从古镇修复和保护数据库中非常便捷地查询到类似古镇的修复和保护过程及经验，进而分析不同古镇修复和保护过程的差异性，对比、分析和改进相关古镇的修复和保护技术，推动技术进步，提高古镇的修复和保护效率。同时可以在5G技术支持下建立和发展在线评估古镇的修复和保护效果的智能数据库。最后要建立与古镇的修复和保护相关的知识图谱。按照古镇的发展类型，古镇所需要修复的遗迹的材质、年代、相关历史文化信息（如曾经经历过何种灾害等），对古镇的修复和保护利用排序算法进行分析，架构出古镇修复和保护的知识图谱。

10.3 完善古镇旅游高质量发展的资金体系

10.3.1 增强古镇旅游高质量发展的资金投入

古镇的修复、保护工作是非常复杂、庞大且系统化的工作。而古镇自身历史文化、民风民俗等资源的不可再生、稀缺性、脆弱性及其珍贵性，大大增加了古镇修复与保护工作的难度以及在此基础上进行旅游开发所需要的人力、物力和财力。而其中，资金是古镇修复与保护采购物料、吸纳和培育人才的基础，是古镇旅游高质量发展各个环节能够尽量顺利且从容不迫进行的保障。在资金吸纳过程中需要发挥各主体的活力，使各级政府、社会组织、企业、私人资金等为古镇旅游高质量发展提供资金支持。扩展古镇旅游高质量发展的资金筹集渠道，促使各个古镇的旅游高质量发展工作能够顺利进行。

（1）提高古镇旅游高质量发展投融资水平。

首先，古镇旅游高质量发展投融资所涉主体复杂，项目的专业性、多样性和复杂性程度高，因而必然要求多方面的相关专业服务，故政府支持建立一个以专业投融资成员为基本构架的专业古镇旅游高质量发展投融资机构平台势在必行。这一平台包含：缓解民营旅游企业融资困难问题的第一类机构，如古镇旅游高质量发展开发银行、古镇旅游高质量发展金融财务公司、古镇旅游高质量发展信托投资公司或古镇旅游高质量发展融资担保公司等；第二类为古镇旅游高质量发展投资顾问公司，一方面承担古镇旅游高质量发展招商引资中介机构的职能，帮助地方政府在市场上寻求旅游项目的最佳合作伙伴；另一方面帮助地方政府和投资企业双方解决旅游项目投资中有关的法律和财务问题，协助进行旅游项目投资过程中各方权利义务关系的构建和旅游项目投融资模式的设计。第三类则是古镇旅游高质量发展投融资智库。要实现古镇旅游高质量发展投融资水平不断提升，专家学者的智力支持及信息提供至关重要，因而必须要组织联络省内外在投融资领域（不限于旅游或文化领域）的一流专家学者，为古镇旅游高质量发展投资发展规划和重大投资项目提供决策咨询，提升古镇旅游高质量发展投融资项目的规划设计水平。从而不仅有助于提高投资能力和效益，还有助于整合资本，从而实现古镇旅游高质量发展投融资水平的整体提升。

其次，要加快建设古镇旅游高质量发展项目信息库。古镇旅游高质量发展项目信息库可以成为古镇旅游高质量发展投资的有效信息基础，有助于对古镇旅游高质量发展项目实施进行全流程的动态管理。信息库可包含国家及地方现有的关于古镇旅游高质量发展的支持性政策、条件以及注意事项等，以及相关优秀古镇旅游高质量发展情况及经验、古镇旅游高质量发展上下游产业信息，以及其他可结合申报的转向资金等（如国家支持服务业、中小企业、新农村建设、节能减排等专项资金）。除以上支持古镇旅游高质量发展的信息外，信息库应当同时包含一些违章发展案例、信息及相应处分，起到警醒并维护市场秩序的作用。

同时，针对不同类型的主要发展阶段制定灵活差异化的古镇旅游高质量发展投融资策略，并因地制宜，根据不同省市具体发展水平采用相符合的策略开展投融资活动。不同省份的古镇处于不同的发展阶段，并依据其不同的文化资源、地形地势、风土人情等条件和特点演变出不同的特征，也有着不同的供需状况和约束条件，因此其所需投融资重心各不相同，特点也不相同。为此，必须制定差异化的古镇旅游高质量发展投融资策略。区域差异化的古镇旅游高质量发展投融资策略构建和实施的基本思路是：第一，依据知名古镇进行案例分析，结合相关理论对古镇发展阶段进行划分，同时总结出古镇的主要类型。第二，在第一步的基础上制定出每类古镇在其主要发展阶段的投融资策略，为古镇旅游高质量发展投融资提供蓝本。由此有效推进古镇旅游高质量发展投融资的规模扩大和结构优化。

最后，政府要设立古镇旅游高质量发展基金，这部分资金主要依赖于政府财政拨款，主要用于发展规划、古镇旅游高质量发展宣传促销、重点项目扶持，但其资金来源单一、基金规模较小和投向分散等特点导致集合性投资效率和投资效果存在"瓶颈"，不能完全适应古镇旅游高质量发展整合发展和升级发展的需要。一个可行的创新路径是在分别设立古镇旅游高质量发展促销专项基金和古镇旅游高质量发展规划专项基金的基础上，设立古镇旅游高质量发展投资基金，即对古镇内的企业进行股权投资并提供专业经营管理服务的集合投资制度模式。其基本思路是，古镇当地政府通过财政注资和古镇旅游高质量发展资源资本化等设立古镇旅游高质量发展投资基金公司，以注册资本金为基础对区域内古镇旅游高质量发展项目进行直接股权投资或通过商业银行提供贷款，指定商业银行对基金公司账户和投资项目公司账户进行监管，基金增值主要源于股权投资收益和贷款利息。古镇旅游高质量发展投资基金应该立足于古镇旅游高质量发展资源资本化、区域古镇旅游高质量发展整合和古镇旅游高质量发展综合效益提升关键目标，重点关注古镇旅游高质量发展项目孵化、古镇旅游高质量发展整合项目贷款、区域重点古镇旅游高质量发展企业股权投资三大领域，也可以执行中小古镇旅游高质量发展企业贷款担保、古镇旅游高质量发展专用设备金融租赁和古镇旅游高质量发展基础设施建设等职能。同时政府规范和明确古镇旅游高质量发展项目的审批、税收、土地出让等相关方面的优惠政策，鼓励出台古镇旅游高质量发展投融资政策以及具有针对性的行业差别政策、区域差别政策。

（2）加强组织领导，改进招商引资思路。

充分发挥古镇发展委员会在古镇旅游高质量发展中的统筹协调作用，制定统一的古镇旅游高质量发展投融资规划。在项目招商上进一步加大各部门联动和各区域协调；加强营销渠道建设，促进古镇招商更具有针对性、专业性和有效性。整合各地区资源，通过统一包装策划，打造跨区域投资项目群，突破行政区域对古镇旅游高质量发展投资的割裂；督促相关省份建立古镇与工商、税务、环保等相关部门的联合办公机制，为企业提供"一站式"服务，并通过微博、微信等新媒介提供全方位的投资咨询服务。

跳出单一的景区、景点、饭店、宾馆招商引资思路，从全面优化古镇旅游高质量发展环境、优化古镇旅游高质量发展全过程、配套古镇旅游高质量发展基础设施、健全公共服务体系和古镇旅游高质量发展服务要素等出发，加强景区、景点周边区域、古镇旅游高质量发展配套服务的招商引资工作，鼓励投资向古镇和未开发资源地分散。把握发展趋势，加大对古镇新兴业态（如文化创新）的招商宣传力度，集聚力量包装策划一批高品质项目，培育古镇旅游高质量发展投资新的增长点。

（3）完善监管手段，确保古镇旅游高质量发展投资项目落地。

出台古镇旅游高质量发展投资领域的相关管理法规，加强古镇旅游高质量发展投资行为的法治建设，明确上述行为的约束条件，加大对盲目、随意、开发强度过大的投资行为的惩处力度。建立科学的古镇旅游高质量发展资源价值评估体系，对古镇旅游高质量发展资源原有价值和市场开发价值有一个客观、全面的认识，以达到有效保护、合理利用的目的，同时避免开发过程中国有资产流失、开发后产权归属不清等问题。对投资于古镇的项目实施谨慎的管理办法，以经济效益、社会效益和文化效益统一为原则，全程监督投资商的开发行为，确保项目投资的利益机制设计与当地居民民生和谐共赢。

（4）拓宽融资渠道，创造古镇旅游高质量发展多方融资环境。

政府在古镇旅游高质量发展中起主要的协调与管理作用。根据我国现行相关法律法规，绝大部分自然和文化旅游资源的所有权归国家所有，由各级地方政府或相关部门行使旅游资源的管理、开发和经营等相关权利，尤其是对于古镇旅游高质量发展而言，其重要依托是历史文化、民风民俗等不可再生资源，其旅游资源的管理、开发和经营等相关权利是受各级地方政府或相关部门支配和行使的。这种"国有国营"方式因为其自身经济实力不足、专业性人才缺乏和激励机制落后等原因，严重损害了一些旅游资源的配置效率和综合效益，而社会民营资本进入旅游资源领域还受到很大的制度限制。因此，这要求政府部门必须畅通古镇旅游高质量发展投融资渠道：第一，要形成以制度、效率、项目、开放换资金的产业扶持政策。具体而言，可经由资源产权制度的分类改革，划分古镇旅游高质量发展中的所有权、管理权与经营权，整顿和改革产业的管理与收益分配制度，将大部分管理权与所有经营权均下放至企业，充分吸纳社会资本进入古镇旅游高质量发展市场，发挥市场在资源配置中的优势。同时政府积极发挥宏观主导与调控作用，牢牢掌握对于古镇旅游高质量发展资源的所有权，并时刻监督、引导企业规避投资经营过程中的行为风险。第二，建设古镇旅游高质量发展项目投融资工作的整体管理机制。可将整个古镇旅游高质量发展项目投融资工作划分为签订合同、资金到位、开始建设、项目良性运作四个阶段，并针对各阶段的具体工作内容有针对性地构建出完善的管理体制，减少古镇旅游高质量发展的后续问题。第三，积极构建古镇旅游高质量发展项目管理架构。增强和明确各部门在古镇旅游高质量发展项目建设中的职能权限，从而做到权责分明、事有所管。

同时，政府需立足于古镇旅游高质量发展资源资本化、区域古镇旅游高质量发展整合及古镇旅游高质量发展综合效益提升等投融资的根本目标，应着重落实古镇旅游高质量发展项目孵化和整合贷款，鼓励古镇创新融资方式。最终实现广维度、多主体地构建和拓宽古镇旅游高质量发展投融资新空间。进一步吸引民间、海外资金，壮大古镇旅游高质量发展创新发展股权投资基金规模，建设市场化程度高、影响带动力大、财政放大效应好的基金典范。

10.3.2　加强古镇旅游高质量发展的资金风险防控

（1）厘清古镇政府性债务风险的成因。

在古镇旅游业积极发展的同时，地方政府性债务问题也可能会日益突出，出现地方政府性债务急剧增加、债务违约等现象。因此古镇在旅游高质量发展过程中必须加强对地方政府性债务的管理和风险防范。具体而言可能会出现以下问题：第一，古镇政府多头无序融资，形成巨大债务包袱。1994 年分税制以来，我国"财权上移""事权下移"，一旦古镇政府陷入"入不敷出"的困境，为了弥补支出缺口，古镇政府就可能会寻找融资渠道，直接或间接、公开或隐蔽地举借大量债务。正如上文所说，古镇政府举债的通行做法可以是成立各种基础设施项目投资融资和经营管理的投资公司，同时，古镇政府还可以利用土地融资，由具有古镇政府背景的企业发行企业债券、推出资金信托计划等。这些以企业或者项目名义举借的债务，最终还债还将归责于古镇政府，导致古镇政府可能会形成多头、无序的融资局面，随之而来的将是古镇政府显性和隐性债务负担日益严重，风险问题无法回避。第二，古镇政府性债务风险增大，可能会加剧古镇政府财政危机。当古镇政府出现财政窘迫、偿债能力有限等问题时，就可能走上举新债还旧债的道路，致使其陷入债务膨胀的恶性循环之中，使得古镇政府性债务风险日益突出，产生很多负面影响。这些问题会严重损害政府公信力，严重扭曲信贷市场，动摇投资与消费信心，使得后续政府投资项目筹资、经营变得困难重重。进一步地，古镇政府性债务风险影响当地社会稳定和经济发展，古镇政府财政困难、债务累积，导致部分古镇政府挤占财政专款、拖欠工程款，农业等基础设施投入不足，影响政府所承担的社会基本保障职能和公共职能的实现。政府负债率畸高，会恶化社会信用环境，而且易埋下社会危机隐患。此外，这种风险和影响还可能传导、扩散到整个经济体系，由此产生更大的经济风险。因此，通过一系列手段，建立健全古镇政府性债务管理和风险防范体系势在必行。政府债务风险状况可以从财政资产存量和收支流量两个方面进行分析，构成财政风险的整体理论分析框架。在目前的制度环境、官员激励机制和约束机制下，经济增长和地方政绩是以地方债务风险的不断增加为代价的。要解决古镇政府的债务问题，控制财政风险，从根本上来看需要在财政体制之外下工夫，改革目前的干部激励机制和约束机制。我国古镇政府性债务风险存在着一定的外部性，而古镇政府性债务风险状况是诱导我国财政外部性的重要因素之一。古镇政府性债务的风险主要包括偿还风险、宏观调控风险和政治风险。政府信息不对称、财政分权不彻底、地方利益驱动、不合理的政绩评价机制是风险形成和存在的主要原因。从短期和中长期两个层面对古镇政府性债务风险进行剖析，短期内存在古镇政府盲目扩大预算规模的倾向；而中长期内则存在古镇政府性债务进一步堆积和古镇政府对所募资金不合理使用的风险。当前我国地方债存在风险隐患，其产生的原因主要可归结为以下四点：古镇政府的投资冲动；古镇政府的事权和财权不对称；急于筹集积极财政政策的配套资金；地方融资平台的盲目扩张。同时各种形式的政府债务是导致地方财政风险的重要原因，特别是一些隐性的、或有的债务，对地方财政安全构成了潜在威胁；由于中央财政是地方财政的隐性担保人，地方财政风险具有向中央财政风险传导和转化的内在机制，如果不及时采取措施对地方财政风险加以防范和控制，最终将威胁中央财政的正常运行；如果及时采取应对措施，地方财政风险是可以有效化解的。

（2）建立古镇政府性债务风险评估与预警机制。

受地区经济增长激励和古镇旅游高质量发展所需巨大的资金的双重刺激，古镇政府性债务在规模、使用范围、风险等方面都有其自身特点，对古镇政府性债务管理提出很高要求，主要体现在控制风险、层级结构、地区结构、项目结构、方向、方式等层面上。因此需要政府及专家群体不仅仅运用制度经济学、信息经济学、公共选择理论及博弈论等方法对古镇政府性债务规模迅猛扩张的原因进行理论分析，还需要立足于古镇政府性债务的形成背景，将实地调研资料和统计数据相结合，从古镇政府性债务的级次、类型、筹资方式、融资效率、资金用途等方面测算古镇政府性债务规模。结合历史和地区经济实际，分析古镇政府的综合负债率水平和地区间债务结构差异。结合土地财政理论、宏观经济理论对高杠杆融资模式下古镇政府性债务的可持续性问题、不同经济风险冲击对古镇政府性债务的影响进行分析和评估。在这个过程中需要梳理和学习国内外的政府性债务风险评估体系，包括美国、日本、欧盟等发达国家以及韩国、中国台湾地区等发展中经济体的风险评估方法，进行中外古镇政府性债务风险评估的比较分析，为中国古镇政府性债务风险评估指标和预警机制的制定与完善提供实践依据。并进一步基于中国的经济发展模式和政治制度背景，结合古镇政府财政差异和债务结构差异，设计债务风险指标，使用信息熵和数据包络分析方法构建古镇政府性债务的风险评估指标体系。采用因子分析和动态仿真方法，建立动态视角下具有风险警情判断、风险原因诊断、专家分析、风险分类处置等功能的古镇政府性债务风险动态预警模型。此外，还需要分析古镇政府性债务风险由潜在的风险演变为现实风险的路径及可能性；剖析债务风险对经济增长与发展的负面效应，包括对经济增长、财政收支、金融系统及古镇政府信用等产生的危害。基于古镇所处地区的经济发展程度和地方财政收入差异，对古镇政府性债务风险程度进行差异性识别与定位，构建基于目标瞄准的古镇政府性债务预警机制。

（3）构建古镇政府性债务的管控体系。

科学、规范的古镇政府性债务管理要求建立一套包括举债权限、规模控制、债务预算、风险预警、信息披露、债务监管、债务偿还等在内的管理规范、运行高效、风险可控的管控体系。因此需要构建一个古镇政府、融资平台、金融机构和监管部门四位一体的债务风险管控体系，尤其是要设计出具体的防范和化解债务风险的制度安排和政策措施。具体内容包括：第一，从法律修订、风险防范和财政透明度等方面研究古镇政府发债权限和债券发行的制度设计，从程序、形式、范围、规模和期限等多方面设计古镇政府性债务发行标准，增强古镇政府的债务约束。第二，从需求控制和供给控制两方面构建古镇政府性债务适度区间，构建以古镇政府借债能力为依托的债务规模度量指标。第三，从市场约束、中央政府控制、规则管理和协商管理四个视角构建古镇政府性债务管理体系，探究债务风险分担机制和责任联动机制以降低古镇政府性债务责任转移预期；设计有利于地方债务良性发展的、激励相容的配套管控措施。

同时还需要探讨防范财政金融风险措施与建立长效机制相结合的古镇

政府性债务管理制度，将古镇政府性债务收入和支出纳入财政预算管理，建立资金使用的信息披露机制，是古镇政府财政体制改革和预算管理改革的关键一环。通过系统设计古镇政府性债务核算和披露制度，解决隐性债务显性化、或有债务确定化、核算方法规范化、信息披露法治化等古镇政府性债务管理的难点问题。借鉴企业会计及国外成功经验设计古镇政府性债务信息质量指标体系，构建古镇政府性债务信息质量标准体系，系统设计古镇政府性债务核算制度体系，提高政府债务信息透明度。构建与政府债务预算制度相适应的政府债务统计与报告制度。基于负债风险最小化研究古镇政府性债务分类纳入预算管理的路径和措施。

设计古镇政府性债务偿还的渐进性战略目标及配套制度安排也至关重要。因此需要构建反映古镇政府性债务管理水平、努力程度和管理效果的古镇政府债务绩效评价体系以研判古镇政府债务违约情况，提出古镇政府性债务的动态监控体系。从发行机制、偿债机制、监管机制和市政债券交易市场等多方面探讨古镇政府性债务债券化、规范化、市场化偿还模式；研究有利于遏制预算软约束，有效应对长期、中期和短期的古镇政府性债务偿还准备金制度；从盘活现有资产、拓展融资渠道等视角研究短期应对流动性风险的举措；从完善分税制度、改革土地财政制度、严格政府债务约束机制、健全政府债务风险预警机制、完善债务管理机制等方面研究长期债务偿还机制；探讨控制增长（预防新增违约）和削减存量（清偿逾期债务）的差异性偿还机制与偿还方式。

10.4　建立古镇旅游高质量发展的人才体系

10.4.1　加强人才培养

在古镇旅游高质量发展的每一个环节都需要人的参与，尤其是古镇修复与保护对于高精尖人才的需求量非常大，高精尖人才是古镇修复与保护不可或缺的宝贵财富。而要解决人才问题则必须形成一个完整的现有人才资源——人才优化培养的存续链条。首先是对于现有人才，必须要进行充分利用，并从中选取可造之才进行进一步的优化培养，形成一个拥有层级的人才系统，实现人才系统没有断层。其次要改善人才培养机制，组建人才培养机构，鼓励各大高等院校广泛吸纳人才资源进行人才培养，提供取之不竭用之不尽的人才资源。最后是要畅通人才引进、成长和晋升的渠道。

（1）建立健全人才激励机制，激活现有人才。

首先，需要从政策层面建立与古镇旅游高质量发展所需人才相关职业的一些国家等级的资质标准、政策扶持或奖级机制，从而形成一个系统化的，能够起到足够效用的人才激励机制。目前，古镇旅游高质量发展的专业人才和从业人员都相对匮乏，故政府应发挥主导作用，扮演引导者的角色，主推古镇旅游高质量发展人才的引进和培育。各级政府、各部门要重视对与古镇旅游高质量发展相关的高端人才的引进，按需制定人才引进规划。例如，对于急需的古镇修复与保护专业技术人员、产品创新设计和运营管理人员等，政府可以出台人才引入政策和激励制度，给予急需人才较高的薪资水平、子女入学、住房补贴、科研启动资金、荣誉称号、配偶安置等扶持，从而吸引急需的高端人才前往古镇以促进旅游高质量发展。

其次，政府也要积极引导相关企业、古镇旅游高质量发展行业组织承担本土人才培育的职责，增强产业的"造血"功能。政府应加大古镇旅游高质量发展相关产业的资金投入，通过实施古镇旅游高质量发展人才工程、启动古镇旅游高质量发展产业相关的课题申报等手段为古镇旅游高质量发展产业的高端人才营造良好的工作环境，让高端人才留得住。

最后，古镇应积极与发展较好地区进行交流，政府可以组织相关合作论坛和研讨会议，使古镇旅游高质量发展相关产业的从业人员面对面地与业内专家、优秀人才进行交流，以进一步提升人才的专业素质。要完善古镇补偿机制。对于用于古镇旅游高质量发展的建筑用地，发挥政府职能，统一协调各部门，进行拆迁补助，并对当地居民居住的环境和位置进行有机的规划，对房屋搬迁的居民给予经济补偿和住房补贴，保障当地居民住宿，完善住宅周边基础设施的建设，如健身器材、公园广场、商品街道等，这有助于安抚本地居民，减少本地现有人才外流。

（2）努力完善人才培养机制，储备潜在人才。

有些古镇将景区承包给企业经营，但很多企业在用人上有明显的短板，比如应急时找不到人用、空闲时留不住人的问题，企业应该长期有组织、有计划地建立专业的人才储备，完善人才管理机制和明确职位升值空间，对紧缺型人才和具有优秀管理经验的人才应该侧重培养。尤其注重对本地人才的培养，降低人才流失率。结合古镇保护与修复的发展需要，古镇应与企业、高等院校一起秉承"互惠互利，共谋发展"的基本原则，牢牢抓住合作机遇。以古镇修复与保护为例，古镇可依据自身需要加大对关联性较强专业的关注度并完善古镇保护与修复教学体系，如在材料学院、环境学院、化学学院、考古/历史学院、建筑艺术类院系开设文物修护、开发等相关课程，在教学环境中培养学生的职业习惯。此外，由于过去常出现学生期望值与工作环境或薪资待遇不符、实习生与企业主管沟通不畅导致矛盾激化等问题，企业需出台并执行有关管理条例、搭建校企合作交流平台、设置情感沟通部门等，实现资源开放共享、保障沟通渠道畅通；学校方面，则应邀请古镇保护与修复领域专业人士进入学校展开专题演讲，激发学生对古镇保护与修复工作的参与热情，为古镇保护与修复产业的发展储备长期建设人才。同时，应积极搭建校外古镇保护与修复实践教学基地，让师生加入到古镇保护与修复的运营管理等社会实践活动中去，通过实地体验古镇保护与修复经济活动，教师撰写古镇保护与修复教学材料、形成与古镇保护和修复相关的教学案例。另外，在高级古镇保护与修复人才的培养过程中，除建立专门的高级古镇保护与修复人才训练班外，相关高校和企业更应选择合适的培养模式。例如"教学＋科研＋产业"三位一体的人才培养机制为古镇保护与修复提供了示范，依据"大一普及化、大二专项化、大三卓越化"的方式打造"校企合作，学岗交替，三级进阶"的古镇保护与修复高级人才培养模式值得借鉴。具体而言，大一年级需着重培养学生古镇保护与修复的基本技能，达到让学生了解古镇保护与修复的相关知识、感受国内比较有代表性的古镇的悠久历史文化和认知古镇保护与修复的目的；大二年级侧重培养学生古镇保护与修复相关的专项技能；大三年级则重点培养学生古镇保护与修复相关的综合能力，根据古镇保护与修复中的企业需求提供综合性服务的高素质人才。

此外还应该跟上时代发展的步伐，贴合时代的语言，以传统民俗文化设计、发展、创新的角度，结合现有的地域元素和风格，设计出从故事、商品和语言等方面都符合现代生活方式的产品。由此，保证在古镇旅游高质量发展的过程中，在保留当地人才的基础上增添新的元素，以吸引更多的外来人才。例如可以加强与新媒体的合作，民俗文化的传播可以通过"互联网＋"的形式，设计出现代化的，从感官上激起人们内心情感共鸣的产品，抓住现代大众消费心理的偏好。重视文化传承人的培养，扩大民俗文化的宣传力度，通过政府和各级社会组织宣传，提高民俗文化的影响力，吸引更多喜欢当地民俗文化的年轻人加入。

10.4.2 健全人才体制

（1）创建行业协会，发挥人才合作优势。

互联网时代，全球性的古镇旅游高质量发展资源与交流显得尤为高效和便利，这为人才间进行资源和知识共享创造了条件，使得信息共享更加便捷、沟通更为畅通。古镇旅游高质量发展对人才的争夺十分激烈，而人才共享则可以带动整个区域古镇旅游高质量发展产业迈向更高的层级。而创建行业协会，开启古镇旅游高质量发展资源利用、古镇旅游高质量发展和建设上的互学互鉴模式，不仅能够推动古镇旅游资源、产业乃至经济由垂直分工向水平分工的迈进，还能够直接促进各类人才在古镇旅游高质量发展合作过程中通过"互学互鉴"提升自身能力。因此古镇旅游高质量发展可据此创建专门的古镇旅游发展行业协会，一方面通过这一服务平台可以让更多国内外人才了解该地区古镇旅游高质量发展相关信息，招揽并培训人才；另一方面通过该平台与国内外其他相关行业协会联系，邀请他们参与人才交流或聘请领域内专家对从业人员进行专业化培训，为仍处于探索和尝试阶段的古镇人才运营模式提供新见解、新思路。

（2）实行定期服务人才培训和考核制度。

古镇招揽人才后，仍需邀请专业人士对人才进行定期培训和考核。过去，许多企业为把握人员优势、抢占市场，擅自招收未经严格资格审核的人员上岗，古镇旅游高质量发展过程当中存在着从业人员素质参差不齐、文化素质水平低、服务意识薄弱等现象，因此对于这部分人的培训和考核显得更为重要。定期培训和考核的内容主要包含三个方面：思想道德素质、古镇旅游高质量发展相关专业技能、旅游相关服务技能，任何一方面不合格都应按规章制度予以严肃处理。首先，思想道德素质是从业人员的基本素质，关系到相关人员是否有资格从事该行业，道德素质的缺失势必导致该员工对企业、他人不负责，引致的负面后果难以估量。其次，古镇旅游高质量发展相关专业技能必须过硬。除在招聘人才过程中需要检验专业技能外，后期也需要定期进行抽查，以免发生安全事故。最后，以旅游业发展为例，在古镇旅游开发中，从业人员的旅游相关服务技能会创造更大的价值。古镇旅游高质量发展是古镇旅游长期持续发展的前提，从业人员需直接面对面地与游客沟通交流，强烈的服务意识是提升游客旅游体验和满意度的关键要素，因而也是考核的重要内容。综合来看，古镇旅游高质量发展需着力实行严格的定期人才培训和考核制度，培养全面发展的综合素质人才。

（3）积极探索古镇人才吸引力的影响因素。

要吸引古镇旅游高质量发展人才，首先应当明确古镇人才吸引力的主要影响因素，从而构建古镇旅游高质量发展人才吸引的软实力评价体系，由此在古镇人才争夺中提供更大的吸引力和竞争力，也更有助于探寻人才吸引工作中古镇软实力的运用策略，促进古镇旅游高质量发展人才吸引力的提升。因此必须梳理国内外古镇对人才吸引力、竞争力的既有理论，结合以往古镇旅游高质量发展人才吸引工作的实践经验，探讨古镇旅游高质量发展人才吸引力的主要来源、构成要素和结构体系，构建一个内容丰富、视野开阔、逻辑合理的古镇旅游高质量发展人才吸引力理论模型，为后续吸纳相关人才提供理论指导。古镇软实力（生活环境、教育医疗资源、文化底蕴、政府形象、包容性）与古镇硬实力（基础设施、经济发展水平、所处地域等）是古镇旅游高质量发展人才吸引的主要源泉，而其中，古镇软实力在人才争夺中发挥着独特作用，且具有不可替代性。由此应从提升古镇软实力、古镇形象传播等方面吸引人才。

10.5　系统化资源与生态环境保护体系

古镇一般处于自然资源丰富、文化独树一帜的地区。古镇的旅游资源开发必须坚持在"可持续发展"的前提下，在"规划先行、保护第一、合理开发、永续利用"的原则下进行开发利用建设。任何重大项目规划前都要对环境、社会和经济进行综合深入分析，评估后再开展计划。尤其是在古镇的旅游规划过程中，要特别注意在古镇的结构布局、项目安排、承载容量、建设开发强度和建筑形象等方面，均需充分考虑生态环境。在已确定的旅游区保护范围内，禁止一切有污染、有破坏性的项目实施。开发建设项目必须符合规划提出的要求；确定合理的环境容量，杜绝古镇内出现游客超负荷现象。而古镇文化并不仅仅是形式上的、仅存于脑海中的知识，它也需要依赖现实的载体进行呈现，例如通济渠、都江堰的文化内涵依靠水系和水文风光呈现；经文等依靠石碑、墓碑等呈现；而有些古镇的文化则依托于整个村寨的布局、建筑等进行呈现。因此对于古镇的修复和保护，需要充分结合周边环境，尽量保存原有的自然、人文风貌，保持良好的生态环境，严格控制道路绿化带，加强水体生态环境保护、生态林地保护与大气环境治理，实现环境友好、资源可持续的生态发展。

10.5.1　旅游资源保护

在此主要列出古镇中常见的文化载体形式，以及如何对其进行保护。第一，遗址遗迹类与建筑景观类旅游资源保护。一般古镇内会涉及大量的遗址遗迹、建筑景观等。对于这些涉及历史文化遗存保护的景区，人造景观和旅游设施的建设，要避免造成对文物古迹的破坏，不仅要保护本身，还要保护其依存的周边环境；对一些历史场景进行复原时，尽量展现原本的历史风貌。对景区景观资源进行严格保护，在修复的过程中，应严格按照相关规范要求，保持和恢复其原始风貌；制定相应的保护规章制度。第二，人文活动类旅游资源保护。对于当地传统文化、民间习俗及节庆、传统手工艺等，要注意保存其原有的独特性，避免被商品经济带向市场化、商业化、同质化的浪潮中，从而丧失其吸引力。第三，水域风光类旅游资源保护。这类资源的主要保护对象是古镇内的河流、水库、湖泊等，其中承载了重要历史遗迹、诗歌典故的区域应重点保护。具体而言，要加强水土保持和小流域综合治理，构建绿林带，种植水源涵养林，强化生态涵养工程；加强河道管理，治理污染源，严格控制工农业污染。居民产生的生活垃圾和废弃物应及时清理、集中处理，增强居民的环保意识，倡导低碳、节俭的生活方式，严禁在保护河段放养牲畜、使用农药、倾倒垃圾、乱施化肥等。保持水域的清澈和清洁；开展水上游憩活动要做好污水处理和垃圾处置，不要在河流湖泊上使用电力船。如若古镇内河道现已有断流现象，为保持河流常年流动，应大力开展节水活动，采取有效措施减少水消耗，有组织地推行节水、高效的农灌技术。第四，地文景观类旅游资源保护。这类旅游资源主要出现在位于山区、林地的古镇，主要是要注意保护古镇内外的山林和地质景观。具体表现在严禁在区域内有开山炸石、毁林开荒等破坏植被和山林景观的行为，保持地质地貌景观和自然植被的原始风貌和整体性。同时在古镇的建设和修复过程中应科学规划、精心设计，尽量减少对山体、植被的破坏，严格控制设施建设，减少对林地的占用；建筑等设施应与周围景观相协调。对于已经造成的山体破坏应通过有效措施加以恢复。对于林地，要加强对旅游区内植被的保护，禁止乱砍滥伐、毁林开荒。建立保护区管理机构，切实保护区域内的林区。有序进行植被恢复，杜绝为眼前利益而肆意毁林开荒，狠抓森林防火，强化责任，加强队伍建设和防火基础设施建设，杜绝火灾事故发生，完善林业有害生物防控体系建设，加强畜牧舍饲管理，确保生态效益。同时要防止对山林资源的人为破坏，加强对当地居民的宣传教育；实行封山育林和人工造林，控制野炊、禁止吸烟。对于古镇附近的野生动植物要进行保护，大力保护其生存环境，为其创造适宜环境，逐步恢复动物生存的家园，保护野生动物；禁止一切偷猎买卖等违法行为。

10.5.2　生态环境保护

第一，有关水域环境的保护，需要从近到远、由易而难地抓住关键，解决水域的断流、污染等问题。在断流问题方面，需要在实现全流域水资源统一管理的基础上，采取以供定用、节水为本、补水为辅的措施，特别是应将节水和保护水源作为当前乃至今后长期缓解水域断流的根本性措施。具体举措包括：（1）全面节水、适水发展是实现持续发展的必由之路、缓解水域断流的必要措施。建议加大投入力度，进行渠道衬砌和渠系配套、发展地埋低压管道输水与井渠双灌，配合土地平整、小畦灌溉、地面覆盖等节水技术，提高灌溉水利用率。（2）制定合理的水价和水费政策是杜绝浪费、推动节水的有效措施。根据居民的经济承受能力、水量丰枯、水质好坏、供水情况适时适度实行水价浮动政策。尽快实行按量计收水费、超额用水累进加价。（3）增补水域有效水资源量的措施是适应发展的长期战略措施。在水域污染方面则需要在地面水水源地划定保护区，严格按照国家标准落实各项保护措施，并设置明显标志和严禁事项的告示牌。在保护区内禁止下列活动：①设立装卸垃圾、粪便、油类及其他有毒有害物品的码头。②强化监督管理，杜绝企业偷排、滥排废水的现象。③积极疏通河道，以提高地面水的环境容量。④加强对农业污染的治理，减少农业污染源。

第二，古镇清新的空气、与世隔绝的状态决定了其对游客的吸引力，因此需要保护其大气环境。具体的保护措施包括：（1）采取有效措施控制工业废气排放总量，削减区域内其他污染源的排放量，确保大气污染物排放量控制在区域总量控制指标内。（2）发展清洁能源，改善能源消费结构。（3）淘汰落后生产工艺，防治工业废气污染，采用技术起点高的清洁工艺，最大限度地减少能源和资源的浪费，从根本上减少污染物的产生和排放，减少末端污染治理所需的资金投入。（4）加强镇区烟尘控制区的监督管理，提高建设烟控区的标准和监测频率，加快淘汰各种低效除尘器和原始排放浓度高的落后锅炉。

第三，要控制固体废物排放，具体的举措包括：（1）垃圾分类收集并进行综合利用，从根本上化废物为资源。（2）加强对镇区内部各类垃圾的管理，减少固体废弃物对整体环境的污染。（3）推广固体废弃物综合利用技术，暂时不能处理、利用的固体废弃物要妥善贮存，严防污染扩散。

第四，声环境保护措施，包括：（1）保持道路畅通，减少汽车鸣笛等，减少交通噪声。（2）加强管理，严禁车辆乱鸣喇叭，减少生活噪声。（3）提高绿化率，通过植被吸附噪声，以减少环境噪声，达到静音效果。

第五，加强环保教育宣传。对当地居民及游客科普环保知识，对一些不文明行为进行批评教育，让环保意识深入每一位居民心中，深化居民主人翁地位。鼓励当地居民成为环保志愿者，对不文明的游客行为进行批评和制止，时刻保护生态环境。与当地的教育部门合作进行生态保护教育宣传，将环保主题宣传教育渗透到社会的各个层面，包括政府、企业及普通群众，联合环保部门定期举行环保宣传活动，营造全民参与的良好氛围，从古镇内部带动进而影响游客行为，形成环保的良性循环。

第六，健康发展生态环境，保护古镇动植物。投入大量资金发展古镇旅游景区绿化，对景区植物的品种多样性加以保护，制定相关法律法规形成纲领性文件，对破坏植被的游客予以批评和罚款，为当地居民营造美好的生活环境。增加管理人员以保护古镇旅游景区的野生动物，制止游客的喂食行为。严格看守危险的大型动物，以免对当地居民和游客造成伤害。加强对稀有土壤的保护，设置防护墙、防护带和警示牌，标明土壤的珍惜性，防止游客和居民随意践踏。

10.6　完善古镇设备设施体系

10.6.1　健全基础保障设施

古镇旅游中公共服务与基础设施是实现其高质量发展的重要基础保障之一，这要求必须加大对古镇道路施工建设与停车场修建的投入，并对餐饮、交通、住宿等相关基础设施进行建设，加强厕所改造，改善卫生情况，实现网络信号全覆盖，开通免费 Wi-Fi，普及无障碍网上支付等。

（1）优化公共交通。

一是分区规划各类交通路线。对古镇内的交通线路网进行明确的划分，设置旅游大巴和自驾车辆专用交通路线，防止其他路线车辆过多造成道路拥挤；古镇内部设有观光汽车固定停车位置，不仅可以供游客游览使用，也可供居民外出使用；部分路线进行限时出行。二是合理规划旅游交通线路的连接和分流。根据实际需求，把通往古镇旅游景区的各交通路线有机地连接在一起，实现目的地"一站式"到达。在飞机场设置直达古镇旅游景区的大巴车，支持通过观光车和出租车等各种交通方式到达古镇。古镇景区内可以使用共享单车进行通行，一方面加强游客的可进入性，另一方面满足当地居民外出的需求。对于容易造成交通拥堵、出行不便的地方，对游客、居民和工作人员采取分流疏导措施，制定古镇旅游景区内的道路交通规则。加大基本建设的投入力度，扩大交通线，在临近当地居民居住的地方，限制机动车进入，给居民营造安静的生活环境。

（2）增设休憩座椅。

景区内休憩座椅的设置应综合考虑实用性及美观性，在游客流量密集地区增加休憩座椅的数量。在座椅的设计上，应与古镇环境相结合，加入古镇自有的木、石元素，提高与古镇自然和人文环境的融合度。充分利用原有条件，利用地面或台阶的高差，使座椅设置更加自然，让游客和居民在休憩的同时，获得美的享受。

（3）设置无障碍设施。

在古镇中设置无障碍通道，如人行道和盲道，以及在游客中心为残疾人设置专门的服务区。对当地居民中的残疾人群体给予一定的政府资金帮助，通过岗前培训使他们具备一定的工作技能，比如可以在古镇旅游景区内开设盲人按摩馆等，既能增加其经济收入也能促进古镇旅游发展。

（4）设置消防医疗通道。

在扩充交通路线的同时，预留消防通道和医疗通道，配备相应的消防设施和医疗设备，并且在道路旁树立禁止私家车和其他车辆乱停乱放的警示标语保障景区及当地居民的消防安全。

（5）健全厕所建设与制定卫生安全的标准。

一是厕所卫生的管理，及时去除异味，同时注意洗手台、纸巾和垃圾桶的位置摆放，以及厕所清扫工具的隐蔽摆放，并配备工作人员对厕所进行定期的卫生清理、检查与维护；二是男女厕所的数量要根据大数据测算出的游客性别比例进行相应的调整，对于女性游客比较多的地方可以适当增加女性洗手间的数量，并由当地政府进行升级管理。

（6）加强通信网络全覆盖。

政府应加强对信号塔、线路等网络基础设施的建设，通过与通信企业合作实现古镇旅游景区 Wi-Fi 信号的全面覆盖。古镇旅游景区实现网络支付平台交易，并与 OTA 旅游网络平台进行合作，更好地实现门票、酒店和餐饮的网络支付。

（7）多产业融合发展。

一是进行民宿改造。考量市场需求以及商圈中民宿的饱和度，根据预算做好规划；针对不同的客户群体，在细节上提供差异化的服务；在选址上要注重交通便利，可达性强；在宣传上不仅要注重线下门店的宣传还要进行线上的销售运营。二是开展研学游。根据古镇独特的自然风光、古朴清新的美丽风貌，可以与学校合作举办研学教育画展游，比如美术学院的学生进行实体写生，举办相应山水风景画展等；利用古镇的特色种植产品，实现游玩与农耕体验相结合；举行运动旅游产业，如马拉松、帆船赛、游泳赛等竞技比赛，实现游玩、农耕体验、运动比赛相结合的新游玩模式。

10.6.2 完善智慧服务设施

推动数字化改造，古镇可以通过开展智能化技术改造行动，推进 5G、人工智能、物联网在旅游行业中的应用，帮助旅游企业建设智能网站，组织开展数字化智慧服务的转型，从技术上可以聘请专业人才帮助培训，在网络平台各旅游企业可以通过"抱团"学习的方式，互相帮助，推行"云"共享平台，对比较新颖的信息技术通过共享平台共同学习和了解。推进旅游企业智慧服务设施的建设，提升数字化管理和服务能力，这对古镇旅游的发展有着深远的影响。

（1）设置智慧旅游设施。

高质量建设 5G 网络，优先开展中心城区、交通枢纽、生产基地等重点区域网络建设。旅游古镇重点实现景区核心区 5G 网络建设，逐渐将范围扩大至全景区、延伸至全乡镇。搭建人工智能、公共计算、数据开放等平台，引进新一代高性能人工智能技术。对到达景区的游客能够精准定位，系统扫码以计算大数据承载量，实现古镇景区内"互联网＋航天＋通信"融合创新的发展，打造天地一体化信息网络技术，对于自驾的游客可以通过手机信号查询道路具体位置，保证线路畅通。景区内游客集中场所应实现免费 Wi-Fi、视频监控全覆盖，在游客中心设置电子信息发布设备，展示景区电子信息资料，并可以不定时向游客推送信息，推荐古镇范围内距离游客最近的好玩的景点及好吃的美食。同时可以运用云计算、物联网等新技术，通过互联网/移动互联网，借助便携的终端上网设备，主动感知旅游资源、旅游经济、旅游活动、旅游者等方面的信息并及时发布，让游客能够及时了解这些信息，同时及时安排和调整工作与旅游计划，从而实现景区和游客均能对各类旅游信息的智能感知、便捷使用。例如可采用智慧旅游系统，将古镇的实况，包括每日旅游人数、到达当地的交通路线及交通状况、当地天气状况、每日的旅游活动等信息发送给游客，从而吸引并方便游客到来。智慧化旅游企业对知识的更新和行业发展的方向需要有前瞻性的战略能力，全面提升旅游企业劳动者的基本技能操作能力。当地政府应大力推进旅游专业培训机构的发展，积极发挥线上培训的作用，可以通过引进高科技人才对旅游智慧化设施进行管理，专门培养景区智慧化所需的职能人才，可以通过形式的灵活性和培训人群的广泛性来满足古镇旅游景区的需要，以达到发现智慧服务技术上的问题并可以自行解决的目的。

（2）提供智慧游览服务。

推进古镇文化与旅游资源的智慧游览服务，增强沉浸式的游客体验，强化虚拟现实、现实智慧体验、全息成像、移动穿戴设备等应用，并可以推进"刷脸游古镇""二维码游古镇"等一批智慧游览方法，通过游客对古镇景区二维码的扫码行动，整合二维码中的文字、图像、声音、视频等多种媒体信息，让游客提高对古镇景区民族风情、自然风光的感知度，同时，也方便游客能够更加自由、自主、轻松、灵活地旅游。

（3）建立大数据分析系统。

古镇需建立旅游大数据中心，对交通、气象、治安、客流信息等数据进行采集，并安排专人负责数据采集与运维工作。古镇旅游的大数据中心作为一个综合服务平台，为景区运营提供技术支持。能够实现对旅游大数据的分析，检测景区客流量，了解游客构成，收集游客的游览轨迹、游览偏好等信息，建立旅游信息数据库，精准把握游客的需求，提升游客的满意度。同时游览结束后，部分游客会在一些在线点评网站留下自己关于古镇的相关评论，并上传照片。因此，游客在在线旅游评论网站上发布的真实线上评论是分析游客旅游感受的重要渠道。因此，还可以利用大数据对在线点评网站中游客对于古镇的相关评论进行文本分析，了解游客的兴趣，进而有针对性地提升国内古镇的服务品质。

10.7　健全古镇安全治理体系

10.7.1　科学防治意外灾害

古镇旅游目的地通常地缘偏僻或相对隔绝，且内部许多建筑物以及基础设施均较为老化，因此在安全治理建设方面需要特别注意防火、防洪、防虫。

（1）火灾。

火灾通常是指在时间和空间上失去控制的燃烧所造成的灾害，多为人为火灾，往往伴随爆炸，主要包括固体火灾、液体火灾、气体火灾、金属火灾等多种类型。而在现在社会，电气火灾为主要成因，概率高达30%以上[①]，大多是由于违反操作规程以及居民的不慎生活用火引起。虽然各个古镇的具体情况不一，但是大多需要重点防范森林火灾，以及餐饮、住宿接待设施、古镇内部电器线路老化或者不规范使用等所引发的火灾。针对性的防火措施如下：首先，加强林区防火管理。古镇内除规定地点外禁止明火，严禁游客随地生火取暖或野餐，不允许游客在旅游过程中携带易燃

---

① 刘艳红. 电气火灾主要原因剖析及预防措施探讨［J］. 湖北应急管理，2022（8）：52 - 53.

易爆等危险品进入林区。同时建立森林火灾预报系统，配置有专职消防人员和设备。并根据林业部门防火林道设计要求，在古镇内的旅游道路修建时与防火林道相衔接，形成一个既服务于造林作业，又具有防火功能的多功能防火网。其次，加强居民区防火管理。古镇内民居及商户等建筑的防火设计必须包括内部防火隔断、消防扑救、防火装修及自动报警、灭火、防排烟系统。各古镇旅游建设项目必须严格遵守《民用建筑设计防火规范》。完善古镇的防火设施，保证消防供水水压及水量要求，并保证消防安全通道畅通。尤其是当地酒店建设中：①客房必须配有专业灭火器、消防水管、防毒面具等设备，同时客房内张贴防火警示宣传单；②对安全出口进行重点排查，确保通畅无异物，当存在安全隐患时，住房游客能立刻逃离现场；③对客房服务人员进行安全培训，提高其处理突发事件的应变能力，一旦发生安全问题，立刻启动应急预案，迅速采取应对措施防止火灾问题进一步扩大；④定期进行安全检查，防患于未然。再次，古镇电气线路要合理布线（掩埋），应配有专人对电器照明设施进行检查维护。在古镇各主要路口、公路和游览步道两侧设立护林防火的标示牌，增强游客及当地居民的防火意识，最大限度减少人为火灾。最后，对游客、居民、经营者要开展经常性的森林防火安全知识教育活动。活动要涉及保护森林资源的重要性、该古镇的气候特点、本地森林资源概貌保护的安全知识、游客及经营者的森林防火常识、法律后果及法律责任等方面的安全教育。

（2）防洪。

古镇内的旅游开发可能会破坏当地原本良好的地貌、植被和通畅的水系，若地面绿化及道路硬化等水保措施跟不上，一遇暴雨便会造成严重的水土流失。这不仅会造成水源污染，带来淤积危害，破坏生态平衡，古镇内的旅游设施也将受到损害。洪灾对古镇的危害虽不可避免，但可以通过有效的防治将其降到最低限度。具体对策如下：首先，古镇防洪要贯彻"全面规划，综合治理，防治结合，以防为主"的方针，各景点应因地制宜确定防洪标准，并与流域规划相协调，与工程措施和生活措施相结合。其次，雨季到来之前，应对道路、危险地段（易发生坍塌、滑坡的地带）、排水系统予以仔细查看，适时采取防范措施。在受暴雨影响严重的天气下，可以考虑临时封闭古镇，以减少对游客可能带来的人身安全侵害。再次，古镇规划建设时，应合理选择道路、建筑的建设地址，将建筑修筑在洪水线以上，考虑防洪、抗冲能力，建设完善的古镇给排水设施，预留泄洪疏通淤积河道。最后，景区还需要对山坡进行加固，防止雨水滑坡带来的危害，对古镇内部坡度大、存在滑坡隐患的地段，采取生物与工程措施防止滑坡落石对游人的伤害。

（3）防虫。

部分古镇林地面积大或处于闷热潮湿的林地中，易产生病虫害。对病虫害的防治应采取"预防为主、防治结合"的方针，严格控制其他地区危险病虫传入，必要时采取生物措施达到抑制虫害发生或减轻危害的目的。

10.7.2　建立安全管理机构

古镇应当成立安全管理部门，负责古镇日常旅游安全事故的防范、控制、管理，安全管理机构直接由专人主管，下设门卫、警卫、消防等机构，其主要有以下职责：第一，维护古镇的日常秩序，做好安全防范工作，将可能发生危险的概率降到最低；做好安全巡逻工作，保证古镇安全通道的畅通，一旦发生事故以最快、最有效的方式解决。第二，测定古镇容量，高峰期通过采取相应措施防止安全事故的发生。第三，建立岗位责任制，将安全事故预防工作与员工的经济利益直接挂钩，对部门安全质量实施监督检查。加强对古镇从业人员的安全培训，树立安全常识。第四，制定紧急情况应急预案，并定期进行全员应急演练，以便在紧急情况发生时快速做出反应。

具体而言，在游客安全方面，旅游安全管理机构应负责古镇内相关项目娱乐设施及设备的管理和检查工作，保证娱乐设施及设备取得了技术检验部门验收合格证书，并配备相关专业人员管理，定期检修，使其始终处于良好的工作状态。保障完善旅游配套服务、辅助设施，设立满足安全条件并经过安全风险评估的必要安全设施与制度，并确保严格落实。而由于许多古镇都存在一定的交通不便问题，例如盘山公路坡陡、弯急、路窄等，这时古镇旅游安全管理机构就要尤其注意该路段的行车安全。对进入古镇的机动车辆分时段限速、限行，并配备专人进行引导、疏通，以免引起交通堵塞，提高道路通行的安全性及畅通性。而古镇内的游客步道，应以碎石路、木栈道、汀步道等防滑道路为主，道路两侧应加设防护栏，所有桥梁和栈道都要请专业人员设计，并选择有资质的公司施工。同时古镇内电瓶车驾驶人员应持证上岗，旅游安全管理机构也要定期对其进行安全培训。运营公司须有合法的运营手续，定期进行维修保养，确保游客人身安全。

另外，旅游安全管理机构内部还应该成立一个安全救护组织，提高村卫生所的医疗救护水平，成立稳定的、高素质的医疗救护团队，配备齐全的医疗救护设施，全天候 24 小时为游客提供紧急医疗救助及救护服务。并在古镇内醒目位置标示紧急救援电话，以便在游客发生意外时能够及时做好相应的救助。同时要保障安全救护组织能够与附近医院、公安、消防、交通等单位建立联合急救机制，意外发生时及时通知相关部门进行救援。

第11章
研究结论与展望

11.1 研究结论

自 2017 年，党的十九次全国代表大会首次指出"中国经济由高速增长阶段转向高质量发展阶段"后，高质量发展便成为各行各业发展的未来方向。但目前，微观层面的高质量发展探索仍较少，多集中在宏观层面的战略研究。本书在进行系统文献综述以及现实经验总结的基础上，从古镇的游客与居民两类核心利益相关者的视角出发，提出古镇要想实现高质量发展，就必须遵循可持续发展理念，在重视游客体验与满意度之外，还必须关注旅游社区居民对旅游发展的感知与态度，在此基础上，完善基础设施、提供旅游公共服务，并最终找到古镇高质量的发展路径。

本书基于主客共享视角，首先选取浙江省丽水市碧湖古镇古堰画乡景区为典型古镇旅游研究案例地，并结合《国家全域旅游示范区验收文件解读》及居民感知与态度、游客感知与满意度的相关前沿研究成果，设计调查问卷量表，并在对指标体系的合理性进行充分论证之后，将其转换为李科特五级量表调查问卷，加入人口统计学特征等内容，并前往实地进行调研。居民方面从经济生活、社会文化、公共服务、资源与环境、主客交往五个维度出发，共计得到 27 个指标，共计发放 150 份问卷，其中有效回收 146 份，有效率达 97.33%；游客方面则从秩序与安全、供给体系、公共服务、资源与环境、主客交往五个维度出发，得到共计 33 个指标进行调查，共收集 150 份数据，其中有效问卷共 131 份，有效回收率 87.33%。

在进行人口统计学特征分析后，分别采用传统 IPA 分析法以及修正 IPA 分析法，推导出游客和居民感知与态度的 IPA 四象限模型，并对各指标的分布情况进行简要描述。居民感知与态度方面的 IPA 四象限模型显示，在 27 项指标中，处于第一象限的指标有 10 项，公共服务、资源与环境、主客交往 3 个因素，其中游客与居民在公共服务、资源与环境两个维度上总体达成一致，但值得注意的是，居民对主客交往的感知较重要且满意度较高，但同样认可重要度的游客却满意度较低，这体现了主客对互动形式、频率以及深度的认知差异，需要古镇营销组织给予充分关注。此外，居民认为"古镇旅游的发展使我的生活质量提高""古镇旅游的扶贫富民方式多样""古镇旅游的发展使我自身素质得到提高""古镇内部旅游交通完善"等指标十分重要，但对其发展的满意度却非常低，其集中体现在经济生活、社会文化两方面，因此古镇在谋取旅游发展的同时，也应关注社区居民从旅游中获益的情况，并重点关注文化层面的居民文化素养提升问题。此外，本书从"优势保持区""可能浪费区""缓慢改进区""重点改进区"的思路出发，总结出古镇居民满意度提升的经验与挑战，并提炼出"加大政府财政支持，提高居民生活质量""丰富旅游扶贫方式，创新旅游富民路径""提高居民思想包容性，提升多元文化接纳度"等吸纳经验或应对挑战的措施。

相对应地，游客感知与满意度的 IPA 四象限模型显示，第一象限（优势保持区）共有 8 项指标，集中于公共服务、供给体系、资源与环境、秩序与安全四个维度。值得注意的是，主客互动的三个指标并未出现于第一象限，而是更多出现在第四象限（重点改进区），即高重要性与低满意度，这说明在以古堰画乡为代表的古镇旅游发展中，游客已经意识到社区居民对其旅游体验的重要作用，但主客之间的互动依旧较少，甚至质量较差。除主客互动外，第四象限（重点改进区）还涉及供给体系以及公共服务的内容，这启示古镇未来发展应重点提升旅游供给体系的质量，并完善旅游公共服务，以实现游客视角下的古镇旅游高质量发展。此外，本书研究同样从 IPA 象限出发，客观指出古镇旅游发展中提高旅游满意度以实现高质量发展的可借鉴经验以及可能面临的挑战，例如在第一象限（优势保持区）中，总结出"完善外部交通系统，合理控制游客流量""加强污水处理监管，规范污水处理流程"等 7 条经验；在第二象限（可能浪费区）中，总结出"保护古镇生态环境，促进旅游持续发展""加强市场监管，打击'黑恶'现象"等 5 条经验；在第三象限（缓慢改进区）中，提出"打造古镇特色文旅 IP，提高古镇品牌知名度""传承古镇文化基因，寻求文旅创新发展"2 条经验；在第四象限（重点改进区）中，提出"加强投诉机制管控，维护旅游市场秩序""实现网络全覆盖，推进旅游智慧化"等 4 条经验。

最后，基于古镇旅游发展的经验与挑战，本书从宏观层面进一步丰富能实现居民与游客视角下的古镇旅游高质量发展的对策建议，并在此基础上进行延伸，以为居民与游客视角下的古镇旅游高质量发展提供参考。

11.2　研究不足与展望

尽管本研究已尽可能全面地从居民与游客的角度出发，构建旅游高质量发展的指标体系，但因主客共享视域下旅游高质量发展的标准方法尚不完善，因此仍存在部分不足，本研究的不足以及未来研究规划如下：

第一，本研究所用指标虽结合了学术研究成果与最新文件标准，但权重尚不清晰，而为了给古镇旅游地提供更有落地价值的对策建议，有必要在未来进一步通过探索性研究，讨论各指标的权重，进一步完善指标体系。

第二，本研究仅选择浙江省丽水市碧湖古镇作为研究案例地，尽管该案例具有典型性，但仍需要更多案例研究以提高本研究结论的信度与效度，尤其是对于定量研究而言更应如此。因此，为了进一步验证本研究所得结论，未来可选择不同区域的代表性古镇进行数据收集，扩大样本的范围并增加数量，以提高研究结论的科学性以及可推广性。

第三，本研究对主客共享视域的理解仅限于旅游目的地的两大核心利益相关者，即古镇居民与古镇游客，但旅游目的地从业人员、管理人员、媒体、专家学者都是目的地重要的利益相关者，同样参与了主客共享的过程，因此在未来的研究中，可以考虑扩大"主"与"客"的定义范围，从更加宏观的视角出发，探讨主客共享视域下旅游高质量发展的路径。

参 考 文 献

［1］白凯，马耀峰，游旭群．基于旅游者行为研究的旅游感知和旅游认知概念［J］．旅游科学，2008（1）：22-28．

［2］白凯．伊斯兰旅游：以"符合伊斯兰教法"视角的分析［J］．思想战线，2012，38（1）：95-99．

［3］曹月娟．红色文化旅游游客服务质量感知对行为意愿的影响研究［J］．旅游科学，2020，34（3）：94-102．

［4］陈川，许伟．以人民为中心的高质量发展理论内涵［J］．宏观经济管理，2020（3）：15-20．

［5］陈静．古镇型景区旅游公共服务游客满意度测评研究［D］．四川师范大学，2016．

［6］陈鹏．大陆游客赴台旅游影响的台湾居民感知差异分析［J］．经济研究导刊，2015（15）：257-260．

［7］陈星，张捷，张宏磊．观光型旅游地游客动机、交往意愿和体验质量之关系——以世界自然遗产地三清山为例［J］．地理科学进展，2017，36（11）：1391-1401．

［8］陈娅玲．不同文化群体来华游客旅游客主交互行为实证研究［D］．陕西师范大学，2006．

［9］陈莹盈，林德荣．旅游活动中的主客互动研究——自我与他者关系类型及其行为方式［J］．旅游科学，2015，29（2）：38-45+95．

［10］陈永昶，徐虹，郭净．导游与游客交互质量对游客感知的影响——以游客感知风险作为中介变量的模型［J］．旅游学刊，2011，26（8）：37-44．

［11］陈志钢，刘丹，刘军胜．基于主客交往视角的旅游环境感知与

评价研究——以西安市为例 [J]. 资源科学, 2017, 39 (10): 1930 - 1941.

[12] 陈志钢. 江南水乡历史城镇保护与发展 [M]. 南京: 东南大学出版社, 2001: 93 - 96.

[13] 谌文. 主客关系研究: 乡村旅游研究新视角 [J]. 产业与科技论坛, 2008 (7): 30 - 33.

[14] 谌永生, 王乃昂, 范娟娟, 张春慧, 贾艳琴. 敦煌市居民旅游感知及态度研究 [J]. 人文地理, 2005 (2): 66 - 71.

[15] 程鹏飞. 游览前目的地形象对游客感知服务质量的影响——游客专业知识的调节效应 [J]. 旅游学刊, 2018, 33 (2): 57 - 66.

[16] 程邵文, 张晓梅, 胡静. 神农架国家公园社区居民旅游感知与旅游参与意愿研究 [J]. 中国园林, 2018 (10): 103 - 107.

[17] 程绍文, 张捷, 徐菲菲, 梁玥琳. 自然旅游地社区居民旅游发展期望与旅游影响感知对其旅游态度的影响——对中国九寨沟和英国 NF 国家公园的比较研究 [J]. 地理研究, 2010, 29 (12): 2179 - 2188.

[18] 程志勇. 古镇旅游动机及旅游开发研究 [D]. 重庆师范大学, 2010.

[19] 戴鹏. 政府在旅游管理中的作用及制度创新分析 [J]. 农家参谋, 2020 (14): 251 + 292.

[20] 董观志, 杨凤影. 旅游景区游客满意度测评体系研究 [J]. 旅游学刊, 2005 (1): 27 - 30.

[21] 董楠, 张春晖. 全域旅游背景下免费型森林公园游客满意度研究——以陕西王顺山国家森林公园为例 [J]. 旅游学刊, 2019, 34 (6): 109 - 123.

[22] 董晓英. 基于游客感知的陕西秦岭终南山世界地质公园翠华山园区科普旅游开发研究 [D]. 长安大学, 2010.

[23] 杜炜. 旅游消费行为学 [M]. 天津: 南开大学出版社, 2009: 54 - 59.

[24] 丰田. 凤凰古城旅游发展利益相关者利益协调机制研究 [D]. 湘潭大学, 2020.

［25］符全胜. 保护地游客满意理论和满意度测度［J］. 绿色中国，2004（9）：51-53.

［26］甘巧林，陈忠暖. 从乡村非农化看乡村旅游的兴起［J］. 华南师范大学学报（自然科学版），2000（4）：84-89.

［27］关晶. 桂林世外桃源景区"主、客"旅游感知分析［D］. 广西师范大学，2012.

［28］关伟. 古镇旅游开发中特色历史文化资源的保护与发展研究［J］. 建材与装饰，2018（50）：147-148.

［25］关新华，李健仪，谢礼珊. 旅游公共服务质量对旅游目的地形象的影响［J］. 旅游科学，2015，29（5）：27-38.

［30］郭伟锋，郑向敏. 导游情绪劳动策略对游客目的地形象感知的跨层影响［J］. 旅游学刊，2020，35（6）：135-146.

［31］国家旅游局. 中国旅游年鉴［M］. 北京：中国旅游出版社，1991.

［32］韩雨轩. 农村居民参与乡村旅游项目满意度评价及影响因素研究［D］. 沈阳农业大学，2020.

［33］何建民. 全面提升我国旅游安全质量控制管理系统的构建与运用研究［J］. 旅游科学，2016，30（1）：25-36.

［34］胡旺盛，谭晓琳，潘理权. 古镇旅游真实性感知对游客行为意向影响研究——以安徽三河古镇为例［J］. 财贸研究，2014，25（6）：138-144.

［35］黄思皓，肖金岑，朱慧. 旅游博主对游客酒店在线预订意愿的影响研究［J］. 四川师范大学学报（社会科学版），2020，47（6）：74-83.

［36］黄潇逸. 古镇旅游业态综合评价与布局分析［D］. 浙江师范大学，2020.

［37］黄燕玲，刘星，罗盛锋. 西南地区民族村寨旅游环境影响研究——基于"主客"感知视角［J］. 云南地理环境研究，2014，26（3）：7-13.

［38］黄燕玲，罗盛锋，丁培毅. 供需感知视角下的旅游公共服务发

展研究——以桂林国家旅游综合改革试验区为例 [J]. 旅游学刊, 2010, 25 (7): 70 - 76.

[39] 黄一凡, 燕宁娜. 时间与空间知觉理论下的特色小镇街区尺度研究——以贺兰山东麓葡萄酒特色小镇为例 [J]. 建筑与文化, 2019 (2): 54 - 55.

[40] 黄颖华, 黄福才. 旅游者感知价值模型、测度与实证研究 [J]. 旅游学刊, 2007 (8): 42 - 47.

[41] 黄震方. 关于旅游业可持续发展的环境伦理学思考 [J]. 旅游学刊, 2001 (2): 68 - 71.

[42] 贾衍菊, 王德刚. 社区居民旅游影响感知和态度的动态变化 [J]. 旅游学刊, 2015, 30 (5): 65 - 73.

[43] 荆炜. 古镇旅游产品开发研究 [D]. 四川师范大学, 2019.

[44] 孔璎红, 廖蓓. 古镇旅游开发中利益相关者理论的运用研究 [J]. 广西社会科学, 2013 (10): 87 - 90.

[45] 赖建东, 定光平, 胡振华. 万里茶道源头羊楼洞古镇旅游开发及利用对策探究 [J]. 湖北科技学院学报, 2019, 39 (3): 1 - 4 + 11.

[46] 郎富平, 杨眉. 社区居民对乡村旅游的态度感知分析 [J]. 中国农村经济, 2006 (11): 68 - 74.

[47] 郎富平. 原真型古镇旅游的可持续发展研究——以杭州龙门古镇为例 [J]. 浙江学刊, 2012 (5): 179 - 185.

[48] 李博. 吉林省特色小镇高质量发展研究 [D]. 吉林大学, 2020.

[49] 李高展. 古镇旅游开发中特色历史文化资源的保护与发展研究 [J]. 旅游纵览 (下半月), 2020 (8): 198 - 199.

[50] 李海娥. 基于游客视角的旅游地主客交往行为研究 [J]. 学习与实践, 2015 (4): 67 - 73.

[51] 李健, 曾绍伦, 杨方琳. 罗城历史文化名镇旅游资源特色与可持续发展探讨 [J]. 生态经济, 2005 (11): 103 - 105.

[52] 李俊频. 基于 IPA 分析法的客家文化景区高质量建设研究 [D]. 江西财经大学, 2020.

[53] 李倩, 吴小根, 汤澍. 古镇旅游开发及其商业化现象初探 [J].

旅游学刊，2006（12）：52 - 57.

[54] 李爽，黄福才，李建中．旅游公共服务：内涵、特征与分类框架 [J]．旅游学刊，2010，25（4）：20 - 26.

[55] 李苏宁．江南古镇保护与开发的博弈思考 [J]．小城镇建设，2007（3）：73 - 76.

[56] 李亚娟，曹慧玲，李超然，王蓉，曾红春，贾垚焱．武汉市历史街区空间结构及游客空间感知研究 [J]．资源开发与市场，2018，34（11）：1599 - 1603 + 1622.

[57] 李艳花，李卫华，郁广健．基于东道主角度的古城镇旅游客主交互行为研究——以山西平遥古城为例 [J]．干旱区资源与环境，2010，24（9）：145 - 150.

[58] 李瑛．旅游目的地游客满意度及影响因子分析——以西安地区国内市场为例 [J]．旅游学刊，2008（4）：43 - 48.

[59] 李智虎．谈旅游景区游客服务满意度的提升 [J]．企业活力，2003（4）：39 - 41.

[60] 丽水市人民政府，http：//www. lishui. gov. cn/art/2020/9/2/art_1229440608_57270248. html.

[61] 梁凤苗，严艳，朱杉杉．主客交互视角：情感凝聚与旅游者忠诚度——以遗产旅游者为例 [J]．资源开发与市场，2020，36（2）：185 - 192.

[62] 梁旺兵．跨文化视角中的旅游客主交互与客地关系研究 [D]．陕西师范大学，2006.

[63] 刘葆，苏勤，葛向东．传统古民居旅游地旅游影响居民感知的比较研究——以西递、周庄为例 [J]．皖西学院学报，2005（2）：64 - 68.

[64] 刘畅．从"历史古镇"到"全域水乡"："新江南水乡"的规划探索 [J]．中外建筑，2019（4）：79 - 82.

[65] 刘成斌．农民工的终结 [M]．北京：社会科学文献出版社，2017.

[66] 刘德谦．古镇保护与旅游利用的良性互动 [J]．旅游学刊，2005（2）：47 - 53.

[67] 刘佳. 古镇旅游视觉形象设计研究 [D]. 江西师范大学, 2019.

[68] 刘建国, 黄杏灵, 晋孟雨. 游客感知: 国内外文献的回顾及展望 [J]. 经济地理, 2017, 37 (5): 216 - 224.

[69] 刘军胜. 城市旅游公共服务游客满意度测评研究 [D]. 陕西师范大学, 2013.

[70] 刘美燕. 社区居民旅游影响感知和态度研究 [D]. 江西师范大学, 2017.

[71] 刘晓庆. 低碳经济背景下的古镇旅游发展研究 [J]. 旅游纵览 (下半月), 2013 (20): 105 - 106.

[72] 龙江桥. 简议文化旅游古镇规划建设 [J]. 城市建筑, 2019, 16 (29): 38 - 39.

[73] 卢璐. 古村落旅游区主客交往与互容性研究 [D]. 陕西师范大学, 2011.

[74] 卢松, 陆林, 徐茗. 我国传统村镇旅游研究进展 [J]. 人文地理, 2005 (5): 76 - 79 + 42.

[75] 卢松, 张捷, 苏勤. 旅游地居民对旅游影响感知与态度的历时性分析——以世界文化遗产西递景区为例 [J]. 地理研究, 2009, 28 (2): 536 - 548.

[76] 吕连琴, 陈天玉. 旅游目的地宣传形象与游客感知形象对比研究——以河南省为例 [J]. 地域研究与开发, 2020, 39 (6): 98 - 102 + 107.

[77] 吕勤, 黄敏. 国内古镇旅游研究综述 [J]. 北京第二外国语学院学报, 2012, 34 (1): 6 - 14.

[78] 罗燕, 胡平. 古镇旅游解说系统实证研究——以周庄为例 [J]. 北京第二外国语学院学报, 2008 (5): 63 - 68.

[79] 孟威, 苏勤. 历史城镇类旅游地居民交往偏好分化及测度——以周庄为例 [J]. 旅游学刊, 2009, 24 (5): 54 - 60.

[80] 孟威, 苏勤. 旅游主客交往对社区居民影响的分析模型——以周庄为例 [J]. 旅游论坛, 2010, 3 (3): 293 - 298.

[81] 孟威. 旅游主客交往理论基础与实证初步研究 [D]. 安徽师范

大学，2007.

[82] 闵欣. 民宿主客互动对游客幸福感的影响研究 [D]. 厦门大学，2019.

[83] 明庆忠，段超. 基于空间生产理论的古镇旅游景观空间重构 [J]. 云南师范大学学报（哲学社会科学版），2014，46（1）：42-48.

[84] 欧阳军. 旅游主客交往模式、影响因子及效应评判研究——以云南大理、丽江为例 [D]. 华南师范大学，2003.

[85] 冉迪. 龙潭古镇旅游开发中存在的问题与对策探析 [J]. 无锡职业技术学院学报，2019，18（5）：55-58.

[86] 阮仪三，邵甬. 江南水乡古镇的特色与保护 [J]. 同济大学学报（人文·社会科学版），1996（1）：21-28.

[87] 史磊. 世界自然遗产地居民对旅游影响的感知研究 [D]. 江西财经大学，2019.

[88] 苏勤，林炳耀. 基于态度与行为的我国旅游地居民的类型划分——以西递、周庄、九华山为例 [J]. 地理研究，2004（1）：104-114.

[89] 孙传玲. 主客双重感知视角的甘南藏族乡村旅游影响研究 [D]. 西北师范大学，2017.

[90] 孙九霞，丁幂. 背包旅游者与梅里雪山目的地的互动研究 [J]. 广西民族大学学报（哲学社会科学版），2016，38（4）：83-90.

[91] 孙九霞. 旅游对目的地社区族群认同的影响——基于不同旅游作用的案例分析 [J]. 中山大学学报（社会科学版），2010，50（1）：170-177.

[92] 孙美玉. 民族地区居民地方感与旅游影响感知及态度的关系研究 [D]. 延边大学，2015.

[93] 唐弘久，张捷. 突发危机事件对游客感知可进入性的影响特征——以汶川"5·12"大地震前后九寨沟景区游客为例 [J]. 地理科学进展，2013，32（2）：251-261.

[94] 唐晓云. 古村落旅游社会文化影响：居民感知、态度与行为的关系——以广西龙脊平安寨为例 [J]. 人文地理，2015，30（1）：135-142.

[95] 田秋生. 高质量发展的理论内涵和实践要求 [J]. 山东大学学报（哲学社会科学版），2018（6）：1-8.

[96] 万绪才，丁敏，宋平. 南京市国内游客满意度评估及其区域差异性研究 [J]. 经济师，2004（1）：246-247.

[97] 汪侠，郎贤萍. 旅游主客交往研究进展及展望 [J]. 北京第二外国语学院学报，2012，34（11）：19-29.

[98] 汪洋. 古镇型旅游目的地利益相关者冲突与治理研究 [D]. 吉首大学，2018.

[99] 王彩霞. 新时代高质量发展的理论要义与实践路径 [J]. 生产力研究，2018（10）：18-22+67.

[100] 王锦兰. 基于社区居民感知的重庆安居古镇旅游发展研究 [D]. 重庆交通大学，2016.

[101] 王娟云，黄燕玲. 游客感知视角下的旅游影响研究述评 [J]. 江苏商论，2012（10）：113-118.

[102] 王汝辉，吴涛，樊巧. 基于扎根理论的三圣花乡旅游景区原住民生存感知研究 [J]. 旅游学刊，2014，29（7）：31-38.

[103] 王雪峰，曹昭乐. 我国经济高质量发展的内涵、特征及要求 [J]. 中国国情国力，2020（6）：14-17.

[104] 王耀斌，蒋金萍. 主客双重感知视角下的旅游影响研究述评 [J]. 陇东学院学报，2015，26（5）：134-140.

[105] 王义君. 历史文化名镇的"旅游兴镇"发展调查——以广西扬美古镇为例 [J]. 重庆科技学院学报（社会科学版），2012（17）：80-82.

[106] 王忠福，张利. 城市居民对旅游经济和环境影响因素感知的结构方程分析——以大连市为例 [J]. 四川师范大学学报（社会科学版），2011，38（1）：70-78.

[107] 韦瑾. 民族节事旅游场域中的主客权力感对其交往意愿及效应的影响 [D]. 华南理工大学，2018.

[108] 魏辰. 福州居民对2015年青运会的感知变化及其对支持度的影响研究 [D]. 福建师范大学，2015.

[109] 魏莉. 旅游型海岛的主客满意度研究 [D]. 海南热带海洋学院, 2019.

[110] 邬超, 邵秀英. 基于 UGC 和问卷调查数据的古村落旅游形象感知研究——以碛口古镇为例 [J]. 干旱区资源与环境, 2020, 34 (12): 195 – 200.

[111] 吴小根, 杜莹莹. 旅游目的地游客感知形象形成机理与实证——以江苏省南通市为例 [J]. 地理研究, 2011, 30 (9): 1554 – 1565.

[112] 肖洪根. 对旅游社会学理论体系研究的认识——兼评国外旅游社会学研究动态 (上) [J]. 旅游学刊, 2001 (6): 16 – 26.

[113] 肖钰鑫. 古村落旅游地居民生活质量研究 [D]. 江西师范大学, 2019.

[114] 谢彦君. 基础旅游学 [M]. 北京: 商务印书馆, 2015.

[115] 许振晓, 张捷, Geoffrey Wall, 曹靖, 张宏磊. 居民地方感对区域旅游发展支持度影响——以九寨沟旅游核心社区为例 [J]. 地理学报, 2009, 64 (6): 736 – 744.

[116] 宣国富, 陆林, 章锦河, 杨效忠. 海滨旅游地居民对旅游影响的感知——海南省海口市及三亚市实证研究 [J]. 地理科学, 2002 (6): 741 – 746.

[117] 杨凯凯. 乡村旅游对目的地居民社区满意度的影响研究 [D]. 浙江大学, 2008.

[118] 杨琴. 乡村旅游业高质量发展研究 [D]. 湖南科技大学, 2020.

[119] 姚延波, 刘亦雪. 旅游市场秩序概念模型与运行机理: 基于扎根理论的探索性研究 [J]. 旅游学刊, 2019, 34 (5): 62 – 75.

[120] 叶贞祯. 主客双重感知视角下的丽水市碧湖古镇旅游发展研究 [D]. 西北师范大学, 2020.

[121] 殷宝珠. 安义古村旅游开发居民获得感评价研究 [D]. 桂林理工大学, 2020.

[122] 尹立杰, 张捷, 韩国圣, 钟士恩, 李倩. 基于地方感视角的乡村居民旅游影响感知研究——以安徽省天堂寨为例 [J]. 地理研究, 2012,

31 (10)：1916 - 1926.

[123] 尹寿兵，刘云霞．风景区毗邻社区居民旅游感知和态度的差异及机制研究——以黄山市汤口镇为例 [J]．地理科学，2013，33 (4)：427 - 434.

[124] 于文文．事件旅游的居民感知和态度研究 [D]．中国海洋大学，2009.

[125] 张冬婷，邱扶东．国内外古镇旅游研究综述 [J]．旅游学刊，2011，26 (3)：86 - 92.

[126] 张敦福．"nothing"：消费的社会形式的一个理想类型——一个方法论的考评 [J]．上海大学学报（社会科学版），2006 (6)：102 - 106.

[127] 张宏梅，陆林．基于游客涉入的入境旅游者分类研究——以桂林、阳朔入境旅游者为例 [J]．旅游学刊，2011，26 (1)：38 - 44.

[128] 张宏梅，陆林．主客交往偏好对目的地形象和游客满意度的影响——以广西阳朔为例 [J]．地理研究，2010，29 (6)：1129 - 1140.

[129] 张机，徐红罡．民族旅游中的主客互动研究：基于符号互动论视角 [J]．思想战线，2012，38 (3)：116 - 119.

[130] 张文，何桂培．我国旅游目的地居民对旅游影响感知的实证调查与分析 [J]．旅游学刊，2008 (2)：72 - 79.

[131] 赵春艳，陈美爱．基于网络文本分析的游客满意度影响因素分析 [J]．统计与决策，2019，35 (13)：115 - 118.

[132] 赵德芳，樊志勇．跨文化服务接触中游客服务质量感知的心理模型建构 [J]．旅游科学，2014，28 (3)：87 - 95.

[133] 赵剑波，史丹，邓洲．高质量发展的内涵研究 [J]．经济与管理研究，2019，40 (11)：15 - 31.

[134] 智慧．主客双重感知视角下的青龙古镇旅游开发对策研究 [D]．西北师范大学，2019.

[135] 钟士恩，章锦河，丁蕾，万绪才，钟静，吴丽敏．江南水乡游客满意度的多维度影响因素测量模型 [J]．地理科学，2016，36 (11)：1715 - 1721.

[136] 钟士恩，章锦河，孙晋坤．基于遗产保护与旅游发展综合评价

的古镇型旅游目的地差异化发展路径研究——以江苏省为例 [J]. 地理研究, 2015, 34 (7): 1380 – 1393.

[137] 周春发. 旅游场域中的主客关系探析——以徽村为例 [J]. 兰州商学院学报, 2013, 29 (4): 122 – 126.

[138] 朱萌, 储呈香, 李亚茹. 体验经济视角下古镇旅游发展问题与对策分析——以镇江西津渡为例 [J]. 现代经济信息, 2019 (14): 352 + 354.

[139] 宗晓莲, 朱竑. 国外旅游的社会文化影响研究进展 [J]. 人文地理, 2004 (4): 14 – 21.

[140] Agapito D., Valle P., Mendes J. The Sensory Dimension of Tourist Experiences: Capturing Meaningful Sensory – informed Themes in Southwest Portugal [J]. *Tourism Management*, 2013, 42: 224 – 237.

[141] Alpha in Teye, V., Sirakaya, E., and Sönmez, S. F. Residents' attitudes toward tourism development. Annals of tourism research, 2020, 29 (3): 668 – 688.

[142] Andereck, K. L., Valentine, K. M., Vogt, C. A. and Knopf, R. C. A cross – cultural analysis of tourism and quality of life perceptions [J]. *Journal of Sustainable Tourism*, 2007, 15: 483 – 502.

[143] Ap J. Residents' perceptions on tourism impacts [J]. *Annals of Tourism Research*, 1992, 19 (4): 665 – 690.

[144] Belisle F. J., Hoy D. R. The perceived impact of tourism by residents: A case study in Santa Marta, Columbia [J]. *Annals of Tourism Research*, 1980, 7 (1): 83 – 101.

[145] Bodosca S. Gheorghe G, Nistoreanu P. Tourist consumption behavior before and after the crisis from 2008 [J]. *Procedia Economics and Finance*, 2014, 16 (1): 77 – 87.

[146] Butler R. The concept of a tourism area cycle of evolution [J]. *Canadian Geographer*, 1980, 24 (1): 5 – 12.

[147] Cardozo, R. N. An experimental study of customer effort, expectation and satisfaction [J]. *Journal of Marketing Research*, 1965, 2 (3): 244 –

249.

[148] Carr N. An exploratory study of gendered differences in young tourists perception of danger within London [J]. *Tourism Management*, 2001, 22 (5): 565 –570.

[149] Cohen J H. Textile. tourism and community development [J]. *Annals of Tourism Research*, 2001, 28 (2): 378 –398.

[150] Decrop A, Snelders D. A grounded typology of vacation decision – making [J]. *Tourism Management*, 2005, 26 (2): 121 –132.

[151] Deery M., Jago L and Fredline L. Rethinking social impacts of tourism research. a new research agenda [J]. *Tourism Management*, 2012, 33 (1): 64 –73.

[152] Doxey G. V. A causation theory of visitor – resident irritants [A]. *Proceedings of the Sixth Annual Conference on Travel and Tourism Research Association* [C]. San Diego, 1975: 195 –198.

[153] Francesca Mancini, Ben Leyshon, Fiona Manson, George M. Coghill, David Lusseau. Monito ring tourists' specialisation and implementing adaptive goverance is necessary to avoid failure of the wildlife tourism commons [J]. *Tourism Management*, 2020, 81.

[154] Freeman, R. E. *Strategic Management: A Stakeholder Approach* [M]. Boston, Pitman, 1984.

[155] Frenkel Stephen, Walton Judy and Andersen Dirk, Bavarian Leavenworth and the symbolic economic of a theme town [J]. *Geographical Review*, 2000, 90 (4): 559 –585.

[156] Gartner C. M. The Meaning and Measure ment of Destination image [J]. *Journal of Tourism Studies*, 1991, 2 (2): 2 –12.

[157] Gossling S, Scott D, Hall C M, et al. Consumer behavior and demand response of tourists to climate change [J]. *Annals of Tourism Research*, 2012, 39 (1): 36 –58.

[158] Gursoy D C, Jurowaki C, Uysal M, et al. Resident attitudes: A struetural modeling approach [J]. *Annals of Tourism Research*, 2002, 29 (1):

79 – 105.

[159] Harrill R. Potts T D. Tourism planning in historic districts: Attitudes toward tourism development in Charleston [J]. *Journal of the American Planning Association*, 2003, 69 (3): 233 – 244

[160] Jafari J, Scott N. Muslim world and its tourisms [J]. *Annals of Tourism Research*, 2014, 44 (1): 1 – 19.

[161] Jurowski C, Gursoy D. Distance effects on residents' attitudes toward tourism [J]. *Annals of Tourism Research*, 2004, 31 (2): 296 – 312.

[162] Kozak, M. and Rimmington, M. Tourist satisfaction with Mallorca, Spain, as an off – season holiday destination [J]. *Journal of Travel Research*, 2000, 38: 260 – 269.

[163] Kumar, V. Examining the role of destination personality and self – congruity in predicting tourist behavior [J]. *Tourism Management Perspectives*, 2016, 20; 217 – 227.

[164] Lankford S V, Howard D R. Revisiting TIAS [J]. *Annals of Tourism Research*, 1994, 21 (4): 829 – 831.

[165] Laxson J. D. How we see them: Tourism and native Americans [J]. *Annals of Tourism Research*, 1991, 18 (3): 365 – 391.

[166] Liao Jiang, Honggang Xu. The growth of literary places in ancient town tourism destinations, based on the theones of Bourdieu, Danto and Dickie [J]. *Routledge*, 2016, 15 (3).

[167] Milman, A. , and A. Pizam. The Role of Awareness and Familiarity with a Destination: The Central Florida Case [J]. *Journal of Travel Research*, 1995, 33 (3): 21 – 27.

[168] Min, Roh, Bak. Growth effects of leisure tourism and the level of economic development [J]. *Applied Economics*, 2016, 48 (1).

[169] Naho Maruyama, Kyle M. Woosnam. Residents' ethnic attitudes and support for ethnic neighborhood tourism the case of a Brazilian town in Japan [J]. *Tourism Management*, 2015, 50.

[170] Nathaniel D. Line, Tarik Dogru, Dahlia E1 – Manstrly, Alex

Buoye, Ed Malthouse, Jay Kandam Pully. Control, use and ownership of big data: A reciprocal view of customer nig data value in the hospitality and tourism industry [J]. *Tourism Management*, 2020, 80.

[171] Neal J. D, Sirgy M. J, Uysal M. Measuring the Effect of Tourism Services on Travelers' Quality of Life: Further Validation [J]. *Social Indicators Research*, 2004, 69 (3): 243 – 277.

[172] Nicoletta, R, Servidio, R. Tourist' opinions and their selection of tourism destination images: An affective and motivational evaluation [J]. *Tourism Management Perspectives*, 2012, 4 (10): 19 – 27.

[173] Perdue R. , Long P. T. , Allen L. Resident support for tourism development [J]. *Annals of Tourism Research*, 1990, 17 (4): 586 – 599.

[174] Perez E. A. , Nadal J. R. Host community perceptions a cluster analysis [J]. *Annals of Tourism Research*, 2005, 32 (4): 925 – 941

[175] Peter Mason, Joanne Cheyne. Residents' attitudes to proposed tourism development [J]. *Annals of Tourism Research*, 2000, 27 (2): 391 – 411.

[176] Pizam, A. Tourism impacts: The social costs to the destination community as perceived by its residents [J]. *Journal of Travel Research*, 1978, 16 (4): 8 – 12.

[177] Pizam A, Uriely N, Reichel A. The intensity of Tourist – Host Social Relationship and Its Effects on Satisfaction and Change of Attitudes: The Case of Working Tourists in Israel [J]. *Tourism Management*, 2000 (21): 395 – 406.

[178] Pritchard D. How they see us: Native American images of tourists [J]. *Annals of Tourism Research*, 1989, 16 (1): 89 – 105.

[179] Rachel D, Sonya R G, Mark H. Does the tourist care? A comparison of tourists in Koh Phi Phi, Thailand and Gili Trawangan, Indonesia [J]. *Journal of Sustainable Tourism*, 2010, 18 (2): 207 – 222.

[180] Reisinger Y, Tu rner L W. 旅游跨文化行为研究 [M]. 朱路平译. 天津: 南开大学出版社, 2004.

［181］ Rich S R, Santos C A. Processing promotional travel narratives ［J］. *Tourism Management*, 2011, 32 (2): 394 – 405.

［182］ Rodrigo A G. Tourism and cultural revival ［J］. *Annals of Tourism Research*, 2002, 29 (4): 1004 – 1021.

［183］ Ryan. *Recreational Tourism: a Social Science Perspective* ［M］. London: Routledge, 1991: 75 – 80.

［184］ Sara Villa, Valeria Di Nica, Sara Castiglioni, Antonio Finizio. Environmental risk classification of emerging contaminants in an alpine stream influenced by seasonal tourism ［J］. *Ecological Indicatous*, 2020, 115.

［185］ Sinkovics R R, Penz E. Social distance between residents and international tourists—Implications for international business ［J］. *International Business Review*, 2009, 18 (5): 457 – 469.

［186］ Stedman, R. C. Toward a social psychology of place predicting behavior from place – based cognitions, attitude, and identity ［J］. *Environment and Behavior*, 2002, 34 (5): 561 – 581.

［187］ Timothy D. J. Selling to tourists: Indonesian street vendors ［J］. *Annals of Tourism Research*, 1997, 24 (2): 322 – 340.

［188］ Uriely N, Maoz D, Reichel A. Rationalizing terrorrelated risks: The case of Israeli tourists in Sinai ［J］. *International Journal of Tourism Research*, 2007, 9 (1): 1 – 8.

［189］ Uriely N., Reichel A. Working tourists and their attitudes to hosts ［J］. *Annals of Tourism Research*, 2000, 27 (2): 267 – 283.

［190］ Waitt G. Social impacts of the Sydney Olympics ［J］. *Annals of Tourism Research*, 2003, 30 (1): 194 – 215.

［191］ Weaver B D, Lawton J L, Resident Perceptions in the Urban Rural Fringe ［J］. *Annals of Tourism Research*, 2001, 28 (2): 439 – 458.

［192］ Wenzhi Wu, Liping Zhang, Fudong Qiu. Determinants of tourism ticket pricing for ancient villagers and touwns: Case studies from Jiangsu, Zhejiang, Shanghai and Anhui Provinces ［J］. *Tourism Management*, 2017, 58.

［193］ Williams J, Lawson R. Community Issues and Resident Opinions of

Tourism [J]. *Annals of Tourism Research*, 2001, 28 (2): 269 –290.

[194] Woosnam K M. Comparing Residents' and Tourists' Emotional Solidarity with One Another: An Extension of Durkheim's model [J]. *Journal of Travel Research*, 2011, 50 (6): 615 –626.

[195] Zdravka Jelaska. The structure of society in medieval Trogir [J]. *Historical Contributions*, 2001, 20.

附录

附录一　古堰画乡旅游高质量发展影响因素调查问卷（游客版）

尊敬的先生/女士：

您好！我们正在进行一项有关古堰画乡旅游高质量发展的调查。本问卷采用匿名形式填写，所有数据仅用于学术研究，请您放心，衷心感谢您的支持与配合！

一、请您根据旅途中对古堰画乡的感知，就以下各指标的重要程度给出评分（从①到⑤表示从"很不重要"到"很重要"，请在符合真实情况的选项上打"√"）：

	很不重要	不重要	中立	重要	很重要
古镇提供标准化服务	①	②	③	④	⑤
古镇提供讲解、咨询等志愿者服务	①	②	③	④	⑤
古镇负责人处理线上、线下投诉及时、公正	①	②	③	④	⑤
古镇市场秩序良好，打击黑车、黑店现象	①	②	③	④	⑤
古镇文明旅游宣传良好	①	②	③	④	⑤
古镇旅游让我感到安全（治安/救援/保险等）	①	②	③	④	⑤

	很不重要	不重要	中立	重要	很重要
古镇品牌突出	①	②	③	④	⑤
古镇拥有具有地方特色的餐饮品牌	①	②	③	④	⑤

	很不重要	不重要	中立	重要	很重要
古镇的旅游住宿可选择种类丰富（例如星级宾馆、连锁酒店、文化主题旅游饭店、民宿）	①	②	③	④	⑤
古镇的旅游住宿品质较好	①	②	③	④	⑤
古镇的演艺活动具有浓郁地方文化特色	①	②	③	④	⑤
古镇的常态化休闲娱乐活动丰富（例如康体疗养、夜游休闲、文化体验）	①	②	③	④	⑤
古镇的节事节庆活动具有浓郁地方特色且类型多样	①	②	③	④	⑤
古镇的系列农副土特产品、文创产品、实用产品体现地方特色	①	②	③	④	⑤
古镇的就餐环境整洁卫生、菜品明码标价	①	②	③	④	⑤

	很不重要	不重要	中立	重要	很重要
高速公路、机场、高铁等外部交通可进入性好	①	②	③	④	⑤
古镇内部旅游交通完善	①	②	③	④	⑤
古镇的停车场等旅游交通配套设施完善	①	②	③	④	⑤
古镇的旅游厕所数量充足、干净卫生	①	②	③	④	⑤
古镇实现了免费 Wi-Fi 全覆盖	①	②	③	④	⑤
古镇的在线预订、网上支付等服务完善	①	②	③	④	⑤

	很不重要	不重要	中立	重要	很重要
古镇的自然生态保护良好	①	②	③	④	⑤
古镇的文化资源保护良好	①	②	③	④	⑤
古镇的空气质量较好	①	②	③	④	⑤
古镇的地表水环境质量高	①	②	③	④	⑤
古镇建筑富有地方特点和乡土特色	①	②	③	④	⑤
古镇保护较好	①	②	③	④	⑤
古镇环境洁化绿化美化程度高	①	②	③	④	⑤
古镇的污水处理较好	①	②	③	④	⑤
古镇的垃圾处理较好	①	②	③	④	⑤

	很不重要	不重要	中立	重要	很重要
我与居民进行互动	①	②	③	④	⑤
我接受居民的帮助（如指路等）	①	②	③	④	⑤
我与居民建立友谊	①	②	③	④	⑤

二、请您根据旅途中对古堰画乡的感知，就以下各指标的满意程度给出评分（从①到⑤表示从"很不满意"到"很满意"，请在符合真实情况的选项上打"√"）：

	很不满意	不满意	中立	满意	很满意
古镇提供标准化服务	①	②	③	④	⑤
古镇提供讲解、咨询等志愿者服务	①	②	③	④	⑤
古镇负责人处理线上、线下投诉及时、公正	①	②	③	④	⑤
古镇市场秩序良好，打击黑车、黑店现象	①	②	③	④	⑤
古镇文明旅游宣传良好	①	②	③	④	⑤
古镇旅游让我感到安全（治安/救援/保险等）	①	②	③	④	⑤

	很不满意	不满意	中立	满意	很满意
我与居民进行互动	①	②	③	④	⑤
我接受居民的帮助（如指路等）	①	②	③	④	⑤
我与居民建立友谊	①	②	③	④	⑤

	很不满意	不满意	中立	满意	很满意
古镇品牌突出	①	②	③	④	⑤
古镇拥有具有地方特色的餐饮品牌	①	②	③	④	⑤
古镇的旅游住宿可选择种类丰富（例如星级宾馆、连锁酒店、文化主题旅游饭店、民宿）	①	②	③	④	⑤
古镇的旅游住宿品质较好	①	②	③	④	⑤

续表

	很不满意	不满意	中立	满意	很满意
古镇的演艺活动具有浓郁地方文化特色	①	②	③	④	⑤
古镇的常态化休闲娱乐活动丰富（例如康体疗养、夜游休闲、文化体验）	①	②	③	④	⑤
古镇的节事节庆活动具有浓郁地方特色且类型多样	①	②	③	④	⑤
古镇的系列农副土特产品、文创产品、实用产品体现地方特色	①	②	③	④	⑤
古镇的就餐环境整洁卫生、菜品明码标价	①	②	③	④	⑤

	很不满意	不满意	中立	满意	很满意
高速公路、机场、高铁等外部交通可进入性好	①	②	③	④	⑤
古镇内部旅游交通完善	①	②	③	④	⑤
古镇的停车场等旅游交通配套设施完善	①	②	③	④	⑤
古镇的旅游厕所数量充足、干净卫生	①	②	③	④	⑤
古镇实现了免费 Wi-Fi 全覆盖	①	②	③	④	⑤
古镇的在线预订、网上支付等服务完善	①	②	③	④	⑤

	很不满意	不满意	中立	满意	很满意
古镇的自然生态保护良好	①	②	③	④	⑤
古镇的文化资源保护良好	①	②	③	④	⑤
古镇的空气质量较好	①	②	③	④	⑤
古镇的地表水环境质量高	①	②	③	④	⑤
古镇建筑富有地方特点和乡土特色	①	②	③	④	⑤
古镇保护较好	①	②	③	④	⑤
古镇环境洁化绿化美化程度高	①	②	③	④	⑤
古镇的污水处理较好	①	②	③	④	⑤
古镇的垃圾处理较好	①	②	③	④	⑤

三、请您填写以下信息：

1. 您的性别： （1）男　　　　　　（2）女

2. 您的年龄是＿＿＿＿岁。

3. 您的受教育程度：

（1）小学及以下　（2）初中　（3）高中/中专　（4）大专/高职

（5）本科及以上

4. 您的个人月平均收入：

（1）低于2000元　　（2）2000~5000元　　　（3）5001~8000元

（4）8001~10000元　　（5）10001元及以上

5. 您的居住地为：＿＿＿＿＿＿＿＿（省市/县）

————问卷到此结束，感谢您的配合！————

附录二 古堰画乡旅游高质量发展影响因素调查问卷（居民版）

尊敬的先生/女士：

您好！我们正在进行一项有关古堰画乡旅游高质量发展的调查。本问卷采用匿名形式填写，所有数据仅用于学术研究，请您放心，衷心感谢您的支持与配合！

一、请您根据对本地旅游发展情况的感知，就以下各指标的重要程度给出评分（从①到⑤表示从"很不重要"到"很重要"，请在符合真实情况的选项上打"√"）：

	很不重要	不重要	中立	重要	很重要
古镇旅游的发展使本地就业机会增加	①	②	③	④	⑤
古镇旅游的发展使我的家庭收入提高	①	②	③	④	⑤
古镇旅游的发展使我的生活质量提高	①	②	③	④	⑤
古镇旅游的发展使本地经济发展加速	①	②	③	④	⑤
古镇旅游的扶贫富民方式多样	①	②	③	④	⑤

	很不重要	不重要	中立	重要	很重要
古镇旅游的发展使我自身素质得到提高	①	②	③	④	⑤
古镇旅游的发展使本地知名度提高	①	②	③	④	⑤
古镇旅游的发展使本地人的思想观念进步	①	②	③	④	⑤
古镇旅游的发展使本地保持良好的民风民俗	①	②	③	④	⑤

	很不重要	不重要	中立	重要	很重要
高速公路、机场、高铁等外部交通可进入性好	①	②	③	④	⑤
古镇内部旅游交通完善	①	②	③	④	⑤
古镇的停车场等旅游交通配套设施完善	①	②	③	④	⑤
古镇的旅游厕所数量充足、干净卫生	①	②	③	④	⑤
古镇实现了免费 Wi-Fi 全覆盖	①	②	③	④	⑤
古镇的在线预订、网上支付等服务完善	①	②	③	④	⑤

	很不重要	不重要	中立	重要	很重要
古镇的自然生态保护良好	①	②	③	④	⑤
古镇的文化资源保护良好	①	②	③	④	⑤
古镇的空气质量较好	①	②	③	④	⑤
古镇的地表水环境质量高	①	②	③	④	⑤
古镇建筑富有地方特点和乡土特色	①	②	③	④	⑤
古镇保护较好	①	②	③	④	⑤
古镇环境洁化绿化美化程度高	①	②	③	④	⑤
古镇的污水处理较好	①	②	③	④	⑤
古镇的垃圾处理较好	①	②	③	④	⑤

	很不重要	不重要	中立	重要	很重要
我与游客进行互动	①	②	③	④	⑤
我为游客提供帮助	①	②	③	④	⑤
我与游客建立友谊	①	②	③	④	⑤

二、请您根据对本地旅游发展情况的感知，就以下各指标的满意程度给出评分（从①到⑤表示从"很不满意"到"很满意"，请在符合真实情况的选项上打"√"）：

	很不满意	不满意	中立	满意	很满意
古镇旅游的发展使本地就业机会增加	①	②	③	④	⑤
古镇旅游的发展使我的家庭收入提高	①	②	③	④	⑤

续表

	很不满意	不满意	中立	满意	很满意
古镇旅游的发展使我的生活质量提高	①	②	③	④	⑤
古镇旅游的发展使本地经济发展加速	①	②	③	④	⑤
古镇旅游的扶贫富民方式多样	①	②	③	④	⑤

	很不满意	不满意	中立	满意	很满意
古镇旅游的发展使我自身素质得到提高	①	②	③	④	⑤
古镇旅游的发展使本地知名度提高	①	②	③	④	⑤
古镇旅游的发展使本地人的思想观念进步	①	②	③	④	⑤
古镇旅游的发展使本地保持良好的民风民俗	①	②	③	④	⑤

	很不满意	不满意	中立	满意	很满意
高速公路、机场、高铁等外部交通可进入性好	①	②	③	④	⑤
古镇内部旅游交通完善	①	②	③	④	⑤
古镇的停车场等旅游交通配套设施完善	①	②	③	④	⑤
古镇的旅游厕所数量充足、干净卫生	①	②	③	④	⑤
古镇实现了免费 Wi-Fi 全覆盖	①	②	③	④	⑤
古镇的在线预订、网上支付等服务完善	①	②	③	④	⑤

	很不满意	不满意	中立	满意	很满意
古镇的自然生态保护良好	①	②	③	④	⑤
古镇的文化资源保护良好	①	②	③	④	⑤
古镇的空气质量较好	①	②	③	④	⑤
古镇的地表水环境质量高	①	②	③	④	⑤
古镇建筑富有地方特点和乡土特色	①	②	③	④	⑤
古镇保护较好	①	②	③	④	⑤
古镇环境洁化绿化美化程度高	①	②	③	④	⑤
古镇的污水处理较好	①	②	③	④	⑤
古镇的垃圾处理较好	①	②	③	④	⑤

	很不满意	不满意	中立	满意	很满意
我与游客进行互动	①	②	③	④	⑤
我为游客提供帮助	①	②	③	④	⑤
我与游客建立友谊	①	②	③	④	⑤

三、请您填写以下信息:

1. 您的性别:

(1) 男　　　　　　　(2) 女

2. 您的年龄是＿＿＿＿＿＿＿岁。

3. 您的受教育程度:

(1) 小学及以下　　(2) 初中　　　　(3) 高中/中专

(4) 大专/高职　　(5) 本科及以上

4. 您的个人月平均收入:

(1) 低于2000元　　(2) 2000~5000元　　(3) 5001~8000元

(4) 8001~10000元　　(5) 10001元及以上

5. 您的工作/职业和当地旅游业的相关程度?

(1) 非常不相关　　(2) 很不相关　　(3) 不相关　　　(4) 中立

(5) 相关　　　　(6) 很相关　　　(7) 非常相关

6. 您觉得您的收入有多少来自当地的旅游业?　＿＿＿＿＿＿＿%

————问卷到此结束,感谢您的配合!————